Enterprise Ethics
企業倫理

黃計逢・李洙德・陳佳宜　著

東華書局

國家圖書館出版品預行編目資料

企業倫理 / 黃計逢, 李洙德, 陳佳宜著. -- 初版. -- 臺北市 : 臺灣東華, 民 102.07

240 面 ; 19x26 公分

ISBN 978-957-483-750-2 (平裝)

1. 商業倫理

198.49　　　　　　　　　　　　　　102012773

企業倫理

著　　者	黃計逢　李洙德　陳佳宜
發 行 人	卓劉慶弟
出 版 者	臺灣東華書局股份有限公司
地　　址	臺北市重慶南路一段一四七號三樓
電　　話	(02) 2311-4027
傳　　眞	(02) 2311-6615
劃撥帳號	00064813
網　　址	www.tunghua.com.tw
讀者服務	service@tunghua.com.tw
直營門市	臺北市重慶南路一段一四七號一樓
電　　話	(02) 2382-1762
出版日期	2013 年 7 月初版 1 刷 2016 年 9 月初版 3 刷

ISBN	978-957-483-750-2

版權所有 ・ 翻印必究

推薦序

欣聞台中科技大學國際貿易學系陳佳宜教授、實踐大學高雄校區會計資訊學系李洙德教授暨同系黃計逢教授共同撰寫大作《企業倫理》一書付梓，求序於我，個人甚覺惶恐，亦甚欣慰。

惶恐者，乃個人自取得博士學位，從事學術研究時間不過十二載，放眼學界、業界，比我適格者甚多，然承蒙諸位作者之青睞。個人曾參與教育部顧問室中期綱要四年計畫（2007～2011）其中關於「法學教育創新計畫」的規劃與執行，忝列協同主持人之一。本計畫是由國立政治大學法學院陳惠馨教授擔任主持人，由長榮大學企業管理學系陳秀峯教授、中國科技大學通識教育中心呂豐真老師、建國科技大學通識教育中心魏美娟教授與個人等四位擔任協同主持人。當時我們規劃的方向就是本土案例教學、對話式教學、理論與實務的結合，以及專業法律與專業倫理。李洙德教授的研究團隊就是本計畫的執行團隊之一。

欣慰者，乃公司治理及企業社會責任已蔚為世界潮流，是近十五年來最受到關注的課題之一。以前我上課常開玩笑說：「台灣公司治理的最主要問題是：董事不懂事，監事不監視。」邇來忽忽數年，益覺有專業技術更要有專業倫理，倫理與技術缺一不可。但一直有感於坊間欠缺適合、契合、整合的教材，本書的問世，適時填補此一空缺。

縱觀本書探討內容及處理議題，廣及勞工權益保障、綠色新政與環境保護、環保節能風潮、言論自由與發展、食品安全管理機制與企業責任、企業社會責任與公平貿易、企業社會責任與企業經營績效、利與義——企業倫理、企業責任與消費者權益等九大主題，幾乎已完整涵蓋一切重要的專業倫理與規範問題，且管理與法律並重，理論與實務兼具。本書不僅為「企業倫理」，更是「倫理與企業」的重要教材，故樂為之序。

張鈺光
序於　國立政治大學地政學系研究室
民國 102 年 4 月 2 日

序　言

　　「企業倫理」是什麼？「企業倫理根本無法下結論！！」

　　自筆者第一年教授企業倫理課程時，便不斷地自我反省，什麼是「企業倫理」？或是應該給學生什麼樣的企業倫理課程內容？尤其近來不斷在各界引起話題的大學生「學用落差」的現狀，如果繼續使用現成的教科書，因循著現有的定義，其實學生只要上網下載《論語》或是《道德經》就夠了，這樣的課程內容怎麼樣都無法獲得這些大學生的共鳴。

　　因此，筆者重新審思該如何建構這個課程。給了學生一個難題，要他們分組做個案研究，讓他們從個案中就會計、管理，以及法律三個面向分析，一家企業為何會沒有「企業倫理」？這樣的說法似乎很奇怪，既然企業倫理無法下定義，學生又何以能理解什麼是企業倫理？簡單來說，尋找到有問題的企業，這些有問題的企業可能違反消費者保護、違反勞工法令、違反環保法規等不一而足，讓學生從以下三面向去導出企業沒有倫理的結論：是違反環保法規可以為企業省下多少經營成本？這是現今相當熱門的綠色會計或是企業成本的議題。

1. 當企業內部明知違法時，又為何在企業會形成這種決策？這是現在相當火熱的內部控制制度及公司治理的議題，其中還涉及公司企業管理的議題。
2. 當企業因該項違法行為，所面臨的司法或行政追究，以及因此損失之商譽，相對比下與企業遵守自我規範所衍生之成本，孰優孰劣？高低立判！這正是現在法律經濟學甚至是訴訟經濟學的議題。
3. 成果是令人相當訝異的！因為學生經實例操作後，可以跨學科，以不同的角度互相激發彼此的腦力激盪，在透過對話式教學的訓練，對於什麼是「企業倫理」，在修課學生中，各自建立一套自己的判斷準則。

　　筆者理想下的企業倫理課程是不需要給學生一個老師既有的框架，而是讓學生自己尋得一個自我遵守倫理的內化意識！本書作者群的學術領域正好橫跨

會計、企管與法律,透過不同領域的腦力激盪加上東華書局的耐心等待,雖然本書較預期出版時程足足晚了一年,但是建構本土化的企業倫理教學模式也正是本書值得期待的價值。

實踐大學高雄校區　黃計逢
實踐大學高雄校區　李洙德
台中科技大學　　　陳佳宜

目 錄

Chapter 1　勞工權益保障　　1

　壹　勞資關係──責任與利潤　　1
　貳　合併的法律意義　　2
　參　MOU 之概要　　8
　肆　從經營管理面探討　　10
　伍　從法律規範面研究　　16
　陸　從會計資訊面分析　　27
　柒　結論　　30

Chapter 2　綠色新政與環境保護　　33

　壹　綠色風潮　　33
　貳　節能減碳之推手　　33
　參　綠建築　　34
　肆　會計層面　　42
　伍　法律層面　　48
　陸　管理層面　　59
　柒　道德層面　　67
　捌　結論　　70

Chapter 3　環保節能風潮　　73

　壹　課徵能源稅案例　　75
　貳　法律層面　　79
　參　財務面分析　　82
　肆　管理層面　　85
　伍　結論　　87

Chapter 4　言論自由與發展　　91

　　壹　言論自由——世界人權宣言　　92
　　貳　結論　　116

Chapter 5　食品安全管理機制與責任　　117

　　壹　食品安全管理機制與企業社會責任　　117
　　貳　法律層面　　119
　　參　管理層面　　123
　　肆　會計層面　　129
　　伍　社會責任　　132
　　陸　結論　　135

Chapter 6　企業社會責任與公平貿易　　141

　　壹　文獻探討　　144
　　貳　結論　　154

Chapter 7　企業社會責任與企業經營績效　　155

　　壹　台積電——非自願離職案例　　157
　　貳　法律層面　　159
　　參　財務／成本收益面分析　　162
　　肆　管理層面　　169
　　伍　結論　　171

Chapter 8　利與義——企業倫理　　173

　　壹　中芯案件會計層面分析　　182
　　貳　法律層面　　183

參	管理層面	187
肆	結論	190

Chapter 9　企業責任與消費者權益　193

壹	消費者權益	193
貳	財務面分析	201
參	法律層面	204
肆	管理層面	207
伍	結論	214

參考資料　216

索　引　230

Chapter 1

勞工權益保障

壹 勞資關係——責任與利潤

　　在全球化經濟邏輯下,勞資關係面臨的挑戰是極其明顯的。國家政府必須想盡方法懇求企業留下資本,創造就業機會。如此一來,不但無法對企業行為加以規範,更進一步的是愈來愈多的**解除管制**(de-regulation)與**中央分權化**(de-centralization)。當企業對於政治控制的能力大增,各國政府在其經濟或社會政策的決策能力,顯然已經逐漸難以操控全球資金進出所可能帶來的影響。傳統上,政府直接干預企業內僱用關係內容的角色,逐漸轉換成勞僱雙方遊戲規則的擬訂者,在勞資關係上失去了主導權力。另一方面,工會力量在左右企業的決策過程也遭到嚴峻挑戰。資本移動的方便性,使僱主在創造或移動就業機會的決策上更具影響力,因而強化僱主與勞工組織談判的籌碼。相反地,勞動市場本身具有國界的侷限性,勞動者跨國界的移動受到相當限制。

　　再以各國勞工組織間存在著經濟利益,特別是就業機會上的競爭,使國際性工會組織企圖以跨國團體協商的模式對抗資本全球化遭遇更大的考驗。在這個問題框架下,企業社會責任概念系統成為一種可能於企業／社區、國家／市場、資方／勞方、消費者／投資人關係間取得誠意平衡的執行模式,藉由各種準則、監督、資訊、市場箝制力量所構成的互動平面,

可持續性地促進各利害關係人的對話與協商。

自民國 98 年以來，有關外國資金投資的併購案時有所聞，且有增加的趨勢，如：萬泰商銀、玉山金控，以及近期的日月光半導體等，但實際屬於私募基金併購者，則較為稀少。由於大多數的併購案件發生後，公司仍繼續於集中市場上市，此類併購案吸引外國資金進入資本市場，並使資金留存於國內，對國內市場反而有極大的助益。

貳 合併的法律意義

公司法對合併有最基本的規定。合併類型大致有兩種，以台新銀行合併大安銀行為例：第一種是台新消滅大安；第二種則是兩家都消滅，另外成立一家新公司。合併之後會產生什麼法律效果？

首先，其中必有一家的「法人格」會被消滅，權利義務的問題也將隨之出現。《公司法》第七十五條規定，因合併而消滅之公司，其權利義務由合併後存續或另立之公司承受。員工與銀行之間有勞動契約，員工有提供勞務之義務，銀行有要求履行勞務之權利；假使員工原來工作的銀行被合併了，則其與銀行的權利義務也應該一併被移轉，又怎能請求資遣費呢？

《勞動基準法》第二十條規定，事業單位改組或轉讓時，除新舊雇主商定留用之勞工外，其餘勞工預告終止勞動契約並發給資遣費，留用勞工之工作年資，應由新雇主繼續予以承認。但這「商定留用」中間是否需要「勞工同意」，則是未予提及。如果新公司要留用，員工卻不願留用時該怎麼辦？《勞動基準法》第十一條對雇主不得預告終止勞動契約亦有相關規定，其中涉及雇主歇業或是轉讓時，雇主可以終止勞動契約。第十一條是雇主的權利，雇主可以依其意思做決定，但還是沒有提到勞工。《民法》第四八四條規定，僱用人非經受僱人同意，不得將其勞務請求權讓與第三人，但問題在於《民法》是基本法，《公司法》是特別法，原則上是特別的優先；然而在所有涉及的條文中，只有《公司法》有「合併」的相關規定，其他諸如《勞動基準法》第十一、二十條都是事業單位改組或轉讓，而不是合併，所以雇主會據此宣稱關於合併問題都沒有規定。

勞工權益保障

根據報載，《企業併購法》大約會施行 3 到 5 年，3 年內銀行合併時還是適用該法，但 3 年後問題還是會繼續出現。行政、立法與司法機關都同意轉讓包括合併，但是商定留用後的員工不想留用、沒有商定留用的員工卻想留用，法令並未做任何解釋，這部分涉及工作權與經營權的問題。雖說《憲法》規定勞工有工作權，但是雇主也擁有經營權，即使不僱用，勞工又能如何？如果沒有商定留用，則是否要繼續留用員工？對於這個問題，法令沒有清楚規定，但是感情上是同意的，因為有工作才能保障生存權。在勞動法體系完備的德國，則是進一步規定在合併時勞工可以選擇不留用，不但不能剝奪勞工的工作權，更顧及了人的尊嚴。但從先前提到的國內法條得知，即使勞工被商定留用，卻依然沒有說不的權利。

下列案例為民國 98 年中策集團與中國信託金融控股公司（以下稱中信金）相互競標南山人壽保險股份有限公司（以下稱南山人壽），最後卻為中策集團之子公司博智金融控股公司（以下稱博智金控）得標之金融併購案件。此案雖已確定由博智金控得標，但因牽涉到私募基金、中國資金問題，以及對國內可能產生之影響，行政院金融監督管理委員會（以下稱金管會）始終未予以通過。且博智金控得標後過幾天，先是因博智金控之合併申請書對股東及資金來源交代得不詳細，被投審會退件；後又因博智金控之母公司——中策集團與中信金簽訂 **MOU**（Memorandum of Understanding, MOU）合作備忘錄，使整件購併案變得更為複雜，併購之後員工權益如何？員工應何去何從？此購併案台灣主管機關尚未核准，其結果所導致的影響卻是備受注目的，尤其以南山人壽為台灣第二大保險公司，若此案處理不妥，恐對台灣經濟與金融體系造成嚴重打擊。

個案分析　購併南山人壽案例之始末

一、案件背景

(一) 參與案件之公司簡介

博智金融控股公司

博智金控於民國 98 年成立，是一個資金來源包含私募基金的國際

企業倫理

金控公司，永久性資金超過 18 億美元。於民國 98 年 4 月初，邀請曾任花旗銀行亞太執行長（CEO）的 Robert Morse（麥睿彬）擔任董事長兼行政總裁，設立全新的博智金控，資本額為 20 億美元，目的即在規避原先金管會的規定。因此雖然名為金控，但本質上仍屬私募基金。

中策集團

　　中策集團原本是一家生產電池的香港上市公司，占其子公司──博智金控約 80% 股權，於此案發生後，找了外資圈的前香港商務及經濟發展局局長馬時亨和前恆生銀行行政總裁及副主席柯清輝，前者為現任中策集團執行董事兼主席，後者為中策集團副主席兼行政總裁。但兩人本行不在經營保險公司，故對於其專業經營能力也令人存疑。

中國信託金融控股公司

　　以中國信託商業銀行為主體，目前版圖以銀行為旗艦，但相較國泰金、富邦金等一線金控，少了壽險版圖，收購南山人壽將會為自身帶來龐大的利益；中信金將可成為兼具銀行、壽險雙引擎金控，這或許是中信金無論如何都要力拚收購南山人壽的原因。

圖 1-1　中信金

南山人壽保險股份有限公司

南山人壽是美國國際集團 AIG 在亞洲最賺錢的子公司，也是台灣第二大保險公司，擁有業界最強健的資產負債結構。其被 AIG 宣布標售，即引起許多投資者之注意。

(二)案件論述

民國 97 年 10 月，金融風暴襲捲全球的高峰時期，美國最大保險公司 AIG 受倫敦子公司虧損拖累，為了償還美國政府鉅額紓困，宣布將出售南山人壽 49% 股權，而原本博智金控以 10 億美元為目標募資，AIG 於民國 98 年 5 月卻突然改變心意，宣布讓出南山人壽 97.75% 全部股權，募集基金不及，於是決定把錢放入其母公司——中策集團。若能奪得南山人壽此標案，則其經濟權將易主，故原先沒興趣的國泰金、富邦金、中信金、新光金等國際知名的私募基金 13 家皆全員到齊。

南山人壽最終在民國 98 年 10 月 13 日，由博智金控得標。然而，令人匪夷所思的是，為何中信金控出價比博智金控還來得高，且也有承諾南山人壽所提出之訴求，最後為何卻由博智金控贏得此標案？而以第二高價拿下南山人壽的博智金控，也將面對三大挑戰：第一是留住業務員；第二是組成管理團隊；第三是贏得台灣的信心。針對博智金控的中資色彩和私募基金，在台灣所造成的反對聲浪很大，政府也考量到許多因素，始終未予以核准。在第一次申請案因股東結構說明書不完整等原因被投審會退件不久，中策集團與中信金控宣布兩家企業簽訂 MOU 合作備忘錄，此事使整件案子變得更加複雜，中策集團與中信金從競爭對手轉為合作好友，這之間的利益關係值得關注。

圖 1-2 為此案件之關係圖，與中策集團和中信金簽訂 MOU 之內容。其中中策集團將賣出南山人壽 30% 股權給中信金，並透過私募現金增資取得中信金 9.95% 股權。不過，前提需要金管會通過此購併案，若在民國 99 年 6 月未通過，則此合約則無效；若通過中信金也將成為南山人壽持有 30% 股權的大股東。

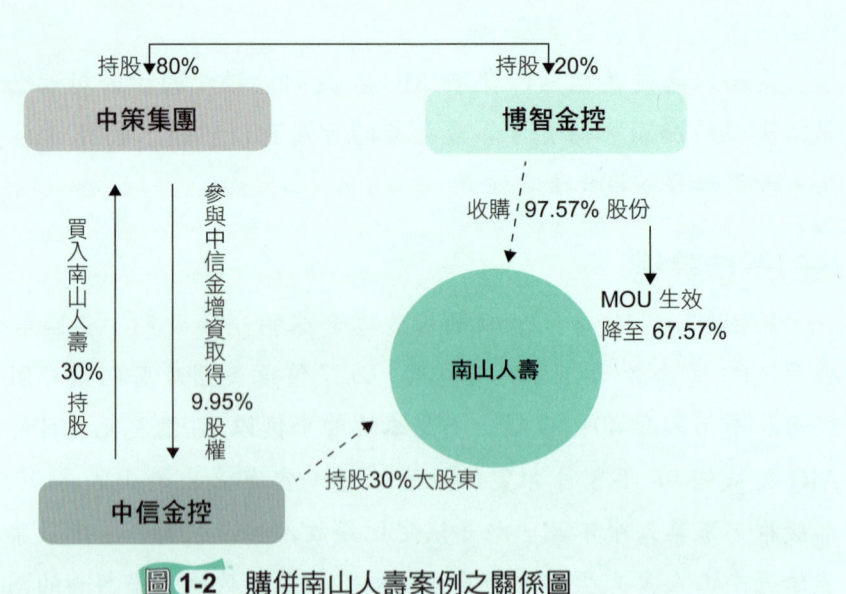

圖 1-2 購併南山人壽案例之關係圖

表 1-1 為整理出從博智金得標南山人壽後到目前各方發生之事件：

表 1-1 相關事件發生時間（民國 97 年）

時間	事件
10 月 13 日	博智金控以 21.5 億美元標下南山人壽
11 月 12 日	第一次申請案因股東結構說明書不完整等原因被投審會退件
11 月 17 日	中策集團宣布，已與中信金訂立 MOU 合作備忘錄
11 月 26 日	金管會主委陳沖公開警告，中信金想併購南山人壽，「小心被吃了。」他認為中信金和中策集團簽訂入股南山人壽的 MOU 沒有經過充分考量
11 月 29 日	中信金澄清，與中策集團互相增加持股「只是選項」

二、案件之疑慮

(一) 民國 98 年剛成立的博智金控難脫私募基金之名

此次南山人壽出售一案，其中一個較大的疑慮即是博智金控的資格問題。私募基金曾被形容為「禿鷹」，因為其有一些比較不良的交易記錄，例如短期套利。以本案為例，就是取得股權後短期間再轉手股權以賺取之利益。

博智金控雖名為金控，但其本質還是私募股權基金，對於此必須加以考慮。原先金管會曾在媒體指出，不希望AIG將南山人壽出售給私募基金，但後來卻改口不排斥私募基金標購台灣的金融機構，不過這些私募基金必須承諾長期經營7年以上，且自備款不能低於五成。

(二)是否應允許私募股權基金投資台灣的保險金融業

私募股權基金的入主經營都是以短期作為考量，其投資的主要目的在於改善投資對象的營運狀況後，讓其證券價值提升，爾後再出脫（或轉手）股權以獲取鉅額利潤。若營運狀況短期難以改善，則會以分拆出售之方式，先將獲利良好之部門高價出售，虧損部門則想辦法美化帳面數據後再售出。無論哪一種方式，都是著眼於短期的利益。

從這次購併南山人壽案件來看，博智金控背後的主導者中策集團在尚未確切掌握南山人壽的所有權情況下，11月17日即與中信金控達成協議，宣布將把南山人壽的30%股權以6.6億美元賣給中信金控，並從中換取中信金控9.95%的股份，此即違反到「長期經營」之承諾，可能對南山人壽或此產業的長遠發展與永續經營帶來負面衝擊。

(三)博智金控是否為中資企業

根據民國98年6月30日通過的「陸資來台投資許可辦法」，第一階段開放投資項目並未包括金融保險事業，此部分仍有待兩岸金融MOU的簽訂及後續協商開放。換言之，目前金管會尚未允許陸資企業投資台灣的保險事業。而根據金管會保險局的說法，此部分的規定皆已告知AIG集團，需將此納入篩選標準，否則交易將會違背台灣法令而無效。依此邏輯看來，最後得標的博智金控，原則上是符合此項規定的。亦即，博智金控的資金並未來自於中資。而站在監督交易進行的立場，金管會確實也僅能做到盡責告知，無權過度干涉AIG的決定。

此外，金管會主委陳沖也在媒體多次公開表示：「現行法令對於保險公司資金運用都有規範，金管會會依法監理。到目前為止，中策集團並不是我官方定義上的『陸資』。」從上述看來，博智金控中資色彩的疑慮明顯淡化。而且從現在整個國際資金多元化的流向來看，實在很難

徹底區分資金的來源。但即使如此，相關的審查程序仍不可鬆懈。

(四)為何南山人壽最後落在博智金控而非中信金控

根據媒體報導指出，最後博智金控出線的最主要原因為該公司願意承諾南山人壽提出的五大訴求；不過，中信金方面也並不是不願意承諾，這之間的問題我們放在下一主題——「企業管理」層面做更詳細之介紹。

參 MOU 之概要

一、什麼是 MOU？

MOU，英文全文是「Memorandum of Understanding」，中文翻譯成「備忘錄」，雙方對於彼此該做什麼事有相互的認知，是一種表達意向的基礎文件，廣泛用於各類協議上。分為兩種：

(一)一般 MOU

兩國或兩家公司要談合作或投資，在初期階段所簽訂的國際契約，除非在內容有特別約束規範，否則在法律上不具效力。

1. 共同監理：雙方透過 MOU，確立監理合作原則。
2. 資訊交換：為達成上述原則，雙方同意交換部份或全部資訊。
3. 資訊保密：雙方同意資訊交換對外完全保密。
4. 持續合作：雙方持續交流與合作。

(二)兩岸金融 MOU

台灣與中國大陸特別針對金控、銀行、證券期貨、保險等金融產業，簽訂實質對等的互惠往來契約。

二、中策集團與中信集團簽訂之 MOU

此案件為一般 MOU，並未有法律效令，以下以中信金控宣告之備忘錄事宜來看合約內容：

(一)內容

1. **事實發生日**：民國 98 年 12 月 7 日。
2. **契約或承諾相對人**：香港中策集團有限公司。
3. **契約或承諾起迄日期（或解除日期）**：於 2010 年 6 月 25 日（得經雙方協議延長），或最終認股協議簽署之日（以先發生者為準），自動終止。
4. **主要內容（解除者不適用）**：依證交所指示，補充公告中信金董事會決議與香港中策集團（China Strategic Holdings Ltd.）簽訂合作備忘錄事宜。合作備忘錄如下：本合作備忘錄係於公曆 2009 年 11 月 17 日（以下稱「備忘錄」）簽署，旨在確認中國信託金融控股股份有限公司（以下稱「中信金」）與中策集團有限公司間有關雙方針對中信金投資南山人壽保險股份有限公司（以下稱「南山人壽」）及中策集團投資中信金之交易（以下稱「本交易」）之合意，其條款如下：

    (1) 中策集團取得中信金以私募方式發行之普通股股份：中信金同意由中策集團購買本次以私募方式發行的中信金普通股股份 1,172,100,000 股（約新台幣 20,793,054,000 元），合計占中信金發行後股權之 9.950%。

    (2) 中信金取得南山人壽股權：與中信金簽訂認股協議，將南山人壽 30% 股權轉讓予中信金，約當 236,105,300 股（660,014,817 美元）。

    (3) 未來增加投資之計畫：

    a. 於本備忘錄簽署後 3 年內，中信金應與中策集團協商，在雙方同意且法律許可之範圍內，使中策集團得以增加對中信金之持股到達符合編製合併財務報表之規定。

    b. 於本備忘錄簽署後 3 年內，中策集團應與中信金協商，在雙方同意且法律許可之範圍內，使中信金得以增加對南山人壽之持股到達符合編製合併財務報表之規定。

    c. 前述中策集團增加投資中信金及中信金增加投資南山人壽之計畫應同時發生。

(二)解析

　　MOU 合作備忘錄簽訂後，3 年後雙方可合併財務報表，這項條款暗示中策集團未來可能成為中信金的控股公司。實際上，涉及合併報表是件很嚴肅的事，或許中信金認為可以從中謀取非常大的利益，但也有可能反過來被人控制。難道中信金本身沒有考慮到這點嗎？想必是認為之後的利益會更大，其實中信金應對此多加考慮，畢竟到時若真被吞併，不管利益大不大，經營權恐怕也難以掌握了。且中策集團尚未確定入主南山人壽就已開始轉賣股權，雖然還未真正轉讓，但有約款出來，就有失「長期經營」的誠信及商業道德。與中信金合作後，可能考慮到能從此減緩中資問題，且與國內公司合作也較容易獲得金管會允許，看似會使案子通過得更快，但卻增加其間的複雜性，不知兩家公司葫蘆裡賣什麼藥？

肆 從經營管理面探討

　　緊接著來討論 MOU 簽訂的原因、影響與目的，並站在南山人壽之保戶與員工的立場去分析之間的利害關係，最後以政府的角度來探究此案件所造成的影響。

一、MOU 合作備忘錄的簽訂

　　本研究係分別以中策集團與中信金的角度，進一步去探討 MOU 簽訂之原因及背後的目的與影響。

(一)簽訂 MOU 的原因

1. **中策集團**：中策集團與中信金簽訂 MOU 的動作，係完全以南山人壽利益為主要考量，因為中信金不但擁有很強的銀行網路，可搭配南山人壽現有的保險業務通路，而且也早已做好南山人壽的財務查核，是最了解南山人壽的銀行，也是能夠在最短時間內談成的對象。不僅如此，中信金的銀行保險業務平台位居國內第一大，可提供財富管理給南山人壽的業務員，使他們可以獲得更多職涯成長的機會。
2. **中信金**：中信金簽訂 MOU，係因其為國內營運體質與最好的金融機構，但唯獨尚無壽險業務的版圖。

(二)簽訂的目的

1. **中策集團**：中策集團簽訂 MOU，主要是為了消弭台灣主管機關對於中策集團透過博智金控購併南山人壽交易的疑慮；且負面新聞層出不窮，造成整個台灣經濟社會不安。藉由與本土企業成為合作夥伴，除了讓南山人壽的保戶與員工得以安心，並因而淡化中資的色彩，以及補足銀行保險業務的弱勢。而披著港資外衣的中策集團子公司——博智金控，竟然標得台灣第二大的壽險公司，體質良好的南山人壽，而且有三成半的資金向台灣行庫聯貸。不僅如此，在換股政策方面，中策集團又拿下台灣國內消金龍頭中信金一成的股權，這等於拿下了台灣經濟的重要板塊。如果中國銀行成功來台，不僅視中信金為囊中物，也可能會取得其他產業，更嚴重還可能控制台灣的金融市場與產業。

2. **中信金**：擁有南山人壽，不僅可以穩定在台灣的金融地位，也可以前進中國大陸的保險市場。中信集團旗下已經擁有中國大陸最大證券商——中信證券、第八大的中信銀行及信誠人壽。一旦併購了保險公司，中信銀銀保通路的實力會有加成的效果。同時擁有保險與銀行雙資產，而有平衡景氣循環的效果。

(三)簽訂的影響

我們以中策集團與中信金兩個不同的角度，來探討此案件對其各有何利弊，如表 1-2 所示。

(四)中信金於台灣主管機關未核准前與中策集團訂約因素？

中策集團若取得台灣主管機關之核准，未必會出售南山人壽股份，即使予以出售，亦會企圖提高股價再釋出。而中策集團如果未獲得核准，依據 AIG 的 CEO 於日前已取消三宗資產出售案之行動，中信金亦擔憂若中策集團無法併購南山人壽，AIG 或許會停止標售南山人壽，故中信金現在寧可冒著可能會被併購的危險，與中策集團買南山人壽股權。如此一來，中信金有極強的銀行網絡，可搭配南山人壽的壽險業務通路，對南山人壽有益；且於加入 MOU 3 年後，亦有助台灣主管機關的監理，因中策集團將股權出售給中信金後，又入股中信金 9.95%，外資留於台灣，所以此宗

表 1-2 中策集團 vs. 中信金控的利弊

企業利弊	中策集團	中信金控
利益	此案如果通過，以後在台灣類似的案件會頻繁地出現，而它就可以拉攏台灣企業，並且誘使台商去中國大陸設廠，造成台灣的企業被連根拔起。不僅如此，南山人壽未來董事長是由中策集團所指派的，它可以藉由換股的方式，取得中信金約一成的股權，不僅影響南山人壽的政策，也可以在中信金的政策上插上一腳，可說是一舉兩得	此案通過，係代表中信金會擁有壽險領域，不僅可增加其前進中國大陸的能見度，也可以利用龐大的壽險資金進行槓桿操作，又能透過400萬保戶來進行交叉行銷，成為台灣第四家具有銀行與壽險「雙引擎」的金控。之所以要增加前進中國大陸的能見度，係因壽險成了唯一可以在中國合資進行交易的金融業，且若未來中策集團成功地改善南山人壽的經營，未來3年內就有可能會拿到南山人壽的半數股權
弊端	如果合作案於民國99年6月時仍未獲得金管會的核准，這個案子將被取消，也有可能要重新競標，這樣一來，中策集團會失去一個大好的機會；而中信金的私募資金已遭擱置。此次它與中信金的合作協議，原意是想消除台灣的疑慮，但好像使此案件愈滾愈大，鬧得有點不可開交。合作案沒有通過的話，它勢必要損失一大筆資金，與它給AIG的保證金	此項MOU易造成中信金經營權的流失，係因未來港資中策集團有可能會成為自家的大股東，導致董監質押比更高，而持股少的中信金，經營權可能易主；再加上中信金自身現仍存有不穩定的所有權分配問題，且此事件影響中信金現有董事與股東，故係應取得董事會與股東會之同意後，始可為之

交易對政府、南山人壽（包含保戶、業務員及員工）與中信金股東都有益。

二、南山人壽的員工與保戶

中策集團與中信金 MOU 的簽訂，對南山人壽之保戶與員工均有利害關係的衡量。

(一)南山人壽的五大訴求

南山人壽一旦被賣出，其員工必然會遭受到一些制度上的改變，甚至失去工作機會。於此，在職員工提出「五大訴求」給新東主，內容包括：

1. 保留南山人壽品牌與業務制度。
2. 100% 退還公積金。
3. 確保 400 萬保戶權益。
4. 補償業務貢獻損失。
5. 邀請經營團隊代表共同建立協商機制。

　　前述南山人壽的公積金是民國 75 年開始實施的制度，工作滿 6 年的業務員，即可參與公積金，從保單第七年度開始，每年提撥保費 2% 進入公積金，業務員必須年滿 60 歲、退休、身故才能領取公積金。

　　所謂公積金，就是一種國家的社會安全儲蓄制度，目前許多國家實施該項制度，其中以新加坡最著名，該制度之特色為退休前員工與雇主需依比例繳付公積金，以確保退休後以年金支付生活所需。公積金制度基本上是一種強迫性儲蓄制度，雇主與受僱人均有依規定儲蓄之義務。該制度實施多年後，逐漸演變為一項廣泛性之社會保障儲蓄計畫，不但提供會員退休或不能工作時經濟上的保障，還顧及會員居住、醫藥保健及教育等方面需求，能普遍地照顧人民生活。

　　南山人壽每年會提撥 2% 列入業務員當年度的所得，是業務員稅後的所得，應隸屬於業務員的財產；但公積金相當於「留才」制度，部分業務主管也不贊同全數返還，以免辛苦找來的業務員，領了公積金後就異動。南山人壽及業務員都同意，公積金是為了確保業務員會提供保戶後續服務的制度，只要保戶繼續繳交保費，業務員每年就還有 2% 的佣金提撥進公積金內，直到退休、身故就可領取，不少超級業務員累積上千萬元的公積金。

　　公積金辦法雖有明訂，但公司仍有權隨時更改公積金辦法、修改相關福利，同時這筆公積金雖信託在永豐銀，但所有投資、運用都是南山人壽決定，80% 以上買的都是友邦的基金，南山人壽的業務員認為這樣不夠透明，擔心新買家會更動辦法，所以要求先領回到民國 97 年 8 月底的公積金，新買家後續仍要依此辦法提存公積金。

　　中策集團旗下公司收購的台灣南山人壽出現勞資糾紛，員工的要求獲得管理階層回應。南山人壽業務人員自救會表示，南山人壽總經理承諾，

企業倫理

擬予以先行發還27%（近38億元）的員工公積金，剩下的73%將要向美國AIG要求在6個月內全數清還。

(二)為何南山人壽落在博智金控而非中信金？

最主要原因是博智金控答應以上五大訴求，且中信金控的高購價係有不少附帶條件，例如，要求AIG必須解決未來南山人壽的負債等，而AIG也察覺到中信金辜家的法律問題。最重要的是，博智金控答應自行處理員工爭議事項，AIG認為由博智金控得標，其所獲取的資金會比中信金所給予的大，故最終由博智金控取得。

三、政府角度（金管會）

(一)金管會的五大審查

不僅有南山人壽提出五大訴求，金管會亦執行了五大審查：

1. 重視員工和保戶權益。
2. 資金來源不能具有中資。
3. 有經營保險事業的專業能力。
4. 不歡迎短線獲利的私募基金，要長期經營。
5. 要有足夠的財務能力因應將來整體需求。

其中，金管會考慮到最重要的有三點：是否具有長期經營7年以上、是否可以保護員工與保戶，以及是否有足夠的專業能力。

中信金先前提出的增資發行案，最後被金管會以「用途與對象說明不夠清楚」而退件。依照法令規定，中信金勢必要再召開一次臨時股東會，知會全部的股東，並通過新的增資案，而這些股東絕對會要求把備忘錄的內容講清楚之後才會同意。

(二)漏洞

金管會現今最大的兩難：一方面是絕不容許不適當的經營者介入金融業，一方面也不容許外資認為台灣是沒有遊戲規則的地方。但是，南山人壽的購併案顯示出台灣對全球資本挹注的管控制度仍須嚴謹檢討。

1. **對於保險公司大股東無審查機制**。2011 年，全球人壽出售給國內建商美孚建設，在大股東立下增資切結書後就過關。但對於大股東資格的法源，卻付諸闕如。凸顯出台灣長期金融監理與國際脫軌的實況，導致面對有疑義的買主，金管會僅能予以行政指導。
2. **對於以私募基金進行併購交易的態度搖擺**。政府對以私募基金進行併購交易的態度向來不一致，為了解決體質弱的金融機構（如：萬泰、大眾、安泰）問題，於轉手時金管會張開大手歡迎，經營權百分之百移轉也無所謂。但到了南山人壽又給予不同的處理，一下要求「長期經營」的空泛承諾，一下又說因為股權百分之百轉移，要比照新設保險公司審理。金管會如果要審查發起人或者審查大股東資格，應一開始就清楚告訴 AIG，而不是突然改變。
3. **對於中資的管制能力**。資本無國界，商場瞬息萬變，中策集團可以在 1 個月內，決定將南山人壽出售給中信金，意味股權是可以隨時買賣的，賣給中資也不無可能。所以，台灣應該比照《保險法》與《銀行法》裡有關「問題的金融機構」退場機制，在何種犯罪情節下，金管會可以沒收陸資財產；且亦要建立當保險金融企業股權發生重大移轉時，保障其保戶的機制，這樣才能真正地讓存戶與保戶放心。

(三)MOU 看法

對於中策集團出售三成南山人壽股權給中信金，金管會質疑，原有的專業經營團隊會如何處置呢？當初南山人壽找中策集團收購，就已達成前述三大協議；其次，南山人壽併購案也還在投審會審查中，才沒多久時間，馬上就轉售三成股權給中信金，這樣還能達成長期經營 7 年的協定嗎？

根據金控法規定，金控投資股權達 25% 以上的事業，即為金控的子公司。尤其，中策集團與中信金簽署的備忘錄中載明，未來 3 年中信金持股可以再增加。這些陸續出現的問題，令保戶相當擔心：中策集團是否會長期經營南山人壽或是賣出南山人壽賺取金錢，進而影響保戶原有的投保權益。時任金管會主秘盧廷劼指出，「誠信」和「一致性」將會列為未來審查兩大重點，金融機構負責人必須誠信經營，且態度立場必須一致。中

信金曾經表示,要等中策集團入主南山人壽獲得主管機關核准後,這三成股權交易才會生效,否則就會作罷。

南山人壽進行股權標售,員工及業務員提出訴求盼維護權利,工會甚至計畫拜會金管會等單位,希望主管機關保障保戶及員工權利。

金管會指出不只是南山人壽,金管會對所有金融機構併購案,都希望接手者有良好經營經驗,也要有未來長遠經營計畫,這是經營者必須具備的專業。對於南山人壽員工權益,金管會表示,保險業的保單業務是來自員工及人與人之間綿密關係,希望併購過程能重視員工權益,有意標購南山人壽的買家應考慮這些因素。金管會並表示不希望接手者接手改組後即切割出售,而是希望接手者在這個產業有長遠經營計畫,至於是接手者本身或合作單位有這樣的能力,則要看申請案,接手者有長期經營計畫,金管會才會核准。

伍 從法律規範面研究

一、保險契約

(一)保險契約訂定

依《保險法》第一條規定本法所稱保險,謂當事人約定,一方交付保險費於他方,他方對於因不可預料,或不可抗力之事故所致之損害,負擔賠償財物之行為。根據前項所訂之契約,稱為保險契約。

(二)保險契約履行

依《保險法》第一〇一條規定人壽保險人於被保險人在契約規定年限內死亡,或屆契約規定年限而仍生存時,依照契約負給付保險金額之責。

(三)保險契約的解除

依《保險法》第六十四條訂立契約時,要保人對於保險人之書面詢問,應據實說明。要保人故意隱匿,或因過失遺漏,或為不實之說明,足以變更或減少保險人對於危險之估計者,保險人得解除契約;其危險發生

後亦同。但要保人證明危險之發生未基於其說明或未說明之事實時，不在此限。前項解除契約權，自保險人知有解除之原因後，經過 1 個月不行使而消滅；或契約訂立後經過 2 年，即有可以解除之原因，亦不得解除契約。

第六十五條由保險契約所生之權利，自得為請求之日起，經過 2 年不行使而消滅。有下列各款情形之一者，其期限之起算，依各該款之規定：

1. 要保人或被保險人對於危險之說明，有隱匿遺漏或不實者，自保險人知情之日起算。
2. 危險發生後，利害關係人能證明其非因疏忽而不知情者，自其知情之日起算。
3. 要保人或被保險人對於保險人之請求，係由於第三人之請求而生者，自要保人或被保險人受請求之日起算。

(四)保險契約的無效

從契約訂定開始，保險契約立即生效，但是當保險公司發現該契約為無效契約時，則不論經過多久，都視為「自始無效」、「絕對無效」、「確實無效」，即不會因事實改變或是法規改變而變成有效，且若在發現無效之前若有賠償給付，則須全數歸還保險公司，且保險公司收取的保費也須全數退還保戶。

1. 《保險法》第五十一條：投保時，保險標的之危險已經發生或已消滅者，此部分永遠無效，且不受《保險法》第六十一條 2 年期限的約束，但若此情事為雙方不知者，不在此限。
2. 《保險法》第一○五條：由第三人訂立之死亡保險契約，其保險契約內之約定、保額在被保險人未親自簽名或書面同意的情況下無效，非死亡保險者不在此限。（但傷害險、壽險亦受此法條限制。）
3. 《保險法》第一二二條：投保的年齡錯誤，若保險公司發現投保人實際的年齡以超過該保公司最高承保年齡，縱然是在契約生效後 2 年發現的，保險契約亦屬無效。
4. 《保險法》第一○七條：替未滿 15 歲、精神障礙或其他心智缺陷的

人投保,則此保險契約並無「死亡給付」,只有給付喪葬費用最高 200 萬元,不管投保幾家保險公司,所有保險公司的喪葬理賠金額加總超過 200 萬元的部分屬無效。

5. 《保險法》第三十六條及第三十七條:複保險(謂要保人對於同一保險利益,同一保險事故,與多家保險公司訂立數個保險契約之行為)無效,但是人身保險不在此限。

依據以上條文,南山人壽併購案,原保戶的契約仍舊要履行,除非是契約的解除或是無效,否則併購公司對原保戶的契約內容不能隨意更改,但是保戶仍要對這件案子日後發展予以高度關注,因為之後南山人壽真的被併購了,恐怕影響最直接還是保戶的權益。

二、僱傭合約與承攬合約的探討

(一)勞動契約種類

依《勞動基準法》第九條:勞動契約,分為定期契約及不定期契約。臨時性、短期性、季節性及特定性工作得為定期契約;有繼續性工作應為不定期契約。定期契約屆滿後,有下列情形之一者,視為不定期契約:

1. 勞工繼續工作而雇主不即表示反對意思者。
2. 雖經另訂新約,惟其前後勞動契約之工作期間超過 90 日,前後契約間斷期間未超過 30 日者。

前項規定於特定性或季節性之定期工作不適用之。

(二)雇主預告終止勞動契約之條件

依《勞動基準法》第十一條:非有下列情事之一者,雇主不得預告勞工終止勞動契約:

1. 歇業或轉讓時。
2. 虧損或業務緊縮時。
3. 不可抗力暫停工作在 1 個月以上時。
4. 業務性質變更,有減少勞工之必要,又無適當工作可供安置時。

5. 勞工對於所擔任之工作確不能勝任時。

(三)雇主終止勞動契約之預告期間

依《勞動基準法》第十六條：雇主依第十一條或第十三條但書規定終止勞動契約者，其預告期間依下列各款之規定：

1. 繼續工作 3 個月以上 1 年未滿者，於 10 日前預告之。
2. 繼續工作 1 年以上 3 年未滿者，於 20 日前預告之。
3. 繼續工作 3 年以上者，於 30 日前預告之。

勞工於接到前項預告後，為另謀工作得於工作時間請假外出。其請假時數，每星期不得超過 2 日之工作時間，請假期間之工資照給。

雇主未依第一項規定期間預告而終止契約者，應給付預告期間之工資。

(四)資遣費之計算

依《勞動基準法》第十七條：雇主依前條終止勞動契約者，應依下列規定發給勞工資遣費：

1. 在同一雇主之事業單位繼續工作，每滿 1 年發給相當於 1 個月平均工資之資遣費。
2. 依前款計算之剩餘月數，或工作未滿 1 年者，以比例計給之。未滿 1 個月者以 1 個月計。

(五)退休金給與標準

依《勞動基準法》第五十五條：勞工退休金之給與標準如下：

1. 按其工作年資，每滿 1 年給與 2 個基數。但超過 15 年之工作年資，每滿一年給與一個基數，最高總數以 45 個基數為限。未滿半年者以半年計；滿半年者以 1 年計。
2. 依第五十四條第一項第二款規定，強制退休之勞工，其心神喪失或身體殘廢係因執行職務所致者，依前款規定加給 20%。

前項第一款退休金基數之標準，係指核准退休時 1 個月平均工資。

第一項所定退休金，雇主如無法一次發給時，得報經主管機關核定後，分期給付。本法施行前，事業單位原定退休標準優於本法者，從其規定。

(六)勞工退休準備金

依《勞動基準法》第五十六條規定，本法施行後，雇主應按月提撥勞工退休準備金，專戶存儲，並不得作為讓與、扣押、抵銷或擔保。其提撥率，由中央主管機關擬訂，報請行政院核定之。

勞工退休基金，由中央主管機關會同財政部指定金融機構保管運用。最低收益不得低於當地銀行 2 年定期存款利率計算之收益；如有虧損由國庫補足之。

雇主所提撥勞工退休準備金，應由勞工與雇主共同組織勞工退休準備金監督委員會監督之。委員會中勞工代表人數不得少於三分之二。

(七)勞退新制

依《勞動基準法》第五十七條規定，本條例施行前已適用《勞動基準法》之勞工，於本條例施行後仍服務於同一事業單位者，得選擇繼續適用《勞動基準法》之退休金規定。但於離職後再受僱時，應適用本條例之退休金制度。公營事業於本條例施行後移轉民營，公務員兼具勞工身分者繼續留用，得選擇適用《勞動基準法》之退休金規定或本條例之退休金制度。第十三條規定為保障勞工之退休金，雇主應依選擇適用《勞動基準法》退休制度與保留適用本條例前工作年資之勞工人數、工資、工作年資、流動率等因素精算其勞工退休準備金之提撥率，繼續依《勞動基準法》第五十六條第一項規定，按月於 5 年內足額提撥勞工退休準備金，以作為支付退休金之用。勞雇雙方依第十一條第三項規定，約定結清之退休金，得自《勞動基準法》第五十六條第一項規定之勞工退休準備金專戶支應。依第十一條第四項規定應發給勞工之退休金，應依《公營事業移轉民營條例》第九條規定辦理。

(八)僱傭與承攬之定義

僱傭者,謂當事人約定,一方於一定或不定之期限內為他方服勞務,他方給付報酬之契約。報酬應依約定之期限給付之;無約定者,依習慣;無約定亦無習慣者,依下列之規定:

1. 報酬分期計算者,應於每期屆滿時給付之。
2. 報酬非分期計算者,應於勞務完畢時給付之。

承攬者,謂當事人約定,一方為他方完成一定之工作,他方俟工作完成,給付報酬之契約。約定由承攬人供給材料者,其材料之價額,推定為報酬之一部。

訂立契約時,僅估計報酬之概數者,如其報酬因非可歸責於定作人之事由,超過概數甚鉅者,定作人得於工作進行中或完成後,解除契約。前項情形,工作如為建築物或其他土地上之工作物或為此等工作物之重大修繕者,定作人僅得請求相當減少報酬,如工作物尚未完成者,定作人得通知承攬人停止工作,並得解除契約。定作人依前二項之規定解除契約時,對於承攬人,應賠償相當之損害。

根據《勞動基準法》第九條,只有臨時性、短期性、季節性及特定性等非繼續性工作得訂定定期契約,其餘應訂定不定期契約,其目的在防止雇主任意以定期契約取代不定期契約,藉以規避《勞動基準法》中有關資遣的規定。又根據同法第十一、十六、十七條,雇主在資遣員工時,必須有法定的正當理由,並要事先告知員工並發給資遣費。這些相關規定都會減少雇主對人力調度的彈性,並增加勞動成本,雇主自然選擇以訂定定期契約或其他方式來規避。

(九)僱傭與承攬之特性

1. 僱傭契約提供的是勞務,狹義的指勞力,廣義的尚包括受僱人的智慧、專業、經驗、人脈及技術等,僱傭關係只負責「工」。
2. 承攬契約通常包括一定工作之完成,除包括勞務的提供以外,承攬人尚需提供工作場所、設備、材料及原料等,承攬關係則是「連工帶料」。

南山人壽這個案子,是因為新進員工簽訂了承攬合約,所謂承攬合約,即指做多少事領多少錢。站在雇主的角度,簽訂承攬比起僱傭關係較能節省成本的支出,這次南山人壽的員工集體上街抗議,也是因為角色的認知不同,兩種契約非常類似,南山人壽簽訂的承攬合約屬於勞務合約,此類勞務的提供與「勞雇關係」體制下之「計件工資」很類似。當爭議事件發生後,員工認為是「勞雇關係」,但受僱主則認為是「承攬關係」會導致糾紛,必須特別留意。這次南山人壽會造成員工的恐慌,是因為業務員認為制度不夠透明化,且擔心新買家會更動辦法,所以要求先領回到民國97年8月底的公積金,新買家後續仍要依此辦法提存公積金。

三、公積金制度

(一)公積金的運用

公積金是退休生活投資的理想方式,給公積金供款時,可按低稅率進行投資,因此退休儲蓄金額就會逐漸增長。有了稅款減免及政府其他優惠,公積金成了當前最好的長期投資方式之一。自民國96年7月1日起,根據新法律的規定,繳納稅款的公積基金向大多數年滿60周歲或以上人士支付的收益完全免稅,無論員工選擇的是定期提取或一次性提取的方式。退休金資產審查規定的變化,意味著更多人有機會可以享受到部分退休金及其所附帶的稅款減免。

(二)何謂公積金

公積金計畫(provident fund scheme)指受信託管限並且符合以下說明:(1) 其條款在一份或多於一份文件內列明;及 (2) 訂定在計畫的成員達到退休年齡或達到退休年齡之前有特定事件發生時(如:死亡、意外等),向其遺產的遺產代理人或受益人支付金錢利益,屬於一種國家的社會安全儲蓄制度。目前許多國家實施該項制度,其中以新加坡最著名。該制度之特色為退休前員工與雇主需依比例繳付公積金,以確保退休後以年金支付生活所需。公積金制度基本上為一種強迫性儲蓄制度,雇主與受僱人均有依規定儲蓄之義務。該制度實施多年後,逐漸演變為一項廣泛性之

社會保障儲蓄計畫，不但提供會員退休或不能工作時經濟上的保障，還顧及會員居住、醫藥保健及教育等方面需求，能普遍地照顧人民生活。

(三) 參加公積金

大多數情況下，一旦受聘後就可參加，因為法律規定，雇主必須繳納基金供款。若屬自雇人士，可以決定自己是否要參加基金並繳納供款。一般來說，根據公積金保證的規定，雇主必須繳納員工收入的 9%，9% 是按正常時間收入計算。

(四) 基金種類

1. **公司基金（corporate funds）**：為特定雇主或公司工作的人士開放（雇主可運營自己的基金計畫，或通過投資經理或主信託公司來運營）。
2. **行業基金（industry funds）**：向特定行業或參加特定行業薪酬計畫的人士開放，一些行業基金向全體大眾開放。
3. **零售基金（retail funds）**：向一般普通大眾開放，這些基金由金融機構負責運營。
4. **自管基金（self-managed funds）**：只限向個人及最多其他三人開放。

(五) 南山人壽的公積金

1. 工作滿 6 年的業務員，即可參與公積金。
2. 從保單第 7 年度開始，每年提撥保費 2% 進入公積金，業務員必須年滿 60 歲、退休、身故才能領公積金（列在業務員當年度完稅後的所得）。
3. 南山人壽部分業務主管也不贊同全數返還，以免辛苦找來的業務員，領了公積金後就異動。
4. 公積金是為確保業務員會提供保戶後續服務的制度，只要保戶繼續繳交保費，業務員每年就還有 2% 的佣金提撥進公積金內。
5. 公積金辦法明訂，公司有權隨時更改公積金辦法、修改相關福利。

四、私募資金

條文規定

《台灣地區與大陸地區人民關係條例》第六十九條：大陸地區人民、法人、團體或其他機構，或其於第三地區投資之公司，非經主管機關許可，不得在台灣地區取得、設定或移轉不動產物權。但《土地法》第十七條第一項所列各款土地，不得取得、設定負擔或承租。前項申請人資格、許可條件及用途、申請程序、申報事項、應備文件、審核方式、未依許可用途使用之處理及其他應遵行事項之辦法，由主管機關擬訂，報請行政院核定之。

1. 大陸地區人民（自然人）得申請取得、設定或移轉不動產物權。
2. 大陸地區法人、團體或其他機構，或其於第三地區投資之公司為供業務需要（包括業務人員居住住宅；從事工商業務經營廠房、營業處所或辦公場所；其他因業務需要之處所），得取得、設定或移轉不動產。
3. 大陸地區法人、團體或其他機構，或其於第三地區投資之公司，從事有助於台灣地區整體經濟或農牧經營之投資，需先由申請人向中央目的事業主管機關申請同意之許可，再向直轄市或縣（市）政府申請，經審核通過後再報內政部許可。

依《證券交易法》第四十三條之六規定：公開發行股票之公司，得以有代表已發行股份總數過半數股東之出席，出席股東表決權三分之二以上之同意，對下列之人進行有價證券之私募，不受第二十八條之一、第一三九條第二項及《公司法》第二六七條第一項至第三項規定之限制：

1. 銀行業、票券業、信託業、保險業、證券業或其他經主管機關核准之法人或機構。
2. 符合主管機關所定條件之自然人、法人或基金。
3. 該公司或其關係企業之董事、監察人及經理人。

前項第二款及第三款之應募人總數，不得超過 35 人。

普通公司債之私募，其發行總額，除經主管機關徵詢目的事業中央主管機關同意者外，不得逾全部資產減去全部負債餘額之 400%，不受《公司法》

第二四七條規定之限制。並得於董事會決議之日起 1 年內分次辦理。

該公司應第一項第二款之人之合理請求，於私募完成前負有提供與本次有價證券私募有關之公司財務、業務或其他資訊之義務。

該公司應於股款或公司債等有價證券之價款繳納完成日起 15 日內，檢附相關書件，報請主管機關備查。

依第一項規定進行有價證券之私募者，應在股東會召集事由中列舉並說明下列事項，不得以臨時動議提出：

1. 價格訂定之依據及合理性。
2. 特定人選擇之方式。其已洽定應募人者，並說明應募人與公司之關係。
3. 辦理私募之必要理由。

依第一項規定進行有價證券私募，並依前項各款規定於該次股東會議案中列舉及說明分次私募相關事項者，得於該股東會決議之日起 1 年內，分次辦理。

關於參與併購南山人壽的中信金集團及博智金控其資金的來源，其實也是這次審查的重點之一，法律明文規定其私募的資金必須向主管機關提供相關的文件，包括資金的來源、私募的理由、應募人和公司的關係，並且要經過公司的同意，所以對於要併購南山人壽的兩家公司，其向金管會清楚交代資金來源為首要其衝。

五、金融控股公司之併購相關法源

(一)金融控股公司之定義

控股公司之定義可以區分為狹義與廣義之控股公司兩種。所謂狹義之控股公司，係「持有他公司股份而達到對他公司取得支配權」；而廣義之控股公司，僅具控股公司對他公司取得實質上之支配權即可。前者是對一銀行、保險公司或是證券商有控制性持股，並依《金融控股公司法》（以下稱《金控公司法》）設立之公司。然而，控制性持股指的就是對上列金融機構的以發行股表決權股份總數或是資本總額超過 25%，或直接、間接選任或派指一金融機構過半數之董事。

(二)金融控股公司之併購

依《企業併購法》第二條第二項規定金融機構的併購，依《金融機構合併法》及《金融金控公司法》之規定；該二法未規定者，依《企業併購法》（以下稱《企併法》）之規定。因此，金融控股公司在進行併購時，其法令的適用順序除《金融機構合併法》及《金融控股公司法》外，仍適用《企業併購法》的相關規定。

依我國的法制規定，可以作為金融控股公司間合併的樣態有：股份收購、合併、分割、股份轉換及三角併購[1]。

收購是指公司依《企併法》、《公司法》、《證券交易法》（以下稱《證交法》）、《金融機構合併法》或《金控公司法》規定取得他公司之股份、營業或財產，並以股份、現金或其他財產作為對價之行為。股份收購有可能是收購全部的股權，也可能是收購部分的股權。收購全部的股權之後，公司的董監事、管理階層可能有全部或部分更換之問題。同時，因買方繼受被購買公司全部股權，等於繼受公司全部債務。所以，諸如公司是否虧欠任何稅款、是否在訴訟中、是否正與第三人發生爭議等等，將由新股東全部繼受。

合併是指依《企併法》或其他法律規定參與之公司全部消滅，由新公

1　三角併購（triangular merger）：我國現行法對於三角合併尚無明文規定，惟《企併法》第二十二條立法理由中有提及此種合併態樣。該合併型態涉及三家公司：母公司、子公司及標的公司；由母公司為併購目的所出資設立之子公司與標的公司合併，但由母公司發行新股或提供現金或其他財產予目標公司之原股東，作為合併對價。採取三角合併之目的在於：(1) 風險隔離。依《企併法》第二十四條，合併之法律效果為權利義務概括承受。於標的公司可能有很多「或有債務」時，若採三角合併之方式，併購公司無須承擔消滅公司之可能債務；(2) 併購公司可藉此迴避該公司之股東行使表決權或反對股東之股份收買請求權；(3) 或恐合併後企業文化不融合，藉由三角合併可使消滅公司之業務、甚至員工，獨立而完整的繼續存在；(4) 於適當時機，母公司可進一步利用簡易合併（short-form merger）將子公司併入母公司內（《公司法》第三一六條之二、《企併法》第十九條參照）。或認併購未達預期效果，亦可切割與子公司之關係。故三角合併實有可進可退之長處。

　　三角合併之類型：三角合併，又可依合併後子公司為存續公司或消滅公司，分為正三角合併（forward triangular merger，子公司為存續公司）或反三角合併（reverse triangular merger，子公司為消滅公司）。如何決定採正三角或反三角合併，可視標的公司之價值等等因素綜合加以考量。舉例而言，若目標公司為上市公司、價值高且形象良好、擁有特許權利，則傾向以反三角合併為之。

司成立之公司概括承受消滅公司之全部權利義務；或參與其中之一公司存續，由存續公司概括承受消滅公司之全部權利義務，並以存續或新設公司之股份，或其他公司之股份、現金或其他財產作為對價之行為。此必須同時取得兩家公司股東會的同意，併購後之公司依法必須承受消滅公司的所有債權與債務，故有其潛在風險存在。乃是透過兩家公司訂定合併契約達到公司併購的目的。

分割是指公司依《企併法》或其他法律規定將其得獨立營運之一部或全部之營業讓與既存或新設之他公司，作為既存公司或新設公司發行新股予該公司或該公司股東對價之行為。以宏碁電腦為例，宏碁代工部門分割成立緯創，藉以區隔代工和自有品牌之業務，避免內部相互矛盾衝突。

股份轉換是指公司經股東會決議，讓與全部已發行股份予它公司作為對價，以繳足公司股東承購它公司所發行之新股或發起設立所需之股款之行為。股份轉換是一般常看到的換股，也就是兩家公司以相互交換股票達成併購之目的。該方式雖然在企業併購實務上被歸類為股份轉換，其實還是可以從股份收購角度來看，只不過是收購公司想收購被收購公司的全部股份，且收購公司打算支付的對價是股票，而不是現金而已。

陸 從會計資訊面分析

一、MOU 交易內容

中信金在民國 98 年 11 月 17 日召開董事會，發布中策集團與中信金的 MOU 合作協定。中信金以換股方式向中策集團買下手中持有的三成南山人壽股權，並可派任總經理，3 年後將可持有股權至五成。而其交易手段是中信金原本要花 23 億美元（約新台幣 744 億元），後來僅用新台幣 212 億元買下 30% 的南山人壽股權，中策集團則以每股新台幣 17.74 元認購中信金私募增資股 11.72 億股[2]，占中信金股權的 9.9%[3]，這次的交易使

---

2 中信金業經董事會及民國 98 年（2009 年）股東會通過以每股新台幣 17.74 元發行普通股股份計 2,500,000,000 股，每股面額新台幣 10 元。發行總額：新台幣 44,350,000,000 元。
3 中信金同意由中策集團購買本次以私募方式發行的中信金普通股股份 1,172,100,000 股（新台幣 20,793,054,000 元），合計占中信金發行後股權之 9.950%。

中策集團成為中信金的最大股東,約價值新台幣 208 億元(新台幣 17.74 元 ×11.72 億股)的交易。

二、合併報表

目前以企業組織的發展型態而言,上市櫃公司中沒有其他轉投資子公司、孫公司的單一陽春公司型態,係以編製合併報表為一種趨勢。政府主管單位也已經慢慢將報表揭露的要求,導向以合併報表為主的方向,而且隨著兩岸 MOU 的簽訂,陸資紛紛來台,兩岸的企業紛紛想要與對方合作,合作關係的發生逐漸導致企業合併的走向。

(一)合併報表之規定

國內公開發行公司財務報表揭露方式是採行兩表並陳模式,亦即持有被投資公司 50% 股權以上之公開發行公司,每年需對外提供之財務報表包含兩種:

1. 母公司報表:即對子公司之股權投資以單線合併之權益法處理的財務報表。
2. 全面合併之合併財務報表。

一般編製合併報表的條件係以「是否具有控制能力」作為判斷標準,金控公司的標準較嚴格──持有被投資公司股權逾 25%,即被視為有控制能力,必須編製合併報表。而非金控類之上市櫃公司之判斷標準:

1. 若持股是超過 50%,除非能提出反證,否則即被視為有控制能力,必須編製合併報表。
2. 若董事席次超過 50%,也被視為有控制能力,都必須編製合併報表。
3. 若有因合約規定,而取得對轉投資公司的管理控制權,縱使持股未滿五成、董事席次也沒有過半數,也必須編製合併報表。
4. 如果持股不到五成,但在 45% 到 50% 之間,通常也傾向認定為有控制能力,必須編合併報表。

而控制能力之定義,就「形式條件」而言,直接或間接持有表決權

之股份超過 50% 者，並就「實質條件」而言，即持有表決權之股份雖未超過 50%，但對其他個體的財務、營運及人事方針具有主導及監管能力者，亦被視為有控制能力。當投資公司對其他個體具有控制能力時，構成母子公司關係。又依修訂後財務會計準則第 7 號公報，將原公報關於子公司「不編入」及「得不編入」合併報表的規定，調整為母公司編製合併財務報表時，應將所有子公司納入。除母公司對子公司的財務、營運及人事方針喪失控制能力（如已宣告破產或經法院裁定重整）者仍維持不編入外，餘均應納入編製範圍。

(二)中信金能否把南山人壽編入合併報表

依金控法規定，金控公司的轉投資公司股權只要持有 25%，就可編列為子公司。中信金若拿下南山人壽 30% 股權後，等於合法把南山人壽龐大資產納入中信金會計帳目上，就 98 會計年度第三季的財務資訊可知，總資本規模從 1.75 兆元增至 3.5 兆元，如表 1-3 與表 1-4 所示。

表 1-3　南山人壽之資產負債表（部分），圈起部分為 98 年第三季之資產

（單位：新台幣百萬元）

固定資產	10,301	10,415	10,718	11,922
無形資產	–	561	699	709
其他資產	56,714	101,999	103,903	128,605
資產合計	1,240,938	1,393,029	1,460,128	1,603,804

資料來源：南山人壽官方網站。

表 1-4　中信金控之資產負債表（部分），圈起部分為 98 年第三季之資產

（單位：新台幣千元）

固定資產——淨額	33,449,835.00	32,921,204.00	1.61
商譽及無形資產——淨額	11,958,765.00	12,291,517.00	−2.71
其他資產——淨額	10,907,010.00	12,434,209.00	−12.28
資產合計	1,748,371,343.00	1,731,440,819.00	0.98

資料來源：公開資訊觀測站。

中信金一下子從金控排名第七，超越對手富邦金，躍升為第二大金控，幾乎與國泰金並駕齊驅。編入合併報表還得等到3年後，中信金取得過半的股權，才能符合編列合併報表的要件之一。

(三) 中策集團能否把中信金併購編製合併報表

依據財務會計公報與相關企業合併法規之規範，必須要持股超過五成，或是證據顯示握有控制能力，才能夠編製合併報表。也就是說，沒有過半的持股，至少也得是最大股東、掌握董事會、還要有經營能力，才算有控制能力。

就目前看來，中策集團只取得中信金9.9%的股權。因此，如果中策集團想要在3年後把中信金編入合併報表，除了要增加對中信金的持股，還要取得多數董監席次，以及擁有任命中信金高階主管的主導權。

柒 結論

中策集團與中信金從一開始的競爭，到最後簽訂MOU合作備忘錄，這中間摻雜了許多利益關係，兩家公司都是以各自最有利的方向去考量，之後可能產生的問題卻非常繁雜。若金管會通過此併購案，中信金雖然在未來3年內獲得南山人壽一半之股權，但也將面臨到可能會被中策集團併購的危機；而中策集團在此案尚未通過的壓力下，未來可能將背負一筆賠償金。

最後這一節，我們分別以兩大方向去討論：建議和省思，然後再以額外的例子跟本案件比較，以作完結。

一、建議

無論此南山人壽購併案金管會通過與否，在決定前，政府都要顧慮周全。而假若通過此案，續後的監管和公司治理也相對變得重要。下列提出三點建議：

(一)投審會及金管會應從嚴審核

　　未來投審會審查此台灣金融史上最大的併購案時，除了要求博智金控必須提供完整的股東結構及其他相關資料審查外，也可透過我國的駐外單位協助查證，確認收購團隊的主要結構，嚴格把關。而金管會保險局也應實質審查，檢驗博智金控是否有陸資成分及長期經營的計畫。

(二)做好事後監管

　　若未來 AIG 將南山人壽售予博智金控一案確定通過，主管機關金管會應事後嚴格地監督博智金控未來的舉措是否符合併購時的承諾與規定，尤其是在長期經營及員工與保戶的權益方面，更應特別留意，以保障公司的永續經營與 400 多萬保戶及 3.6 萬名員工的權益。

(三)加強公司治理

　　目前國內主管機關對於一些重大併購案件的處理，通常都流於消極地適法性監督管理。如此作法雖不是錯誤，但卻相對地被動且容易讓有心人士從中操弄。建議主管機關應該主動積極地改善當前公司治理制度的缺失，並要求企業落實公司治理的規範。其中包括：相關財務報表的審核、潛在風險的控管、資訊揭露之適當性等。唯有透過全面完善的公司治理，才能避免此次南山人壽併購案的爭議再度發生，整體產業競爭力也才能一併提升。

二、省思

為什麼要併購呢？

　　併購屬控制權市場機制，透過併購，資源將歸屬最有效使用者控制支配，取而代之的管理階層必將為股東創造更大財富。但實際上，沒有市場是完美的；許多併購往往只是移轉財富或風險，卻不能創造財富，此一金融個案就是最好例子。由於我國對金融業有「不能倒閉」的迷思，決定出高價併購的企業，未必是最佳經營者，反而可能是最願意利用風險轉嫁機制，由全民承擔倒閉成本的。晚期，私募基金的併購頻頻傳出，由於其高槓桿、短線操作的性質，往往被認為是財富的逆向分配，將財富自政府、

企業倫理

債權人與小股東處,移轉給私募基金的富有投資者,對效率的提升卻毫無助益。私募基金併購金融機構,並非對提升營運效率無益,但為了防範財富逆向分配之不良併購,除藉由制度化與透明化合理分配控制權溢價外,檢討改變「不能倒閉」之慣例更為根本之計。綜言之,一個有清晰戰略目標,資訊充分揭露,執行設計公平合理的併購,才能確保併購市場的有效運作。

在台灣眾多併購案件中,其中以群創與奇美電合併成新奇美為最成功的例子。奇美電在韓國大廠夾擊下日益邊緣化,台灣面板業必須整合才具有世界競爭力。而這個併購案之所以贏得正面評價,正是因為其戰略目標清晰——藉由整合提升競爭力,以及執行設計公平,併購後新奇美的股票就溢價幅度約 22%。

反觀南山人壽併購案,中策集團子公司——博智金控對南山人壽的併購手法產生很多疑點,包括私募股權、中資的背景,還有本來說好要長期投資,但是又把股權賣給中信金,這些疑點讓這個案子變得更加複雜,而不知道中策集團最終目的是什麼?在未來,我們更應該注重原南山人壽保戶和員工之後的權益問題,以及未來對台灣市場的影響。

問題

1. 何謂 MOU?有幾種不同 MOU?
2. 中策集團與中信金簽訂 MOU 之影響?
3. 何謂公積金?有何特性?
4. 政府(金管會)對該 MOU 案之審查為何?
5. 該 MOU 案主要漏洞為何?
6. 保險契約之解除條件為何?
7. 勞動契約種類為何?
8. 資遣費應如何計算?
9. 退休金給與標準為何?
10. 基金種類及特性為何?
11. 合併報表有何規定或限制?

Chapter 2
綠色新政與環境保護

壹 綠色風潮

　　隨著全球綠色概念之風潮漸廣，於國際產業間之實踐逐漸普及，不僅政府政策對於綠化概念採取積極推廣、鼓勵之立場，消費者端之綠色消費意識逐漸抬頭，全球綠色貿易規範亦從不具強制性質走向具一定程度之強制性質，企業對於綠色貿易規範之遵循，也從初始之抗拒心態到主動規劃配套方案、執行時程等有關環境保護、永續經營概念之各項實踐。

　　以建築業為例，世界各國逐步針對建築法規設置強制或獎勵條款，鼓勵新蓋建築採用一定比例之綠能技術、設計或建材，或對既有建築進行設備綠化更新改良。綠化政策不僅係針對新蓋建物，既有建物之改良計畫亦為綠建築工程之重要一環。

貳 節能減碳之推手

　　為落實綠化工作，我國訂定 2011 年為節能減碳年，宣示全民上下參與綠色經濟發展及政府節能減碳政策目標，「永續能源政策綱領」揭示明確政策目標，全國二氧化碳排放減量，期能於 2016 年到 2020 年間回到 2008 年排放量，於 2025 年回到 2000 年排放量。經濟部國際貿易局更

於 2011 年設置「經濟部推動綠色貿易專案辦公室」，研擬綠色貿易相關議題，本於三大基礎策略：綠色貿易輔導服務、提升綠色貿易競爭力、綠色貿易行銷推廣，專司綠色貿易各項議題之推廣及執行，尤其針對國內企業，更提供諮詢輔導服務，藉由直接協助國內廠商因應國際綠色趨勢，以建構高效率之綠色輔導機制與運作平台，促成我國產業與綠色供應鏈之國際整合，並鼓勵、支援廠商積極前進綠色博覽會、研討會，期能有效呈現台灣與我國商品之綠色精品形象，達到政策推廣並爭取綠色商品／服務貿易商機之目的。

以下案例主要針對綠建築介紹其起源與發展及影響。

參 綠建築

一、綠建築的意義

綠建築（green building）是因應近年提倡生態、節能、減廢、健康所產生的一種環保建築，意指消耗最少地球資源、使用最少能源及製造最少廢棄物，來達到環境共生、共榮及地球永續發展目標的新產物。

二、綠建築的起源與發展

過去，人類毫無節制地消耗能源，使得地球二氧化碳濃度年年劇增，造成地球氣候嚴重暖化，使調節氣候的兩極冰山大量融解，導致海平面上升，各島國面臨嚴重的生存問題，故近年來世界各國逐漸地重視環保議題，特別是著重於減少二氧化碳之部分，致力於節能減碳創造與地球互利共生的環境，希望透過這些行動與政策能讓逐漸增溫的地球退燒。

1980 年，國際自然保護聯盟（International Union for Conservation of Nature and Natural Resources, IUCN）首次提出「永續發展」的口號，呼籲全球重視地球環保危機。1996 年，我國行政院成立「永續發展委員會」，行政院經濟建設委員會（以下稱經建會）將綠建築納入了城鄉永續發展政策之執行重點，營建署也通過《營建白皮書》正式宣示將全面推動綠建築政策，環保署亦於《環境白皮書》中將推動永續綠建築納入。

1998 年，日本的京都環境會議，正式制定了各先進國二氧化碳排放減量的目標。台灣則在 1999 年正式以綠色建築七大指標作為綠色建築的評估工具，在 2003 年，更修正為綠色建築九大指標評估法。

這些均在在顯示了地球環保的問題已成為超國境、超政體的國際要務，同時也顯示「永續發展」已成為人類最重要的課題。

三、綠建築九大指標

綠建築依生態、節能、減廢、健康四大指標群之方向，可分為九大指標來評估：

1. **基地綠化指標**：在建築基地內，以及屋頂、陽台、外牆、人工地盤上的覆土層栽種各類植物，淨化空氣，促進生物多樣化。
2. **基地保水指標**：是指建築涵養水分及貯留雨水的能力，藉由促進基地的透水設計，廣設貯留滲透水池，促進自然水循環能力，改善生態環境，調節微氣候，緩和都市氣候高溫化現象。
3. **水資源指標**：包括廚房、浴室、水龍頭的用水效率，以及雨水、中水再利用，積極利用水循環，並在建築設計上採用省水器具，節約水資源。
4. **日常節能指標**：以改善空調和照明效率提升建築節能。
5. **二氧化碳減量指標**：是指建築物的建材，在生產過程中的二氧化碳排放量，從建築物的規劃設計及構造改善，減少二氧化碳排放量。
6. **廢棄物減量指標**：指建築施工及日後拆除所產生的棄土、廢棄建材、逸散揚塵等，確保更乾淨、更環保的營建施工，減緩建築開發對環境的衝擊。
7. **污水垃圾改善指標**：著重建築空間設施及使用管理，確認生活雜排水配管系統與導入污水系統，以及重視垃圾處理。
8. **生物多樣性指標**：鼓勵用生態化的水池、河岸來創造水域生態，以不受人為干擾的多層次生態綠化，來創造多樣化小生物的棲地環境。
9. **室內環境指標**：鼓勵減少室內裝修量，盡量採用具有綠建材標章之健康建材，以減低有害空氣污染物之逸散，同時也要求低污染、低逸散性、可循環利用之建材設計。

依據九大指標綜合計分值及權重比例，以連續性之計分換算方式，給予各指標不同高低分，劃定鑽石級、黃金級、銀級、銅級與合格認證五個等級。

四、具代表性的環保法規——《京都議定書》

《京都議定書》（Kyoto Protocol）是《聯合國氣候變化綱要公約》（United Nations Framework Convention on Climate Change, UNFCCC）的補充條款。於 1997 年 12 月在日本京都由聯合國氣候變化綱要公約參加國三次會議制定的。其目標是「將大氣中的溫室氣體含量穩定在一個適當的水平，進而防止劇烈的氣候改變對人類造成傷害」。

1997 年 12 月，條約在日本京都通過，並於 1998 年 3 月 16 日到 1999 年 3 月 15 日間開放簽字，共有 84 國簽署，條約於 2005 年 2 月 16 日開始強制生效，到 2009 年 2 月，一共有 183 個國家通過了該條約（超過全球排放量的 61%）。

主要條文

1. **減量期程與目標值**：工業國成員將人為排放之六種溫室氣體換算為二氧化碳總量，與 1990 年相較，平均削減值 5.2%，同時採差異性削減目標之方式：歐洲聯盟及東歐各國 8%；美國 7%；日本、加拿大、匈牙利、波蘭 6%；另冰島、澳洲、挪威則各增加 10%、8%、1%。減量期程為 2008 年到 2012 年，並以此 5 年的平均值為準。
2. 六種溫室氣體中，CO_2、CH_4、N_2O 管制基準年為 1990 年，而 HFCs、PFCs 與 SF6 為 1995 年。
3. **碳排放權交易制度**：允許議定書簽約國彼此間可以進行排放交易。兩個已開發國家之間可以進行排放額度買賣的「排放權交易」，即難以完成削減任務的國家，可以花錢從超額完成任務的國家買進超出的額度。
4. 森林吸收溫室氣體之功能應予以考量，即 1990 年以後所進行之植林、再植林及森林採伐之二氧化碳吸收或排放之淨值，可包含於削減量之內。

5. 成立「清潔發展機制」：由工業國對開發中國家進行技術及財務協助其溫室氣體減量計畫，所減之數量由雙方分享。
6. 簽署：自 1998 年 3 月 16 日起到 1999 年 3 月 15 日止，在紐約聯合國總部開放公約成員簽署，其後開放加入、批准、接受或認可。
7. 生效：依《京都議定書》規定，議定書必須獲 55 個以上國家批准，且其合計二氧化碳排放量至少占全體成員 1990 年二氧化碳排放總量之 55%，則議定書於其後第 90 天正式生效。

五、台灣其他綠建築的案例──北投圖書館、億載國小

(一) 台北市立圖書館北投分館

台北市立圖書館北投分館是台灣首座綠建築圖書館，座落於林木茂密、生態環境豐富的北投公園內。圖書館整棟建築物都以大片落地窗構成，並且善用南向公園、北面臨溪的地理環境，採集最大量的自然光。

北投圖書館設有太陽能光電板發電的輕質生態屋頂，可發電十六千瓦的電力，斜坡屋頂及草坡設計，則可綠化屋頂涵養水分、減低直接曝曬；藉斜屋頂收集而來的雨水用於澆灌植栽及清潔用水，則達到水資源的再利用。建物以木構造為主，搭配鋼材，減少了混凝土的使用，減少對環境的傷害和負擔，外觀彷彿一座大型高架樹屋。

圖 2-1　北投圖書館

(二)億載國小

億載國小是全國唯一通過綠建築九大指標的學校，為了節省水資源，設計了中水處理系統，收集雨水再利用；也使用太陽能及風力發電，以達到節能的目的。生態池與校園多層次生態綠化，種植多種植物，創造出多樣化的小生物棲地環境。

億載國小不但結合當地的生態做規劃，更串聯億載金城、安平古堡與運河藍綠帶，形成「都市生態綠網」，而校園豐富的生態也提供生物遷移的空間。另外，億載國小以生態池意象結合億載金城與安平古堡城郭意象，呈現於校園核心區。億載國小各個角落，不但看得見歷史的蹤跡，學校更進一步使用意象建築，並配合標示說明相關背景，讓學生能夠充分了解歷史與當地環境。

環保意識愈來愈受到重視，綠建築逐漸發展，不僅建築與生態環境結合，且有效地資源再利用，減少對環境的傷害，達到永續發展的目標。

個案分析　台達電子工業股份有限公司——台南分公司

一、台達電子工業股份有限公司簡介

成立：民國 64 年 8 月 2 日
上市：民國 77 年 12 月 19 日
董事長：鄭崇華
執行長：海英俊
總經理：柯子興
經營使命：環保、節能、愛地球
企業文化：勇於變革，永續經營
2008 年全球營收：53 億 3,500 萬美元

台達電子集團為世界第一的交換式電源供應器與直流風扇產品的領導廠商，並且在多項領域亦居世界級的領導地位，包括：電源管理的整體解決方案、視訊顯示器、工業自動化、網路通訊產品與可再生能源相

關產品,市場遍及全球。

　　台達電子集團總部設於台北,營運據點、生產據點及研發中心遍布歐、亞、美洲。至 2008 年底,全球員工人數逾 6 萬人。在追求企業發展的同時,更自我期許為社會的企業公民,秉持「環保、節能、愛地球」的經營使命,期為減緩全球暖化及降低環境衝擊盡最大心力,作為全球電力電子產業的領導者,長期致力於實踐環境保護的承諾,多年前已實施綠色無鉛製程、回收再利用措施與廢棄物管理計畫。並透過健全的公司治理、追求利害相關者的均衡利益,以及社會參與,善盡台達電子的企業社會責任。

二、台南廠辦介紹

　　台達電子以環保、節能、愛地球的理念經營,帶頭推動國內的環保文化與綠色建築,在董事長鄭崇華的催生下,終於誕生了台灣第一座的綠色廠辦,作為台達電子在台南科學工業園區的一期廠房辦公室,這項創舉更是在電子業創下了直接生產綠建築的先例。

　　台達電子南科一期廠辦是綠色廠辦所在,外觀上,它華麗得像是五星級飯店般,充滿著立體綠化與陰影變化,除了廣植綠地讓自然與人類能共存外,也對生態環境做出一點貢獻,是個標榜生態、節能、減廢的綠色建築教育實驗場所,這不僅是國內第一座獲得內政部綠建築 EEWH 評估系統九大指標全部評估通過的建築物,同時也是我國第一座獲得黃金級綠建築標章認證合格的建築物,還得到「2006 年最佳優良綠建築大獎」的肯定,2009 年再升級為「鑽石級」綠建築標章。

(一)建築節能設計

深深的遮陽與豐富的陰影

　　一般高科技廠房所喜愛採用的玻璃帷幕與金屬外牆,在台南廠辦是看不到的。大多數人喜愛看起來幹練、晶瑩剔透、一絲不苟的玻璃帷幕,其實正是炎熱氣候的能源大殺手。晶瑩剔透的玻璃帷幕在陽光照射之下,吸熱快,導致內部溫度升高且難以散熱,如此一來,室內就需要更低溫的冷氣讓人們感覺舒適。台南廠辦採取折板雕刻作為遮陽避雨的

玄關，它的立面以內凹的深開窗與水平金屬外遮陽，避免陽光直射室內，也可因太陽照射角度不同而產生美麗的陰影，並以金屬百頁導光板導引自然光進入中庭，以增加室內採光的均齊度，可節省空調與照明之耗電量。根據內政部 EEWH 之系統評估，台南廠辦之外殼節能設計水準高出法規約 23%，空調與一照明效率高於一般水準約 31%，是一優良節約能源之建築。

採用太陽能光電系統及高效率燈具

台南廠辦特別在生態中庭之天窗上採用台達電子所生產的太陽能系統產品，以作為太陽能利用的示範，在中庭設置系統容量 21.6 千瓦單晶光電板，以每千瓦光電板每日平均發電效率 3.3 kWh 計算，全年總發電量為 26,017 kWh，約占全棟發電量的 1.3%。本系統採用台達電子生產之光電轉換器，其轉換效率高達 97.5%，為全世界最高的轉換效率，台南廠辦更同時採用太陽能熱水系統，以提供廚房熱水，不浪費並且善用任何一點資源，使其變成再生能源的最佳示範案例。

合理的照明，可有效地提高工作情緒，進而增加產量改善品質，台南廠辦全面採用電子式安定器、高發光效率燈管；高反射綠遮光板的高效率燈具，大約可節省三分之一的用電，同時與省電燈泡相比之下，照明燈具的使用壽命更是增加了 40%。

採用高效率空調系統

因空調產生的溫室氣體和耗費的金額是不環保又傷荷包的，故台南廠辦採用高效率的冰水主機、全熱交換器、可變風量系統、變頻冷卻水塔；變頻送水馬達、二氧化碳濃度外氣控制等先進的空調節能系統，除了為環保盡一份心力外，還能淨化空氣品質、杜絕大樓症候群的發生，最重要的是，它可節約空調用電 30% 以上。

地下室自然通風採光

在地下室四周設置採光通風的天溝，室外中間也挖掘許多採光通風小天井，讓地下室如半戶外般的光亮清爽，自然通風效果使停車場維持良好的空氣品質，並同時採用一氧化碳偵測系統，自動控制地下室的排風系統，當一氧化碳濃度到達 10 ppm 以上才啟動排風設備，節約了八

成以上的排風用電。

節水設計

台南廠辦大樓內部所有水栓、馬桶、淋浴用具全面採用附有省水標章的省水器材，平均可以節水 30%，再加上利用屋頂、露台截取雨水，並收集於設置地下室 200 噸之雨水儲水槽，經過簡易處理後，作為庭園灌溉用水，所有戶外庭園灌溉均使用雨水灌溉，同時以自動偵濕系統偵測下雨狀況，在雨天時停止灌溉系統，合計可節省用水約 50% 以上。

(二)生物多樣化設計

生態密林與水池設計

台南廠辦在基地北側設計兩處喬木、灌木混種的生態密林，以最少管理、最不受人為干擾的綠地作為野鳥及昆蟲的棲地。台南廠辦約種植 459 株大小喬木與 3,746 株的灌木，尤其是選擇九成以上的台灣原生樹種與誘鳥、誘蝶植物，每年將可提供 1 萬多隻鳥類與 120 萬隻昆蟲的食物來源（以每株喬木提供 1,000 隻昆蟲、10 隻鳥，每株灌木提供 200 隻昆蟲、2 隻鳥的食物源計算），如此一來，便可幫助生態繁殖，對地球環保與生態有莫大貢獻。

台南廠辦設置三處生態水池，以半滲透的池底結構、多孔隙的自然護岸，以及豐富的水岸植物，形成良好的水岸生態結構，在暴雨時可匯集雨水，擔任生態滯洪池的功能，對防洪與基地保水有很大的貢獻。

立體生態與基地保水

利用第二、三、四層的屋頂平台及陽台，以層層退縮的方式作誘鳥、誘蝶的灌木立體綠化，此種綠化可連結綠地被巨型建築物分割的問題，減少生物垂直水平移動的障礙，形成昆蟲、鳥類移動之網路，稱為立體生態綠網。陽台除了可提供工作人員直接視覺的接觸與使用外，更可降低屋頂的熱傳透熱，使建築物的熱負荷及空調之出費用降低。是一舉多得的綠建築設計方法。

在戶外停車場及人行路面鋪上透水磚，連鎖磚、陶磚等透水鋪面，加上滲透溝及草溝的設計，以增加土地儲留雨水與涵養地下水源之能

力，提高調節大地氣候之功能，同時提供土壤水分與空氣，就可以促進土壤中生物的生存空間。

(三)廢棄物減量設計

採用高爐水泥

水泥其實是高耗能、高污染的建材。在台灣每生產 1 公噸水泥，就必須消耗 111.9 度電與 133.9 公斤燃料煤，同時排放 445 公斤的二氧化碳。所以減少水泥的使用量，就成了綠建築最重要的課題，台南廠辦設計採用 30% 爐石粉的高爐水泥作為鋼筋混凝土的材料，其結構最終強度為一般水泥的 1.4 倍。若一棟建築物全部使用 30% 高爐水泥時，其對於建築物主體的二氧化碳減量效果可達到總排放量的 10%，對二氧化碳減量效益有不少貢獻。

良好的耐久設計

耐久設計是以延長建築物使用壽命的方法，達到節約地球資源，並減少營建廢棄物之目的。本案採用明管設計，以避免因更換管路時而傷及建築物壽命，俾能達到少用一點地球資源、少製造廢棄物的目標。綠建築的本義就是在於節能、減廢、環保，以愛地球為出發點所產生的產物，利用許多科技和各具巧思的工法，去減少所耗費的資源。

肆　會計層面

一、綠色會計

(一)何謂綠色會計

綠色會計（green accountant）又稱為**環境會計**（environmental accounting），以有關法律、法規為依據，計量、記錄環境污染、環境防治、環境開發的成本費用，同時對環境的維護和開發形成的效益進行合理計量與報告，從而綜合評估環境績效及環境活動對企業財務成果影響的一門新興學科。它試圖將會計學與環境經濟學做結合，經過有效的價值管理，達到協調經濟發展和環境保護之目的。

(二)綠色會計的起源及歷史

第二次世界大戰後，資本主義國家進入經濟發展的「黃金時期」，自然資源長期處於被極度開採的狀態。人口劇增，導致需求增加、能源緊張、環境污染日趨嚴重，資源接近枯竭，這不僅制約了經濟發展，也影響了人類與自然、生態與經濟的協調。在環境資源惡化和批判傳統會計基礎上所產生的綠色會計始於 1870 年代早期，旨在為保護生態環境，研究生態環境的成本和價值、提供生態環境變化的會計資料。西方綠色會計中，以威爾士大學的霍金森、加拿大審計署的羅賓斯坦等人最具代表性，其核心是用會計來計量、反映和控制社會環境資源，目的在於改善整個社會的環境與資源問題。

對綠色會計的研究始於 1970 年代。以 1971 年比蒙斯撰寫的〈控制污染的社會成本轉換研究〉和 1973 年馬林的文章〈污染的會計問題〉為代表，就此揭開了綠色會計研究的序幕。但直到 1990 年代初，綠色會計仍未被列入會計準則有關條款。可喜的是，隨著環境問題愈來愈成為世界矚目的焦點，綠色會計也逐漸被提上議程。1989 年，有 650 名工業界領袖把環境問題引為企業面臨的第一大挑戰；聯合國國際會計與報告標準政府間專家工作組連續幾次會議將綠色會計作為工作組年會的討論議題之一；1995 年 3 月，在日內瓦召開的第十三屆會議上更是把綠色會計當作中心議題。環境問題已經成為世界發展的重要課題，由此可見一斑。我國應順應世界潮流，加快會計改革步伐，建立綠色會計已是當務之急。

19 世紀以來，環境負荷愈來愈重，自然資源長期處於被極度開採的狀態。人口劇增導致需求增加、能源緊張、環境污染日趨嚴重，資源接近枯竭，這不僅制約了經濟發展，也影響人類與自然、生態與經濟的協調。人類的環境及未來發展的隱憂逐漸浮上檯面。在此狀況下，多數發展中國家於 20 世紀開始制定環境保護相關法規，開始環境保護與污染治理的工作。但是未有明確的績效，未來經濟發展的可持續性問題到了 80 年代後才受到較多的關注。1987 年，聯合國世界環境與發展委員會發表《我們共同的未來》，才首次清晰地提出可持續發展的定義，即「既滿足當代人的需求，又不對後代人滿足自身需求的能力構成危害的發展」。此定義

為許多發展中國家敲響對未來環境保護的警鐘；除極力追求經濟發展外，亦應思考如何長久持續，而非僅是曇花一現。1992 年，聯合國在巴西里約熱內盧召開環境與發展會議，再次強調了可持續發展的理念，許多國家積極參予並作出了實施可持續發展策略的承諾。此後，聯合國還成立了專門的可持續發展委員會，使持續發展策略能夠落實與執行。

早期的環保法規只重視環境污染後的補救措施，而忽視了環境問題的事先預防。這種觀念除了造成許多不必要資源的浪費，亦有時效性及嚴重性的問題。例如，工廠污水的排放，若能事先限制污水排放區域或污染物控管，則可控制污染的程度與範圍。直到 1990 年代，人們才開始注意這一點，認識到環境問題系統解決方案的重要，因此，環境管理體系應運而生。但是，各國因地域環境及法規不同，而分別制定不同的環境管理標準，對於全球經濟一體化極為不利。所以，**國際標準化組織**（International Organization for Standardization, ISO）於 1996 年發布關於環境管理的國際標準 ISO 14000 系列，亦稱 EMS 標準。國際標準 ISO 14000 系列包括環境審核（EA）、環境表現評估（EPE）、環境標籤（EL）、生命週期評估（LCA），以及產品標準之環境考量（EAPS）等方面。可持續發展、環境保護、綠色、生態等概念與觀念開始在企業的生產經營與人們的日常生活中廣泛運用。

(三)綠色會計在世界上的推廣

1. **目前環境資源現狀的需要**：目前環境資源東乏西富，資源配置與利用皆不均衡。綠色會計從資源、環境和生態的整體出發，要求企業對所擁有和使用的自然資源、對環境資源的污染破壞及應履行的治理義務進行確認、記錄報告，督促企業轉變「無償使用」資源的錯誤觀念，合理高效地利用資源。

2. **建立新的社會經濟發展模式，實施可持續發展戰略目標的需要**：社會環境是企業生存和發展的制度基礎，自然環境是企業生存和發展的物質基礎，企業要實現長期生存和穩定發展，必須樹立順應環境的觀念。

3. **企業順應全球競爭的必然結果**：國際上要求企業將自然資源的耗損進

行核算,計入損益,產品定價要考慮相關環境因素,綠色會計幫助企業順應國際潮流,增強自身競爭力,更充分地參與國際競爭。

(四)綠色會計行為層次

綠色會計／環境會計的目標是用會計來計量、反映和控制社會環境資源,改善社會的環境與資源問題,實現經濟效益、生態效益和社會效益的同步最佳化。藉由辨識和報導企業組織內影響環境的經濟和財務事項來達成永續發展的目標。可增加事前準備、改善內部流程、加強投資流程、減少原料的消耗、使用及分析採用適當的環境管理系統,亦可反映組織、環境互動的經濟和財務狀況、減少負面環境影響及投入。

(五)綠色會計與傳統會計的差異

綠色會計是在傳統會計的基礎上,針對傳統會計在核算過程中對環境問題的無能為力而產生的,其與傳統會計的差異主要表現在下列兩方面:

1. **傳統會計對企業經營活動的監督和反映是較不完整的,而綠色會計則彌補其不足**:傳統會計對環境會計與環境政策的探討較不注重,在會計界裡,學者對所謂的「社會會計」,即公司在社會責任上的揭露與報導較感興趣,尤其是在有關員工、產品方面。從這個角度來說,傳統會計所反映的內容是不完全的。綠色會計則從生態環境和整個人類的活動出發,客觀性的測量、評價及揭露來保護環境及履行企業的社會責任。

2. **傳統會計對資產、負債、收入、費用的計量存在缺陷,而綠色會計對這些問題進行了改善**:在傳統會計中,只有存在財產所有權的東西才有價格,才能以貨幣進行計量,才能在企業的會計帳表中得以反映。而如空氣、海洋、臭氧層等對人類至關重要但無所有權的事物卻不能成為傳統會計核算的內容,企業對這些事物的使用和損害並不記入企業的經營成本。而綠色會計則充分強調環境資源的有限性和稀少性,修正傳統的財務會計是以獲利為導向而忽略企業對社會責任的考量。亦找出新的測量方法,包括非財務方面的衡量(如環境稽核),並於會計年報中揭露公司對社會責任的評估與現況,以達成於年終財務

報表上關於環境議題揭露的社會責任。這些模式的發現不但提供了法規、審計、稅金及專利權之制定基礎規範,而且在非財務資料的揭露有很大的改善。

二、估算台達電子綠建築 1 年可省下的成本

台達電子南科廠辦的建築節能效果高達 31%,營建廢棄物減量效果達 10%,因為設有中水處理系統,日常節約用水效果可達 50%。同時它種植 459 株的大小喬木與 3,746 株的灌木,每年將可提供 1 萬多隻鳥類與 120 萬隻昆蟲的食物來源,對地球環保與生態環境有莫大的貢獻。

台達電子南科廠辦總計建築成本約 1 億元,比傳統施工方式約多出 15% 到 20%,不過,有形、無形的效益使成本很快回收,是典型低維護成本的傑作。台達電子對綠建築的成果感到滿意,並宣示未來台達電子新建的廠房將全數採綠建築模式,甚至連捐贈給中央大學、成功大學的研發中心,也全都是綠建築。若以台達電子南科廠辦建築以成本約 1 億元推算,建綠建築比傳統建築高出 1,500 萬到 2,000 萬元建築費。

(一) 電費

依據經濟部 EUI 值的標準,每年每平方公尺樓地板面積的耗電量要

圖 2-2　台達電子

在 241.9 度以下才是節能建築，台達電子南科廠只有 148 度，約為標準值的 59.4%。也就是說，台達電子南科廠比起一般的節能建築還節省 40% 的用電量。這還是相對於辦公大樓的用電量，台達電子南科廠是廠房建築，廠房的用電量大都使用於大型機台與電源供應器的相關設備，用電量更高於一般的辦公室，亦即，實際上，台達電子南科廠所節省的能源還遠高於這個數字。台達電子南科廠正式啟用才 1 年多，員工還不算多，每個月省的電費也只有 50 多萬元。若以 55 萬元推算，1 個月原需花費約 91.6 萬元，扣除可省下 55 萬元，1 年只需 439.2 萬元，約可省下 660 萬元。

(二)太陽能

台達電子南科廠辦以太陽能全年可發電量達 26,017 度，占全棟發電量 1.3%，若以平均每度電 3.3 元推算，全年廠辦總發電量約為 2,001,308 度，總發電費用約 6,604,316 元，以太陽能發電則可省約 85,856 元。

(三)水費

節能系統可節省 50%，使用省水標章的器材可節省 30%，中央水處理系統及雨水回收系統所回收部分占 20%，假設 1 年水費 100 萬元因設計節能系統而節省 50%，亦即省下 50 萬元。使用省水標章器材的好處是省了 30%，100 萬元 × 30% = 30 萬元。中央水處理系統及雨水回收系統所回收部分占 20%，100 萬元 × 20% = 20 萬元，若同時使用則約可省 72 萬元。

(四)高效率燈具

高效率燈具比一般燈具用電量少三分之一，平均壽命可延長 40%，以平均每度電 3.3 元推算，假設廠辦總共使用 1,000 支燈管，使用全年不關電之情況，若以普通燈管（40 W）推算，則 1 年使用 345,600 度，需花費 1,140,480 元，若使用高效率燈具 1 年約可省 379,780 元。

使用綠建築 1 年約可省 660 萬元 + 8.6 萬元 + 72 萬元 + 38 萬元，約為 780 萬元。

企業倫理

伍 法律層面

一、基地綠化

　　由於對於居住環境品質的永續發展，進而要求利用建築基地內自然土層及屋頂、陽台、外牆、人工地盤上之覆土層，來栽種各類植物，以便減少二氧化碳排放量和環境高溫化的方式，稱之為基地綠化。

(一)相關《建築技術規則建築設計施工編》條文

第二九八條第一款：
指促進植栽綠化品質之設計，其適用範圍為本編第五章第四節規定之學校（各級學校）、第十二章高層建築物（係指高度在 50 公尺或樓層在十六層以上之建築物）、第十三章山坡地建築（依山坡地保育利用條例第三條之規定劃定，報請行政院核定公告之公私有土地）及第十五章實施都市計畫地區建築基地綜合設計之新建建築物。

第二九九條第一款：
指基地綠化栽植之各類植物二氧化碳固定量與其栽植面積乘積之總和。

第三〇二條：
建築基地之綠化，除應符合其直轄市、縣（市）主管建築機關之綠化相關規定外，其綠化總二氧化碳固定量應大於其二分之一法定空地面積與二氧化碳固定量基準值之乘積（二氧化碳固定量基準值：學校 500；商業工業區 300；前二類以外之建築基地 400）。

第三〇三條：
建築基地之綠化，應符合：

1. 建築基地之綠化檢討以一宗基地為原則；如單一宗基地內之局部新建執照者，得以整宗基地綜合檢討或依基地內道路分割範圍單獨檢討。
2. 學校用地之戶外教育運動設施、工業區之戶外消防水池和戶外裝卸貨空間，以及住宅區及商業區依規定應留設之騎樓、迴廊、私設通路或基地內通路等執行綠化有困難之面積，得不計入本節法定空地面積計算。

第三〇四條：

建築基地綠化之總二氧化碳固定量計算，應依設計技術規範辦理。前項建築基地綠化設計技術規範，由中央主管建築機關定之。（詳細說明如下。）

◎綠化量評估基準

評估基準：$TCO_2 > TCO_2C$（綠化量設計值 > 基準值）

$$TCO_2 = (\sum G_i \times A_i) \times \alpha$$

【綠化量設計值 =（植物單位覆蓋面積固定量 × 植物面積覆蓋基準）× 生態綠化優待係數】

$$TCO_2C = 0.5 \times A' \times \beta$$

【綠化量基準值 = 0.5 × 可執行綠化之法定空地面積 × 單位綠地 CO_2 固定量基準】

(二)基地綠化指標與基準

　　過去建築都市相關法規為鼓勵綠化，有綠覆率、喬木植栽、栽種密度之規定。但它們通常是以覆土深度、樹徑、喬林數量來規定綠化量，除對喬木有所認定之外對於灌木、蔓藤、草地，以及建築立體綠化等，多樣綠化的環境貢獻量並無具體評價，各植栽之間的合理換算亦是如此。事實上，綠化對於地球環保最大的貢獻，莫過於利用植物的光合作用來固定空氣中的二氧化碳，進而可減緩地球氣候高溫化。因此，關於綠化量的評估，以二氧化碳固定效果作為綠化評估法的共同換算單位。

　　根據植物學研究顯示，植物光合作用量與植物葉面積成正比，因此本指標依照樹葉面積，把植物分為七類層級來評估二氧化碳固定效果。此數據是根據溫暖氣候下的樹葉光合作用之實驗值，解析而得的二氧化碳固定效果。其數據代表某植物在都市環境中從樹苗成長至成樹的 40 年間（即建築物生命週期標準值），每平方米綠地的二氧化碳固定效果。

(三)如何達到及格標準

1. 在確保容積率條件下，應盡量降低建築物建蔽率以擴大綠地空間。
2. 空地上除必要鋪面之外，應全面留為綠地。

3. 在大空間區域應盡量種植喬木，其次再種植棕櫚樹，然後應在零散綠地空間種滿灌木。
4. 在喬木及棕櫚樹下方的綠地應盡量密植灌林，以符合多層次綠化功能。
5. 即使在人工鋪面上，也應以植穴或花盆方式，盡量種植喬木。覆土深度足夠，其二氧化碳固定效果均視同於自然綠地的喬木。
6. 盡量減少花圃及草地，尤其人工草坪對空氣淨化毫無助益。
7. 利用多年生蔓藤植物攀爬建築立面爭取綠化量。
8. 盡量在屋頂、陽台設計人工花台以加強綠化，但應該注意其覆土量及防水對策。

二、基地保水

係指建築基地內自然土層及人工土層涵養水分及貯留雨水的能力。基地的保水性能愈佳，基地涵養雨水的能力愈好，有益於土壤內微生物的活動，進而改善土壤之活性，維護建築基地內之自然生態環境平衡。

(一)相關《建築技術規則建築設計施工》條文

第二九八條第二款：
指促進建築基地涵養、貯留、滲透雨水功能之設計，其適用範圍為本編第五章第四節規定之學校（各級學校）、第十二章高層建築物（係指高度在 50 公尺或樓層在十六層以上之建築）及第十五章實施都市計畫地區建築基地綜合設計之新建建築物。

第二九九條第二款：
基地保水指標係指建築後之土地保水量與建築前自然土地之保水量之相對比值。

第三〇五條：
建築基地應具備原裸露基地涵養或貯留滲透雨水之能力，其建築基地保水指標應達 0.5 以上。

第三〇六條：
建築基地之保水設計檢討以一宗基地為原則；如單一宗基地內之局部新建

執照者,得以整宗基地綜合檢討或依基地內道路分割範圍單獨檢討。

第三〇七條:

建築基地保水指標之計算,應依設計技術規範辦理。前項建築基地保水設計技術規範,由中央主管建築機關定之。(詳細說明如下。)

◎基地保水評估基準

$$\lambda = \frac{\text{開發後基地保水量 } Q'}{\text{原基地保水量 } Q_o} = \frac{\sum_{i=1}^{n} Q_i \text{(各類保水設計之保水量)}}{A_o \times k \times t} \geq \lambda_c = 0.5 \times (1-r)$$

上式中,

$A_o \times k \times t$:基地面積×基地土壤滲透係數基準值[1]×最大降雨延時基準值。
但 $k < 10^{-7}$ m/s 時, $k = 10^{-7}$ m/s。

λ_c:基地保水指標基準。

k:基地法定建蔽率。

(二) 基地保水之規劃設計

基地保水性能與土壤的透水效率有關,基地保水指標僅針對透水性較好的粉土、砂土土壤而評估。至於透水性不良的黏土土壤,則因其保水性能惡劣,實施相關保水設計並無實質意義。

(三) 加強基地保水性能的方法大致上分為四大類

1. **增加土壤地面**:可增加雨水的直接入滲效果,通常土壤地面用來作為種植植栽的綠地,屬於最自然、最環保的保水設計。

2. **增加透水鋪面**:一般良好透水鋪面的透水性能相當於裸露土地,可以增加透水鋪面積。

3. **貯留滲透設計**:就是讓雨水暫時貯存於水池、低地,再慢慢以自然滲透方式滲入大地土壤之內的方法,是一種兼具防洪功能的生態透水設計。

4. **花園雨水截留設計**:指設置於建築物屋頂、陽台及有地下室地面等人

---

[1] 基地土壤滲透係數基準值:由鑽探報告,2 m 以內之土壤依「統一土壤分類」查表得滲透係數 k 值(即 $k = k$)。

工地盤上的花園植栽槽，採用截留雨水的設計，以達到部分保水的功能。

(五) 如何達到合格標準

為了達成符合指標基準的要求標準，基地保水設計上可善加運用的方法列舉如下：

1. 基地開發應盡量降低建蔽率，並且降低地下室開挖率。至少保有法定空地一半以上未開挖地下室，才容易達成基準要求。
2. 盡量將空地全面綠化，並盡量將車道、步道、廣場等人工鋪面設計成透水鋪面，只要有法定空地之八成做成透水鋪面即可達成。
3. 可利用裸露空地上之綠地造園融入「景觀貯留滲透水池」設計。
4. 大面積社區開發時，可利用露天停車場、廣場、遊戲場、綠地設計成「貯留滲水低地」。
5. 對於屋頂、陽台、地下室之地面層，可盡量做成花園以涵養雨水。

三、建築物節約能源

台灣自產能源十分缺乏，98% 以上仰賴國外進口，而在建築相關用電中，我國住宅及商業用電所消耗電力占總用電 30%，是非工業生產最重要的耗能，因此政府正積極訂定耗電之百貨公司、辦公室及觀光旅館等建築物省能規範，使建築物之耗電減輕至最低，達節約用電。

四、台灣節能規範體系

相關《建築技術規則建築設計施工編》條文

第二九八條第三款：

建築物節約能源：指以建築物外殼設計達成節約能源目的之方法，其適用範圍為同一幢或連棟建築物之新建或增建部分最低地面以上樓層之總樓地板面積合計，在住宿類或學校類及大型空間類建築物超過 500 平方公尺者，在其他各類（空調型建築及其他類）建築物超過 1,000 平方公尺者。但溫室、園藝等用途或構造特殊者，經中央主管建築機關認可之建築物，

不在此限。

第三一四條：

同一幢或連棟建築物中，有供本節適用範圍兩類以上用途，且其各用途之規模分別達本編第二九八條第三款規定者，其耗能量之計算基準值，除辦公廳類、百貨商場類、旅館類及醫院類建築物應依各用途空間所占外周區空調樓地板面積加權平均計算外，應分別依其規定基準值計算。

前述面積規模係指同一幢或連棟建築物（以建照為準），其新建或增建部分（既有建築物部分得不計入）之最低地面以上樓層（地下室及覆土建築得不計入），其室內面積及供公共空間使用之樓地板面積（騎樓、門廊等半戶外空間得不計入）。複合用途建築物各類面積均低於法定計算規模者，則免評估。

五、建築物生活雜排水回收再利用

指將雨水或生活雜排水貯集、過濾、再利用之設計，其適用範圍為總樓地板面積達 3 萬平方公尺以上之新建建築物。但工業、倉儲類（C類）、衛生醫療類（F-1 類）、危險物品類（I 類）等或經中央主管建築機關認可之建築物，不在此限。

表 2-1　氣候分區表

基準值氣候分區	計算點氣候分區	氣候分區範圍
北部氣候區	(1) 北宜金馬地區	台北市、新北市、宜蘭縣、基隆市、金門縣、連江縣（馬祖地區）
	(2) 桃竹苗地區	桃園縣、新竹縣、新竹市、苗栗縣
中部氣候區	(3) 中彰投雲地區	台中市、彰化縣、南投縣、雲林縣
	(4) 花蓮地區	花蓮縣
南部氣候區	(5) 嘉南澎地區	嘉義縣、嘉義市、台南市、澎湖縣
	(6) 台東地區	台東縣
	(7) 高屏地區	高雄市、屏東縣

表 2-1 氣候分區表（續）

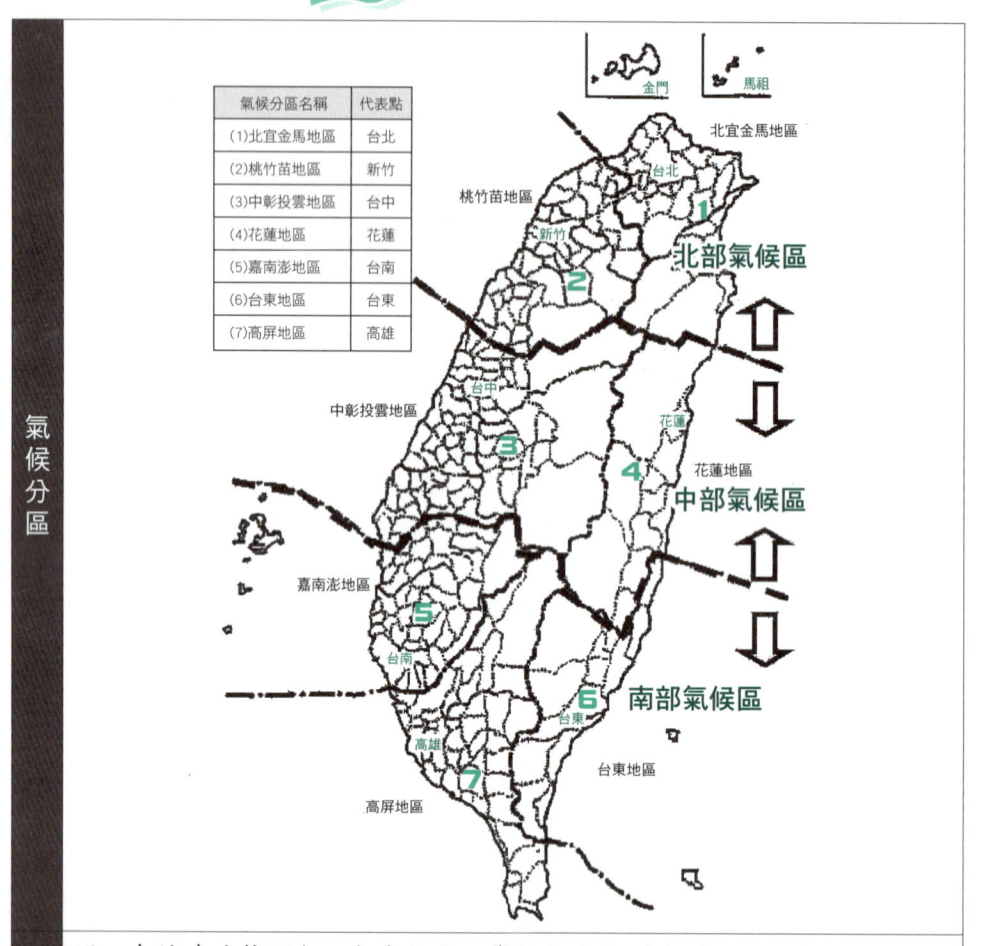

氣候分區名稱	代表點
(1)北宜金馬地區	台北
(2)桃竹苗地區	新竹
(3)中彰投雲地區	台中
(4)花蓮地區	花蓮
(5)嘉南澎地區	台南
(6)台東地區	台東
(7)高屏地區	高雄

氣候分區

複合用途

同一申請建造執照內，包含住宿、學校類或大型空間類用途分別超出 500 m² 以上者、或其他各類用途（即中央空調型、其他類）部分超出 1,000 m² 以上者，必須另依各類用途建築物外殼節能設計技術規範分別檢討之（即未超過者，可以忽略不計）。

- 前述面積規模係指同一幢或連棟建築物，其新建或增建部分之最低地面以上樓層，其室內面積及供公共空間使用之樓地板面積，既有建築物之樓地板面積不合併計入。
- 同一申請建造執照內屬各類中央空調型建築物，其同一幢或連棟建築物供二類以上用途使用者，建築物內各類用途空間之外殼耗能量值依其所占外周區空調總樓地板面積加權平均計算值，應小於該幢建築物內各類用途空間之外殼耗能量基準值依其所占外周區空調總樓地板面積加權平均計算值。
- 低於建築技術規則所定節能計算規模之免評估建築物，仍須完成正常計算（申請綠建築標章適用）。
- 複合建築物各類面積均低於法定計算規模者，則以最大面積之建築類別計算（申請綠建築標章適用）。

相關《建築技術規則建築設計施工編》條文

第三一六條：

建築物應就設置雨水貯留利用系統或生活雜排水回收再利用系統，擇一設置。設置雨水貯留利用系統者，其雨水貯留利用率應大於 4%；設置生活雜排水回收利用系統者，其生活雜排水回收再利用率應大於 30%。

第三一七條：

由雨水貯留利用系統或生活雜排水回收再利用系統處理後之用水，可使用於沖廁、景觀、澆灌、灑水、洗車、冷卻水、消防及其他不與人體直接接觸之用水。

第三一八條：

建築物設置雨水貯留利用或生活雜排水回收再利用設施者，應符合下列規定：

1. 輸水管線之坡度及管徑設計，應符合建築設備編第二章給水排水設備及衛生設備之相關規定。
2. 雨水供水管路之外觀應為淺綠色，且每隔 5 公尺標記雨水字樣；生活雜排水回收再利用水供水管之外觀應為深綠色，且每隔 4 公尺標記生活雜排水回收再利用水字樣。
3. 所有儲水槽之設計均須覆蓋以防止灰塵、昆蟲等雜物進入；地面開挖貯水槽時，必須具備預防砂土流入及防止人畜掉入之安全設計。
4. 雨水貯留利用設施或生活雜排水回收再利用設施，應於明顯處標示雨水貯留利用設施或生活雜排水回收再利用設施之名稱、用途或其他說明標示，其專用水栓或器材均應有防止誤用之注意標示。

第三一九條：

建築物雨水及生活雜排水回收再利用之計算及系統設計，應依設計技術規範辦理。前項建築物雨水及生活雜排水回收再利用設計技術規範，由中央主管建築機關定之。

六、評估基準及指標計算法

建築物生活雜排水利用設施之生活雜排水回收再利用率 R_r 值應高於《建築技術規則建築設計施工編》第三一六條所訂之生活雜排水回收再利用率基準值 R_{rc}。即依 (2-1) 式之規定為之。

$$R_r > R_{rc} = 0.3 \qquad (2\text{-}1)$$

R_r 之計算依計算 (2-2) 式為之,其中 W_{st} 為建築物總用水量,分住宅類及非住宅類依 (2-3) ～ (2-4) 式計算之:

$$R_r = W_r \div W_{st} \qquad (2\text{-}2)$$

$$\text{住宅類 } W_{st} = 250 \text{ 公升}/(\text{人}\cdot\text{日}) \times 4.0 (\text{人}/\text{戶}) \times N_f \qquad (2\text{-}3)$$

$$\text{非住宅類 } W_{st} = W_f \times A_f \qquad (2\text{-}4)$$

上述之參數意義與規定如下:

W_r:再生水處理量(公升/日),依設備規格讀取。

W_{st}:建築物總用水量(公升/日)。

N_f:住宅總戶數。

W_f:單日單位面積用水量〔公升/($m^2 \cdot$日)〕。

A_f:建築物之居室總樓地板面積(m^2)。

七、綠建築與綠建材

工業革命之後,人類為了追求生活品質的提升,加上科技日新月異,運用在建築上面的材料和工法也與過去傳統的模式有所不同,但也因為科技的進步,不知不覺中,在材料的生產過程中連帶地產生對地球有所戕害的副產品,甚至使用的建材仍殘存著對人體有害的化學物質。近幾年環保意識抬頭,對於保護地球的想法與實體作為也漸漸重視,「節能減碳」成為我國重要的施政方針,綠色產業也成為國內目前最有發展潛力的產業。

相關《建築技術規則建築設計施工編》條文

綠建材相關

第二九八條第六款：

綠建材係指第二九九條第十二款之建材；其適用範圍為供公眾使用建築物及經內政部認定有必要之非供公眾使用建築物。（只要是供公眾使用之建築物，無論是申請建照、變論使用或室內裝修審查均需提送綠建材設計送審。經內政部認定有必要之非供公眾使用建築物亦同，目前沒有。）

第二九九條第十二款：

綠建材係指經中央主管建築機關認可符合生態性、再生性、環保性、健康性及高性能之建材。（以下詳加說明。）

1. **生態性**：運用自然材料，無匱乏疑慮，減少對於能源、資源之使用及對地球環境影響之性能。
2. **再生性**：符合建材基本材料性能及有害事業廢棄物限用規定，由廢棄材料回收再生產之性能。
3. **環保性**：具備可回收、再利用、低污染、省資源等性能。
4. **健康性**：對人體健康不會造成危害，具低甲酪及低揮發性有機物質逸散量之性能。
5. **高性能**：在整體性能上具有高度物化性能表現，包括安全性、功能性、防音性、透水性等特殊性能。

綠建築相關

第三二一條：

建築物之室內裝修材料、樓地板面材料及窗其綠建材使用率達總面積45%以上。但窗未使用綠建材者，得不計入總面積檢討。

第三二二條：

綠建材材料之構成，應符合下列規定之一：

1. **塑橡膠類再生品**：塑橡膠再生品的原料須全部為國內回收塑橡膠，回收塑橡膠不得含有行政院環境保護署公告之毒性化學物質。
2. **建築用隔熱材料**：建築用的隔熱材料其產品及製程中不得使用《蒙特

蒙議定書》之管制物質且不得含有環保署公告之毒性化學物質。
3. **水性塗料**：不得含有甲醛、鹵性溶劑、汞、鉛、鎘、六價鉻、砷及銻等重金屬，且不得使用三酚基錫（TPT）與三丁基錫（TBT）。
4. **回收木材再生品**：產品須為回收木材加工再生之產物。
5. **資源化磚類建材**：資源化磚類建材包括陶、瓷、磚、瓦等需經窯燒之建材。其廢料混合摻配之總和使用比率須等於或超過單一廢料摻配比率。
6. **資源回收再利用建材**：資源回收再利用建材係指不經窯燒而回收料摻配比率超過一定比率製成之產品。
7. 其他經中央主管建築機關認可之建材。

第三二三條：
綠建築構造及綠建材之係數及使用率計算，應依設計技術規範辦理。前項綠建築構造及綠建材設計技術規範，由中央主管建築機關定之。

八、綠建材評估基準

(一)評估基準

$$R_g = A_g / A \geq R_{gc} = 5\%$$

綠建材使用率 = 室內空間中各部位綠建材使用總面積／室內空間總表面積 ≥ 綠建材使用率基準值

其中，各部位係指：A_1：天花板總面積；A_2：內部牆面總面積；A_3：高度超過 1.2 公尺固定於地板之隔屏或兼作櫥櫃使用之隔屏總面積；A_4：樓地板面總面積。

(二)健康綠建材認定範圍

由於建築裝修建材種類繁多，不僅裝修過程有乾式、濕式之分，對於材質之厚度、種類之差異，均應有對應的試驗方法及程序，所以健康綠建材測試過程中，對於不同種類的建築材料具有不同的分析條件及不同的參數。目前國內室內裝修建材分類如下：

1. 地板類：地毯、PVC 地磚、木質地板、架高地板等。
2. 牆壁類：合板、夾板、纖維板、石膏板、壁紙、防音材等。
3. 天花板：礦纖天花板、玻纖天花板、夾板等。
4. 填縫劑與油灰類：矽利康、環氧樹脂等。
5. 塗料類：油漆等各式水性、油性粉刷塗料。
6. 接著（合）劑：油氈、合成纖維、聚氯乙烯。
7. 門窗類：木製門窗。
8. 家具類：衣櫥、櫃檯成品、沙發等。
9. 其他材料：塑膠製品。

在「健康性」中所提到的甲醛揮發的部分，由於當室內含量為 0.1 mg/M^3（ppm）時就有異味；0.5 ppm 時可刺激眼睛引起流淚；0.6 ppm 時引起咽喉疼痛；濃度再高可引起噁心、嘔吐、咳嗽、胸悶、氣喘，甚至肺氣腫；當空氣中達到 230 ppm 時可立即導致死亡。長期吸入低劑量甲醛會引起慢性呼吸道疾病、結膜炎、咽喉炎、哮喘、支氣管炎等慢性疾病。

陸 管理層面

一、何謂綠色管理

綠色管理（green management）即指在企業的發展中，它必須把下列項目列為主要的指標：

(一)綠色環境

即對個人和社區，以致地球之生態等保持其永續發展的可能性。

(二)綠色產品

即消耗資源與能源最少的成品，而這些產品還可以回收再用。

(三)綠色生產方式

即生產的過程不會對環境產生污染，生產過程具有高度效能，沒有或

企業倫理

只有極低的資源和能源的浪費等。

企業應將綠色化（greening）視為本身之一項關鍵性使命，從而將其發展為一種綠色競爭優勢。所謂真正「綠色化」的企業，代表企業充分了解經濟活動與自然及人文環境面的互動關係，因此企業在於綠色管理方面之觀點與作為，都是有利於維護環境的活動，從而充分地顯現企業於社會之責任[2]。

二、台達企業社會責任報告

全球暖化的議題喚起了國際間的重視，環保節能長久以來即為台達的經營理念，在追求企業發展的同時，更自我期許為社會的企業公民，秉持「環保、節能、愛地球」的經營使命，期為減緩全球暖化及降低環境衝擊盡最大心力，並透過健全的公司治理、追求利害相關者的均衡利益，以及社會參與，善盡台達的企業社會責任[3]。

(一) 台達企業社會責任承諾

1. 維持良好的公司治理，嚴守商業道德規範。
2. 遵守法律規範。
3. 提供員工安全健康的工作環境、得以充分發揮才能的空間，以及合理的報酬與福利。
4. 積極投入環保節能教育，並鼓勵員工參與社會公益活動。
5. 創造公司價值，提升股東權益。
6. 將企業社會責任的理念與作法推廣至台達的供應鏈，共同追求更好表現。
7. 研發環保節能產品並落實環保作為，減輕對環境的衝擊。
8. 投入創新研發，發展智慧財產權，為人類文明科技進步、社會經濟發展及地球環境永續發展盡力。

---

2 企業社會責任乃企業運用其資源，滿足社會道德之準則。

3 台達電子連續3年（2005年到2007年）獲《遠見》雜誌企業社會責任獎首獎，這座獎項肯定了台達電子多年來對社會的貢獻，以及提倡環保意識與財務透明化的努力。

上述承諾為台達落實企業社會責任的目標和方向，除將在日常營運中透過系統化的組織及教育訓練，來拓展相關活動的深度與廣度外，也將建立與利害相關者間的夥伴關係，保持良好的溝通管道，以確保組織內外部的資源發揮最大綜效。

(二) 台達企業社會責任組織架構

由於企業社會責任的範疇日漸廣泛，台達亦適時調整企業社會責任組織架構，以徹底落實承諾。

企業社會責任委員會為台達內部最高階的企業社會責任組織，由董事長暨環保長鄭崇華擔任主席；委員會成員包含台達電子執行長、營運長及中國、泰國地區的最高主管，負責訂定台達社會責任願景、定義主要利害相關者、檢視各功能委員會的政策並督導績效。

企業社會責任委員會下轄綠色產品、綠色營運暨安衛、人力資源三個任務編組型態的功能委員會，由各事業群主管、廠區廠長及相關部門主管所組成，負責台達政策擬定、指標訂定、指派所轄工作組之統籌者、督導工作組績效，並向企業社會責任委員會定期報告等。各功能委員會下轄之工作組則依權責納入事業單位、廠區或相關部門人員，以確保執行面之完整。

另外，由鄭崇華所創辦成立的台達電子文教基金會亦為台達企業社會責任組織中重要的一環，自 1990 年成立以來即以促進人類社會的永續發展為宗旨，致力推行環境保護、科技創新與教育推廣，成效斐然。架構如圖 2-3 所示。

(三) 台達與社會

身為企業公民的一員，台達除善盡提供優質產品、服務社會的本分外，亦積極參與各類社會公益活動。近年來，無論在學術研發贊助、培育人才、提升社會整體競爭力、支持環保節能行動、回應重大社會議題等面向，台達都以積極作為持續地回應或超越利害相關者的期待。

永續論壇創始會員

在全球暖化的威脅下，人類在 21 世紀最大的挑戰是能否尋得與自然

企業倫理

台達企業社會責任組織架構

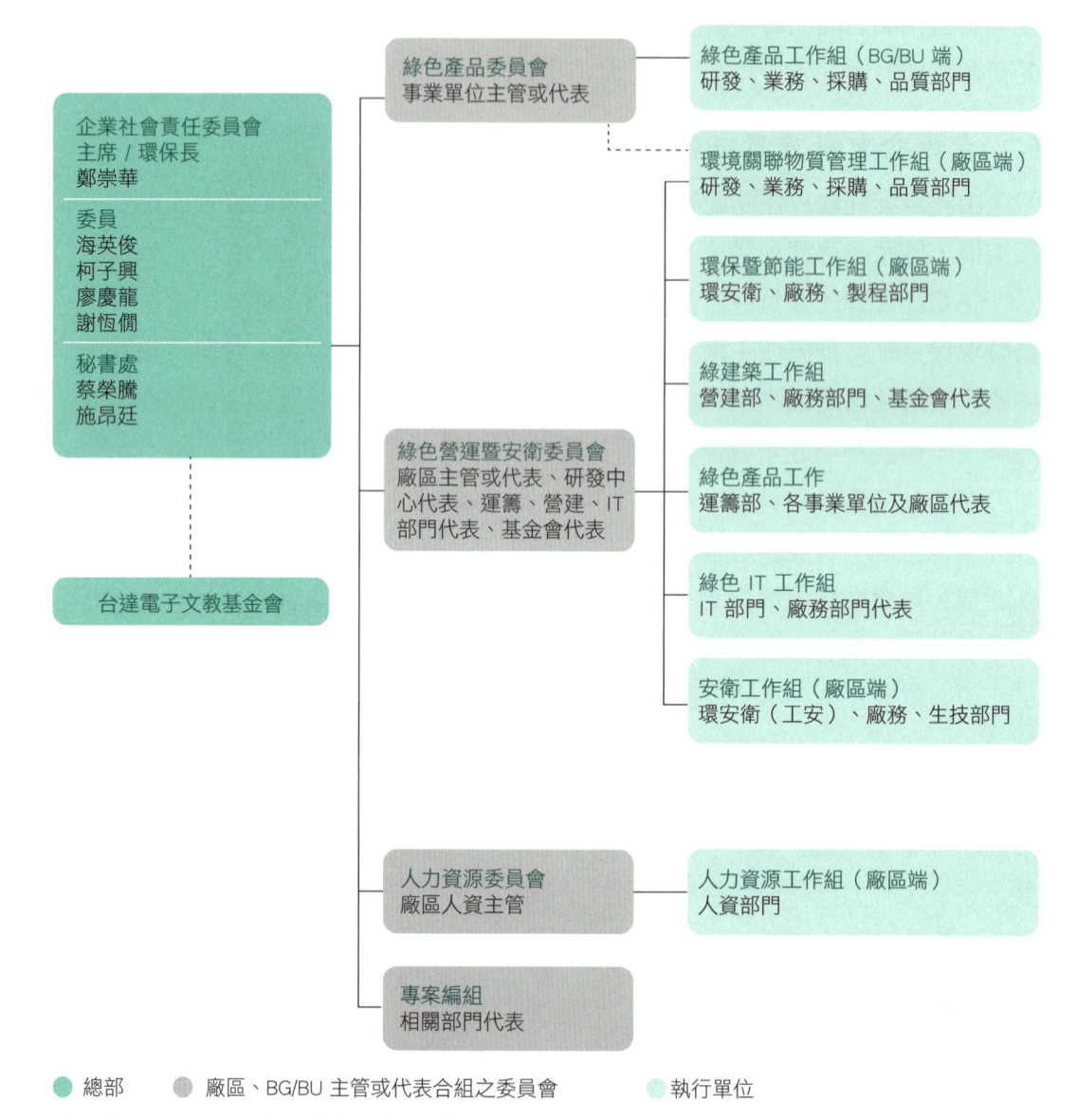

- 企業社會責任委員會
  - 主席／環保長：鄭崇華
  - 委員：海英俊、柯子興、廖慶龍、謝恆儞
  - 秘書處：蔡榮騰、施昂廷
- 台達電子文教基金會

- 綠色產品委員會（事業單位主管或代表）
  - 綠色產品工作組（BG/BU 端）：研發、業務、採購、品質部門
  - 環境關聯物質管理工作組（廠區端）：研發、業務、採購、品質部門

- 綠色營運暨安衛委員會（廠區主管或代表、研發中心代表、運籌、營建、IT 部門代表、基金會代表）
  - 環保暨節能工作組（廠區端）：環安衛、廠務、製程部門
  - 綠建築工作組：營建部、廠務部門、基金會代表
  - 綠色產品工作：運籌部、各事業單位及廠區代表
  - 綠色 IT 工作組：IT 部門、廠務部門代表
  - 安衛工作組（廠區端）：環安衛（工安）、廠務、生技部門

- 人力資源委員會（廠區人資主管）
  - 人力資源工作組（廠區端）：人資部門

- 專案編組（相關部門代表）

圖例：● 總部　● 廠區、BG/BU 主管或代表合組之委員會　● 執行單位

資料來源：2008 企業社會責任報告（頁 21），台達電子工業股份有限公司，2008。2009 年 12 月 18 日，取自 http://www.delta.com.tw/ch/csr/csr_report.asp。

圖 2-3 台達企業社會責任組織架構圖

和諧共處之道。要真正達到永續發展的理想,從生活型態的改變到工業模式的轉型都至關緊要,而協助社會邁向永續發展,是台達投入社會參與的重要目標。

台達電子與國內數十家企業共同推動台灣企業永續論壇,推廣企業永續發展的概念,而環保節能是現階段的主要議題。同屬創始會員的台灣積體電路公司,即曾提到台積電推動綠建築自台達經驗獲益良多。未來若能不斷吸引更多企業一起加入分享經驗,亦是台達所樂見。

深耕能源教育,推廣環保理念

為了使下一代的主人翁提早體認能源議題的重要性,基金會與「大地旅人工作室」合作導入美國 KEEP 能源教材,已逐漸發展成為具有台灣特色的**全校式經營能源教育**(Whole School Approach Energy Education)。將環保與能源相關的知識與技能融入生活實踐,建立起面對全球暖化課題的認知與信心。

以今日世界轉變之快,須時時刻刻汲取新知才能掌握改變的契機。為了將環保及企業社會責任理念的新趨勢介紹給社會大眾,過去台達總共贊助了《為了我們的孩子而寫的求生手冊》(*The Little Green Handbook*)、《綠色商機》(*Green to Gold*)、《從搖籃到搖籃》(*Cradle to Cradle*)、《世界又熱,又平,又擠》(*The World is Hot, Flat and Crowded*)等國際間環保意見領袖的著作,並且推介《企業社會責任入門手冊》,鼓勵更多的企業加入社會公益的行列。

以具體行動面對全球暖化,保護地球環境

積極提倡環保的可行方案,使環保議題不淪為口號一向是台達電子文教基金會的使命。下列為其具體作為:

1. 基金會於 2007 年舉辦「節能住宅改造王」活動,鼓勵民眾用簡單的方法改造自宅的耗能情況。
2. 基金會於 2008 年底與綠適居協會合作,將住宅節能的相關知識結合健康住宅的概念,提出「室內裝潢十大弊病」公諸於世,提醒民眾注意在坊間慣用的裝潢手法中,有許多不僅對居住者的健康、安全、舒適有害,更會增加電費負擔。

3. 基金會集結相關知識及改善策略出版的《好房子》一書，引起相當熱烈的迴響。
4. 基金會積極整理台灣的綠建築實作經驗，建備本土綠建築資料庫。
5. 基金會與 Discovery 傳播集團共同推動抗暖救地球的行動，不但合作推出《建設大未來》系列節目，台達董事長鄭崇華並成為第一位為 Discovery 頻道拍攝宣導短片的華人企業家，呼籲大家正視地球暖化問題。
6. 基金會開設的「低碳生活部落格」，以專業主編負責經營及社會賢達共筆的模式，為大眾累積與全球暖化相關的知識內容、對抗手段、調適作法，並且營造出一個共同討論、即時分享最新資訊的園地。
7. 基金會均派遣專人親赴印尼峇里島、波蘭波茲南等地參與氣候變化綱要公約締約國大會（Conference of the Parties, COP）的周邊活動，將所獲資訊透過「低碳生活部落格」等數位媒體即時發布，使得國內民眾也能掌握國際間第一手的訊息。

即時回應社會重大議題

2008 年 5 月 12 日，中國四川汶川發生規模高達芮氏規模 8.0 的大地震，造成約 6.9 萬人罹難，受傷人數達 30 多萬人。對此突發性的重大事件，秉持人飢己飢、人溺己溺的精神，台達於第一時間宣布捐助善款協助災區小學重建，同時串連中國可再生能源學會的綠建築專家團隊，合作確保新蓋校舍的安全性與永續性。

(四) 台達與顧客

不僅著重於提升現有產品的效能，更積極開發新的環保節能產品，落實綠色設計的概念。且近年來，氣候變遷、產品中環境關聯物質管制乃至於勞工安全衛生及人權等項目，成為企業社會責任中的重要議題，國際大廠認為透過整個供應鏈的推廣與執行，才能發揮最大的效果。台達也將上述環節列為企業社會責任的重點，以環境關聯物質的管理為例，近年來，RoHS、REACH（化學品註冊、評估、授權與限制法規）、HF（無鹵素）、PFOs（全氟辛烷磺酸）、PAHs（多環芳香族碳氫化合物）等相關的歐盟指令、國際標準或客戶要求逐漸增多，需要掌控的項目與管理的資

訊量也大幅增加。台達除修訂內部管理標準外，亦主動了解客戶要求，將相關訊息傳遞至各事業群、事業部及生產廠區的環境關聯物質管理小組，透過 QC080000 有害物質管理系統落實管制。

(五) 台達企業與環境

1. 「研發環保節能產品並落實環保作為，減輕對環境的衝擊」是台達保護地球環境的承諾。由於廠區營運可由台達直接予以控制，而產品使用階段的環境表現與台達產品的設計息息相關。因此，透過能資源的採購量／耗用量、溫室氣體排放量和廢棄物產生量的統計結果，以及耗電、耗水、溫室氣體密集度等指標來比較台達近年來的環境績效，同時亦將呈現綠色產品的研發成果及其環境效益。基於節約地球資源的觀點，在不影響品質的情況下，台達將持續追求各項材料密集度的下降，並進而減少實際的使用量；亦可藉此達到節省成本的效果。

2. 自台南廠興建完成後，台達於全球各地新建的廠辦，如：斯洛伐克廠、印度 Pudrapur 廠、上海研發中心、蕪湖廠區等，均於設計之初即融入綠建築的思維，透過增加自然採光及通風、加強隔熱、採用節能或省水的設備器材等方式，在兼顧舒適的前提下達到保護環境的目的。至於原有的廠房或辦公室，亦持續透過節能、節水、增加再生能源使用等方式來減少能源資源的使用，以及對於環境的衝擊。

台達電子台南分公司綠色廠辦獲頒台灣第一座「黃金級」綠建築認證標章，同時也獲得內政部「2006 年最佳優良綠建築大獎」的肯定。

為何綠建築的成本高卻不選擇普通建築？當然綠建築之造價可能比普通建築高，但是所投資額在日後將可於有形或無形中逐步收回，而且最重要的一點是，綠建築大幅減少對資源的消耗和環境的污染，並能提升生活品質及工作效能。

3. 日常營運中的綠色實踐

(1) 綠色 IT：於 2008 年起，全球主要廠區一律購買具有「Energy Star」標章的電腦產品。

(2) 環保達人：推出了以 web 2.0 概念建置的「環保達人」中文網站。

(3) 綠色庶務及其他活動：除了前述的廠區節能、節水措施外，亦力

求在日常營運中落實減少能源資源的使用。

以目前熱、平、擠的環境與經濟型態，物質需求隨著人口不斷成長，使得地球資源日益匱乏，人為廢棄物卻是日益增加。雖然台達致力於落實日常營運中的環保節能作為、提升產品的環境績效、研發使用再生能源產品、推廣環境教育，並思及將環保的觀念及作法擴及供應鏈，深覺自工業革命以來線性的產品生命週期思維並不足以支撐人類及地球環境一個永續的生態系；如何像 Michael Braungart 教授《從搖籃到搖籃》一書中提到的櫻桃樹一樣，縱然繁花落盡，卻依然生生不息。如何不斷循環利用，依然不減材料或產品價值，甚至還能增值利用，從搖籃持續走向搖籃，將是台達日後學習及努力的目標。

4. **綠活圖**：發表了全球第一份由企業自發製作、介紹企業內部環保、節能、生態之景點、設施與相關績效的**綠色生活地圖**（green map，簡稱綠活圖），結合內部網路的 e-Learning 系統，涵蓋台達全球 13 個據點，同時亦是企業針對員工進行環境教育的案例，將綠色生活的觀念進而推廣到所有員工的家庭與社區，堪稱企業創舉。

(六) 台達企業規劃與展望

全球暖化的危機，有待國際協商的重大突破及人類生活模式的改變，以減緩地球平均溫度的上升，避免造成生態浩劫。關注氣候變遷的議題不僅是企業的社會責任，如何因應它所帶來的風險、如何善用它所帶來的機會，更是現在企業經營策略中所不容忽視的重要環節。台達擬採取的對應方針如下：

1. 密切注意國際協商進度，以及廠區所在地政府關於能源、碳排放額度、碳稅（能源稅）等相關法規的發展，向政府進言並及早因應。
2. 參考 ISO 50001 等管理標準的精神於廠區推動能源管理，採用節能措施並善加利用再生能源，以減少溫室氣體排放量，同時減少能源成本上升帶來的衝擊。
3. 持續研發高效率及使用再生能源的創新產品，掌握減碳商機並引領低碳經濟潮流。

綠色新政與環境保護

4. 評估是否有申請碳信用額度（carbon credit）的可行性。
5. 了解主要產品的碳足跡，並針對供應鏈、廠區生產乃至於產品運籌等活動，評估規劃因應極端天候狀況或環境的調適措施。
6. 與供應鏈共同推廣減碳作法，並與其他領導企業進行經驗和資源分享（如：台灣企業永續論壇、CSCI 等）。

三、政府於打造低碳島與發展綠產業之施行方針

1. **「四年五千億擴大公共建設計畫」**：至少有 10% 須包含綠色成分。
2. **「全國能源會議」**：對於未來節能減碳及再生能源之意見交換，作為政府施政的重要依據。
3. **推動新興產業中的「綠色能源產業」**：讓台灣逐步成為綠色能源技術及生產大國，創造綠色工作機會。
4. **通過「再生能源發展條例」**：全面帶動綠色能源產業的發展。

此外，前行政院長劉兆玄對台達電子南科廠印象深刻，表示南科廠不僅是我國首座獲得內政部頒發「黃金級」綠建築標章的廠辦建築，最近更進一步升級為「鑽石級」綠建築，是企業界的標竿型建築。維護環境品質在各項政府政策建設中，是最根本、也最攸關人民生活的一環，因此「綠建築」政策的推動，不僅要降低人為建設對原始生態的破壞，更大的意義是創造出一個優質的生活環境和空間。

這些觀念與作法對於地球環保將日益重要，同時也對減少空氣污染、降低對生態環境的衝擊具有正面效益。

柒 道德層面

我們試著從企業對社會的影響看正反兩面，以之前台塑汞污泥和台達來做社會觀感跟企業形象之比較，如表 2-2 所示。

表 2-2　台汞 vs. 綠建築

	台塑汞污泥事件	綠建築
正面	使台塑學到一個教訓，社會大眾也更加重視環保	1. 降低溫室效應 2. 降低室內溫度 3. 可用資源永續利用 4. 省水電費 5. 減少二氧化碳排放
反面	1. 食用污染物易罹患水俣症病 2. 台灣國際形象受損	1. 成本比一般建築高 2. 大樓維修管理費昂貴

一、台汞 vs. 綠建築

(一) 台汞：反面

1. 汞污染物經生物轉化為甲基汞，人類食用受污染的水、魚、蝦等之後，出現神經功能減退、聽力喪失、構音不全、視野狹小、腎臟衰竭等症狀，稱為水俣症病。
2. 不妥善處理汞污泥的公司，付出的代價，除了讓外國人認為台灣是一個充滿骯髒、無優良生活品質的地方以外，使台灣人民抬不起頭，且身為台灣人民的一份子，不好好處理汞污泥導致國民感染疾病，這是一種對不起自己良心的事情，更是沒有遵守企業倫理的規範。
3. 台灣國際形象受損，不但欠台灣人民社會一個道歉，沒想到身為股票上市公司，卻又規避社會責任。台塑應該自行處理並善後其廢棄物，不應由政府出面解決。台塑汞污泥事件發生後，讓台灣形象大損。

(二) 台汞：正面

然而，仔細思考一下，可以看到這件事情暴露出國人對環境保護的漠視與無知。國人如果無法就此覺悟，立即針對此問題全面展開環境保護的檢討，「地無三坪淨」的現象將於不久的將來襲擊台灣。

二、企業道德

1. **財富倫理**：人類生活的目的在追求更美好的生活，但經理人需了解財富對社會的貢獻，並非以利潤為唯一動機，需尊重社會環境資源。
2. **專業倫理**：即是否正當的使用專業知識於工作中，由於經理人被賦予使用社會上稀有的資源，在如何利用該項資源為最有效用的同時，更必須兼顧社會利益平衡；所以，企業經理人應了解環保的重要，以專業力求環保的實施。
3. **自新倫理**：高階主管必須具備支持與貫徹實施環保的決心，因為要員工發自內心的遵行環保，除了法律的明訂外，上級的支持與塑造出一個良好的環保環境，將有利推動環保行動。

三、節能減碳

現今科技日益發達，能源消耗相對加重了許多，我們都要有能源危機的潛意識，愛護我們所生長的地球，各國暖化也是警訊之一，綠化周遭的環境，實行節能減碳就愈顯得刻不容緩。

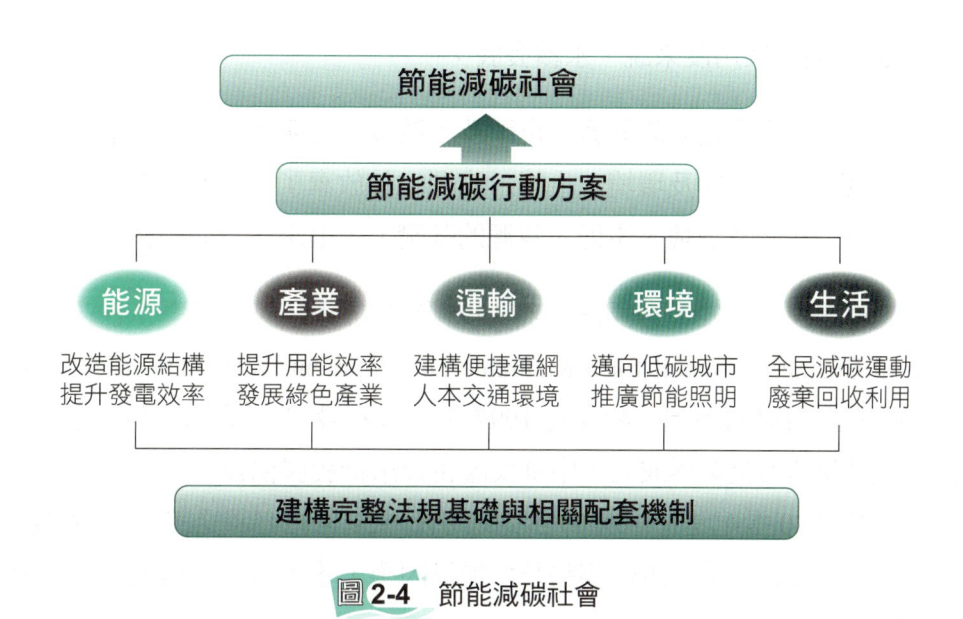

```
                    節能減碳社會
                         ↑
                  節能減碳行動方案
    ┌───────┬───────┬───────┬───────┬───────┐
   能源    產業    運輸    環境    生活
  改造能源結構 提升用能效率 建構便捷運網 邁向低碳城市 全民減碳運動
  提升發電效率 發展綠色產業 人本交通環境 推廣節能照明 廢棄回收利用

              建構完整法規基礎與相關配套機制
```

圖 2-4　節能減碳社會

捌 結論

企業之永續經營與發展

1. **永續發展要以保護自然環境為基礎**。要求資源利用與環境保護相協調。在追求發展的同時，必須以環保為前提，包括：控制污染、改善環境品質、保護生態系統的完整、保護生物多樣性、保證以永續發展的方式使用資源，在地球承載能力之內追求人類的永續發展。
2. **永續發展鼓勵經濟成長**。因為經濟成長是國家實力、社會繁榮和人民財富的表現。但在發展的過程中，不僅重視量的成長，更要追求質的改善，其方法主要為：提高效益、節約資源、減少廢棄物、改變傳統的消費模式、研發清潔生產技術和提倡理性的消費等。
3. **永續發展以全面改善並提高生活品質為目的**。要追求社會全面的進步，就必須環境與發展並重，物質與精神協調，兼顧社會各層面的均衡，尤其要協助弱勢群體，並且講求創造一個保障平等、自由、人權的社會。

因此，從企業角度來說，永續發展：

- 不只是追求企業的發展，也顧及了環境、生態及資源的保護。
- 也不是為了顧及環境、生態、資源，就放棄了企業的發展。
- 而是在顧及環境、生態、資源的基礎上，追求企業的發展。

基於這樣的認知，在國際上於 1995 年成立**世界企業永續發展委員會**（World Business Council for Sustainable Development, WBCSD），許多國家也紛紛成立類似的組識。我國在 1997 年由政府設立「國家永續發展委員會」，民間則由企業界成立「中華民國企業永續發展協會」。

如果說 20 世紀是追求經濟發展的時代，21 世紀必將是追求永續發展的時代。企業必須重視這個趨勢及早加以因應，才不致在下個世紀中被淘汰出局。

問 題

1. 何謂綠色會計？
2. 傳統會計對企業經營活動的監督及計量皆存在缺陷，綠色會計對這些問題如何完善解決？
3. 綠建築的四大方向及九大指標為何？
4. 《京都議定書》的目的？列舉三項主要條文。
5. 基地綠化指標與基準為何？如何達到及格標準？
6. 如何加強基地保水性能？
7. 何謂綠建材？
8. 何謂綠色管理？
9. 簡述六大節能減碳行動方案。

企業倫理

Chapter 3

環保節能風潮

近年來,由於全球暖化與氣候變遷已成為國際間關注的重要議題,不分個人或企業,普遍漸漸具有「地球公民」的意識,企業開始僱用具有環境保護相關技能與知識的專業人員,幫助企業節省生產過程中能源的浪費,藉以減少二氧化碳等溫室氣體的產生,此又以高科技之製造業最樂於採用。除此之外,對於「環保節能」的投資,有助於塑造優質形象,並得到社會良好正面之回饋,而此對於提高企業收益,有莫大的助力。在成本居高不下之今日,企業主更樂於加強建立綠能環境,一方面開源節流,創造收入,另一方面也可以減少對環境造成的傷害,朝永續經營的目標邁進。

在各種對於「環保節能」的投資當中,又以分析產品生命週期碳足跡,並以碳標籤呈現的作法,最蔚為風潮。簡單來說,人類活動中不論食、衣、住、行、育、樂哪一層面,皆會排放二氧化碳,總結個人一天所產生的二氧化碳即為「個人碳足跡」。以企業而言,包括從事活動或是在生產產品的整個生產週期中,所有直接及間接的因素,如:製造、包裝、零售,以及消費者使用商品等過程中產生的二氧化碳,即為「產品碳足跡」。因計算「產品碳足跡」,有助於企業通盤了解自家的產品,從上游原料的選用、到產品壽終正寢後的包裝回收等過程中,到底創造多少碳排放,進而能設法減低,以提供對自然環境更友善的商品,故逐漸成為一股

新的綠色貿易潮流。

　　國際間已有多國發展出碳標示制度，但仍處於各自發展的局面，就相關配套措施（如：產品類別規則、計算標準或指引、公用係數及計算資料庫等）尚無具體的相互承認與合作之機制。以台灣而言，依照行政院環境保護署「台灣產品碳足跡資訊網」公布的資訊，計畫分兩階段推動產品碳標籤制度：第一階段以鼓勵企業分析產品碳足跡，並加以揭露為目標。此階段之推展，有助於企業提出降低產品碳足跡的方案，由產品上游至下游形成綠色供應鏈，進而降低成本。對消費者而言，藉由產品碳足跡資訊之揭露，碳排放量較低的產品即有得到優先選購的機會，達到間接減少溫室氣體排放之目的。第二階段則是發展低碳標章，提供消費者選購低碳產品。一旦國際間對於產品碳足跡計算與標示制度發展出統一規範，且國內同類產品已普遍揭露碳足跡後，我國將把低於或承諾減量至特定碳排放量之產品，納入政府機關優先採購之範圍，鼓勵廠商努力減少產品週期中的碳排放量，進而達到溫室氣體減排與形成綠色供應鏈的效果。對消費者而言，低碳標章將會是選購產品時一項明確的指標，幫助消費者衡量其為對抗全球暖化與氣候變遷，願意付出多少成本，進而使綠色消費市場之供需更趨於明確，也能鼓勵企業對其產品進行碳足跡盤查與計算，有利於企業產品自身的減量活動。減少二氧化碳排放量，以降低對環境之衝擊，而得減緩或免除地球的負擔。其依循之步驟為：

1. **計算碳的排放量**：從原料取得、製造生產、運送與銷售、消費者使用、回收廢棄等階段，皆一一盤查、計算。
2. **執行碳中和計畫**：計畫內容包括：就地取材，以減少國際運輸碳排放；興建亞洲第一座綠色低碳化妝品 GMP 廠房，以風力與太陽能發電，取得 100% 的潔淨能源來製造環保產品；節能減碳，消費金額於 1,500 元以下不出貨；集中運送，以減少分次運送之碳排放；產品配方改變，使用環保低碳的材料，將更容易沖洗、省水；以生物可分解之材質，取代回收材質，減少石化塑膠的使用，並做到植樹綠化環境。
3. **抵減剩餘碳排放量**：購買碳權，進行碳權交易。企業或國家以減少污

染方式降低用不到的碳排放量，經認證後，即為碳權，可於交易市場中進行買賣。

我國除了碳排放的約制外，另設相關能源稅確保節約能源目的。近年來，石油等非再生能源的產量逐年下降，避免浪費能源並達到節約及環保目的，且能達到能源永續發展的效果，讓後代子孫也能享用到這些能源，遂預計實施能源稅加以控制使用量。**能源稅**（energy tax）即是以耗用能源的多寡來加以課徵的新稅目，故此項稅目在未來幾年實施後，必定對所有高耗能產業有莫大的影響，如：石化業、紡織業、水泥業等。由於目前全球面臨能源即將枯竭的危機，唯有加徵此稅目才能達到以價制量的效果，故此趨勢可說是勢在必行。

在重視能源問題而實施能源稅的時代下，產業界該如何自保或有哪些應對之道？以下我們將進一步以會計的角度剖析對高耗能產業的各種影響程度及應對措施。因環境污染和地球暖化，各個國家都在想盡辦法來應付暖化問題。在能源部分，我國針對能源部分擬訂了課稅辦法，例如課徵能源稅和取消部分相同性質的稅。

壹 課徵能源稅案例

一、關於《京都議定書》

(一)《京都議定書》由來

自從工業革命以來，人類的經濟活動大量使用化石燃料，已造成大氣中二氧化碳等溫室氣體的濃度急速增加，產生愈來愈明顯的全球增溫、海平面上升及全球氣候變遷加劇的現象，對水資源、農作物、自然生態系統及人類健康等各層面造成日益明顯的負面衝擊。為了抑制人為溫室氣體的排放，防制氣候變遷，聯合國於 1992 年地球高峰會舉辦之時，通過《聯合國氣候變化綱要公約》（UNFCCC），對「人為溫室氣體」（Anthropogenic Greenhouse Gas）排放做出全球性管制的宣示。

為落實溫室氣體排放管制工作，1997 年 12 月於日本京都舉行聯合國氣候變化綱要公約第三次締約國大會，通過具有約束效力的《京都議定書》，以規範工業國家未來之溫室氣體減量責任。

(二)《京都議定書》的主要內容

1. 減量時程與目標值：《聯合國氣候變化綱要公約》之附件一國家（係指 OECD 中除墨西哥外的所有 24 個成員、歐盟、前蘇聯各共和國及前東歐共產國家，合計 37 個成員）及摩洛哥與列支敦斯登共 39 個國家，將人為排放之六種溫室氣體換算為二氧化碳當量，與 1990 年相較，平均削減值 5.2%，同時採差異性削減目標之方式；歐盟及東歐各國 8%，美國 7%，日本、加拿大、匈牙利、波蘭 6%，另冰島、澳洲、挪威則各增加 10%、8%、1%。減量時程為 2008 年到 2012 年，並以此 5 年的平均值為準。

2. 提出「京都機制」：包含清潔發展機制（CDM）（唯一跨越附件一國家與非附件一國家，由工業國對開發中國家進行技術與財務協助其溫室氣體減量計畫之機制）、排放交易（ET）及共同執行（JI）。

二、何謂能源稅

　　能源稅可涵蓋針對能源課徵的所有稅費，以台灣為例，如：關稅、油品貨物稅、空污費及石油基金等。民國 95 年，行政院協商版的《能源稅條例》（草案）所指的能源稅，由其立法旨意來看，有將外部成本內部化，達到節能減碳的目的。性質上接近「碳稅」，但因其對各種能源課徵的稅額並非完全依照含碳量而課，如：柴油含碳量同汽、柴油但稅額卻遠低於汽、柴油，因此行政院協商版的能源稅不完全是種碳稅。

1. 能源稅指的是針對各類形式的能源產品所課徵的稅，通常是針對化石燃料。
2. 政府課徵能源稅的目的，主要是為了反映「使用者成本」。

表 3-1　立法院能源稅草案／能源稅各年應徵稅額簡表

能源別	單位	2009年	2010年	2011年	2012年	2013年	2014年	2015年	2016年
汽油	公升	8.97	10.97	12.97	14.97	17.97	20.97	23.97	26.97
柴油	公升	5.49	7.49	9.49	11.49	14.49	17.49	20.49	23.49
航空燃油	公升	0.61	2.61	4.61	6.61	9.61	12.61	15.61	18.61
溶劑油	公升	0.72	2.72	4.72	6.72	9.72	12.72	15.72	18.72
煤油	公升	4.25	6.25	8.25	10.25	12.25	14.25	16.25	18.25
液化石油氣	公斤	0.69	2.69	4.69	6.69	9.69	12.69	15.69	18.69
天然氣	立方公尺	0	1	2	3	4	5	6	7
燃料油	公升	0.11	2.11	4.11	6.11	8.11	10.11	12.11	14.11
煤炭	公斤	0	0.2	0.4	0.6	0.8	1	1.2	1.4

其他包含各種費用	新台幣（元）
貨物稅	6.83
營業稅	1.45
石油基金	0.371
空污費及土污費	0.32
小計	8.97

國家	2009年	2016年
台灣	32%	56.54%*
日本	44%	
南韓	58%	
歐洲	65%	
美國	16%	

*2016年能源稅所占比例：26.97 / 47.7 = 56.54%。

三、徵收能源稅原由

(一) 能源稅為經濟誘因工具，符合「使用者付費」的彈性原則

環境政策工具的使用上，傳統以來，以行政管制政策工具為主，如採取排放量標準；然而，對一般政策對象而言，如企業，由於產業類型不一，大小亦不同，容易造成環境成本負擔不一的情形。而經濟誘因工具可

以讓各生產業者或行為者視其情況，自行採取不同的手段進行環境管理，來達到社會的整體環境目標；是屬於政策上有彈性的相關作法，誘使業者進行最適之環境管理。不僅如此，還可能帶來整體社會的環境成本負擔降到最低，因為成本高者，少做一點；成本低者，多做一點；環境成本由成本低者先進行，減量效率因此提高。

(二)能源稅可帶來稅收，作為政府環境保護的相關投入來源

環境保護工作主要是指社會的環境意識提高後，對於生活環境所進行的調整過程。為了達到理想的生活環境目標，各國經驗顯示，調整過程中所付出的環境保護成本往往極為可觀，非常需要相關經費的投入。而能源稅或其他相關環境稅可替政府帶來一筆為數可觀的收入，作為政府調整過程中，環境保護工作效率提升、時程縮短的重要手段。

(三)能源稅收入若能用來減少其他扭曲性賦稅的稅率，如貨物稅、所得稅等，可能創造「雙重紅利」效果

由於政府課稅可能帶來勞動意願降低、就業減少，以及所得增加的可能扭曲性效果（如：所得稅被視為可能降低所得者勞動意願、造成就業減少等效果的扭曲性賦稅）。然而，在北歐的「綠色賦稅改革」下，能源稅被視為可能存在「雙重紅利」效果的重要手段；即一旦政府開徵環境相關稅賦，除了可改善環境品質之外，若妥善運用其稅收，減少扭曲性賦稅的稅率，就可望提高社會的資源配置效率，達到就業意願提高、增加GDP或就業量等正面經濟效果。

關於「雙重紅利」的看法在1990年代中期後，受到許多經濟學家的質疑。包括Bovenberg、Goulder與Parry（BGP）及其他後續學者，利用一般均衡分析方式，得到污染稅本身可能造成巨大扭曲的結論。Bovenberg與Mooij（1994）認為環境稅通常會使稅賦扭曲情況更加惡化，即使稅收用以減少其他扭曲性租稅時亦然。Parry（1995）將第二重紅利效果再區分出**依存效果**（interdependency-effect），強調用環境稅收取代勞動稅的好處，低於環境稅對現有稅賦扭曲的惡化程度；Parry與Oates（1998）則從分析模型中得出，環境稅的扭曲效果超過了勞動

稅的減稅效果，而否認雙重紅利假說；至於 Parry、Williams 與 Goulder（1999）則提出**稅負交互效果**（tax interaction effect）概念，指出課徵環境稅造成相關產業的生產成本上升，進一步促使產品價格升高、勞動實質所得降低、勞動供給降低，亦即環境稅對於中間投入或消費財的選擇產生影響，使福利的成本增加，當稅負交互效果所增加的福利成本大於稅收循環效果所帶來的效益時，雙重紅利即不存在；而如果原來勞動市場已因租稅而存在扭曲，則加徵環境稅所造成的邊際超額負擔將甚為可觀。

不過，也有部分經濟學文獻指出上述研究的模型缺失，甚至另外的模型指出，若審慎使用環境污染稅的稅收替代各種具有扭曲性的租稅，可以抵銷因課徵環境污染稅所造成國民所得減少的大部分損失。

貳 法律層面

一、台灣未來趨勢

長期以來，企業為達成創造利潤的目標，在生產銷售的過程中往往對環境造成相當多的污染及傷害。隨著永續發展觀念的普及、環保意識的抬頭，以及政府環保法規的日趨嚴謹與完備，企業警覺到環保的重要，也開始增加在環保上的投資和努力。然而，現有的會計制度卻未隨著這些愈來愈多且愈加重要的環保活動而予適當的衡量，並及時且充分的提供環境活動資訊。因此，如何透過完整周詳的規劃，建構一套能充分反映企業環境活動，且能適合國內產業一般會計條件，並能與國際間接軌的環境會計制度，成為一項重要研究課題。產業環境會計制度可正確衡量產業環保支出，充分並完整列示產業環境財務資訊，讓政府及企業具體掌握並應用。

二、油價比較

由於台灣能源有 98.3% 都倚賴進口，在能源方面屬於赤貧國，但台灣能源價格卻是其他各國的二分之一，為降低溫室效應，使大家珍惜自然資源，提倡使用這付費方案。

企業倫理

例如，挪威許多開車族很難理解，為何該國身為全球第五大石油出口國，油價卻高居歐洲之冠。近來油價節節高升不說，政府卻調高原本就很吃重的燃料稅。

歐盟數據顯示，挪威每公升 95 無鉛汽油為 13.84 挪威幣（約新台幣 83.3 元），柴油則為 14.23 挪威幣（約新台幣 85.7 元），是歐盟各國當中最高的。政府意在希望民眾少開車出門，以對抗全球氣候變遷問題。

2008 年 7 月，交通委員會迅速通過《發展大眾運輸條例》修法草案，將包括貨運三業、遊覽車等所有營業車輛都納入免徵汽燃費及牌照稅對象。能源稅是原油進口或煉製時就先課稅，從上游徵收的能源稅和下游消費者去加油才徵收汽燃費是「用多少付多少」。不過，能源稅的好處是不易走私，不會有價差，避免隨油徵收造成地下油行氾濫的後遺症。

三、各稅整合

1. 政府各種環境政策的擬定，加入產業的環境財務資訊，將使政策在成本效益面有更周詳的考量。例如，取消汽油類貨物稅。
2. 國家衡量產業環境競爭力時，加入產業的環境財務資訊，將使競爭力的比較更加完整。
3. 政府規劃或建置新興環保產業，如有產業完整的環境財務資訊，將使新興產業的投資效益評估更加完整。例如，待能源稅及相關配套措施實施後，所增加之稅收達到汽車燃料稅收費金額時，再適時取消汽車燃料費。
4. 政府可據以作為輔導、獎勵或要求產業後續加強在環境投資的依據，促使政府在整體環境管理的環節上更加完整，但空污費、土污費及石油基金不能納入能源稅整併範圍。
5. 未來可據此建立台灣產業環境生產力的指標，透過此項指標，政府未來對企業的環境施政及作為，除了從原有環境活動的管理外，也能有相關的財務資訊與其配合，更能全方位掌握環境施政的績效。
6. 此項制度的結果，將使企業環境管理財務資訊更具透明度，政府能夠有效掌握企業環境動態。

四、配套措施

自 2009 年起,以漸進提高稅額方式對各種能源進行課徵能源稅,並同步取消油品貨物稅。以汽油為例,目前貨物稅為 6.83 元／公升,2009 年後每年增稅 1 元／公升,至 2018 年稅額為 16.83 元。能源稅相關配套措施:

1. 同步取消油氣類、電器、飲料、平板玻璃及橡膠輪胎五類貨物稅。
2. 提高所得稅最低扣除額。
3. 能源稅收足以支應稅收缺口後,再取消娛樂稅、印花稅及汽燃費。
4. 空污費及土污費部分,因收取性質不同,不予納入整併。

實施減稅配套之能源稅,能顯著減輕單課徵能源稅之影響。其對 2018 年物價之影響,可由單課能源稅的影響 11.85% 減為 0.858%;其對經濟的負成長由 −1.123 減為 −0.859%。但其對 CO_2 減量的效果仍頗顯著達 −9.02%。

(單位:%)

	(1) 不含減稅配套	(2) 含減稅配套	(3) = (1) + (2) 淨影響
物價	1.1851	−0.3273	0.8578
經濟成長	−1.1232	0.2638	−0.8594
CO_2 排放	−9.27	0.248	−9.02

課徵能源稅並實施減稅配套對 CO_2 的減量及節能有顯著成效,對經濟的影響則相對輕微。

1. 不含運輸業的服務業,由於能源密集度低,能源稅課徵對其影響相對較小,但受惠於減稅配套其成長率不降反升。能源稅及其配套措施確實利於改善產業結構。
2. 課徵能源稅及其減稅配套措施至 2018 年 CO_2 及空氣污染減排之總社會效益為 1,517.1 億元。
3. 將社會效益減掉經濟成長降低所造成的社會成本 1,155.6 億元(= 195,533 億元 × 0.591%),尚得社會淨效益達 361.5 億元。

4. 因此，課徵能源稅並採減稅配套屬經濟可行，值得政府採行。行政院宜儘速將能源稅草案送交立法院審議。

近年來，能源替代方案的研發備受矚目，各國無不積極推動尋找可能的能源替代方案。幾次的能源危機，特別是 2008 年油價高漲甚至突破每桶 147 美元，更使人們認識能源危機的嚴重性。加上環境保護意識逐漸抬頭，使石化燃料的使用多了一層顧忌，全球暖化造成氣候變遷的種種影響，有目共睹，如果不管制石化能源的使用，自然環境的惡化將使我們不再有明天。

參 財務面分析

近年來，意識到能源可能有枯竭的一天，由於目前可供使用能源之需求大於供給，為了達到資源能永續開發與使用，再加上近十幾年來因使用資源而產生的溫室氣體，使地球溫度逐年上升，大氣層底漸漸暖化，極地面積縮小，海平面緩緩上升，許多群島國家即將遭到滅國的危機，而促使環保危機意識抬頭，各國紛紛研討解決方案抑制暖化速度及如何適度地使用能源。未來台灣擬開徵「能源稅」，希望能達到以價制量的效果。

一、政府方面

行政院表示，在開徵能源稅一開始的前 10 年，為了不讓民眾的稅負壓力一下子增加許多，遂在稅率方面採取逐年遞增計畫，直到第 10 年所徵收的稅率，即是日後的稅率。在這逐年遞增的 10 年間，預估這項新稅目約可為國庫帶來新台幣 1,513 億元整。

但這並不代表實施這項新稅目後所帶來的淨收入。政府為了以價制量開徵能源稅，在草案擬定階段即有許多反對聲浪，於是又推出了配套措施以平緩開徵能源稅給人民的壓力，如：取消四項貨物稅、取消娛樂稅、廢除印花稅、提高薪資特別扣除額、取消汽車燃料稅，以及降低所得稅率等，以上仍在擬定中。

在政府角度來看實質稅收，應是能源稅收扣除實施眾多配套措施而減

少稅收的稅額。另一個觀點，我們可以看出政府為了響應環保愛惜資源而增訂「能源稅」；但另一方面，又考慮到民眾的稅金壓力而推出許多預定的配套措施，試想：能源稅搭配眾多的配套措施，政府實收稅額或許沒有行政院預估的這麼多，由此可見，政府推行能源稅的本意是為了讓能源可以永續開發及使用，在這個面臨能源危機的時刻，民眾應該考慮到未來，支持能源稅。

開徵後，或許會感到物價比起以往上漲了些許，但付出的那些稅金，卻能讓政府建設國家、增加社會福利及福祉，也可能因此有更多的能力去照顧到台灣一些被漠視的族群及老年人，而消費者也間接地盡一份心力愛護地球。

二、產業方面

在擬定能源稅草案階段時，即引起來自許多中小型企業或大型企業的反對聲浪，此稅目的開徵，對企業界有一定程度的影響，如：水泥業、紡織業等需大量使用能源的相關產業。對大型企業而言，能源稅是可承擔的，畢竟它們有龐大的資金應對，但對中小型企業的影響可就更大了，卻可能因為沒有充足的資金，而面臨須與其他企業合併的命運。

以大型企業來說，為了因應節能減碳的趨勢，它們必須改變生產線、改良舊有大型設備或添購低污染設備，以達到低排碳量的目的。雖然節能減碳所產生的相關改良成本，加上開徵後所需繳納的稅金，對大型企業來說是一大負擔，但因擁有龐大資金應付，所以有能力等到所投入的相關改良成本回本。然而，對於打算繼續經營的中小型企業來說，有可能因無龐大資金而須與其他企業併購，才足以應對，否則將被迫退出該產業。由於這是全球目前趨勢，所以對營利事業來說，除了賺錢外，還得兼顧環保。

以台灣水泥企業為例，台泥是一家頗具遠見的企業，自建廠到 1997 年這段期間，就看出未來環保意識的重要性，於此期間，新設及淘汰各式的收塵設備，耗資新台幣 16.9 億元整，以及 2000 年和 2001 年間，在和平一、二號窯建廠投入新台幣 15.8 億元整，建置環保設施，以降低排放量。相關改良成本總額為新台幣 32.7 億元整。

我們可以進一步簡單估算台泥回收這筆相關改良成本所需的年數。根據台泥官方網站顯示，每年水泥產量約 44 萬噸，而每噸水泥製造成本約為新台幣 1,990 元整，再依據坊間建材行統計的每噸水泥售價約新台幣 3,400 元整。因而推估台泥每年的總銷貨毛利為：

售價／噸	成本／噸	生產數（噸）	總銷貨毛利
$3,400	$1,900	440,000	$620,000,000

再由總相關改良成本總額除上每年總銷貨毛利：

$$3,270,000,000 \text{ 元} / 620,000,000 \text{ 元} = 5.27 \text{（年）}$$

意即台泥投入的相關改良成本僅需短短不到 5 年半的時間即可回本。也代表台泥企業到 2009 年已回收環保相關的改良成本，整套製程也符合近年來節能減碳的要求。

在確認相關改良成本的部分之後，進而估算若能源稅開徵後，會為台泥增加多少稅額？行政院表示，開徵能源稅後，二氧化碳每公噸排放量之稅額約比以往增加新台幣 200 元，而電費方面每度則增加約新台幣 0.46 元（在此僅討論二氧化碳排放量與電費之部分）。再如台泥官方網站顯示，該企業平均每年二氧化碳的排放量與用電量約分別為：842 噸與 18 億 4,440 萬 8,387 度。由上述資料推得每年多徵收之稅額為：

$$[842 \text{ 噸} \times 200 \text{ 元}] + [1,844,408,387 \text{ 度} \times 0.46 \text{ 元}] = 848,596,258 \text{ 元}$$

繳稅方面企業內部帳上分錄為：

借：×× 稅費用　　848,596,258
貸：現金　　　　　　　　848,596,258

雖然能源稅開徵後企業會多增加許多稅額，但相信我們政府會善加運用這些稅金，增進國家建設、促進社會福利制度更加完善。

肆 管理層面

　　2008 年，政府宣告課徵能源稅，以經濟誘因取代命令管制，這種作法是否真能帶來溫室氣體減量，頗值得深思與探討。

一、政府方面

　　為了因應《京都議定書》生效，台灣召開全國能源會議，來討論制定二氧化碳減量排放的能源結構。該會議制定台灣二氧化碳減量排放政策，另一討論重點，除了漲電價之外，考慮增收燃料稅，以減少廢氣排放。

　　使用公共道路的機動車輛，不論公用、私用或軍用，所有人或使用人應於規定徵稅期間繳納使用牌照稅。使用牌照稅係按車輛種類、用途的不同，及其汽缸總排氣量的大小，分別劃分等級，不論車輛新舊，一律定額課徵。稅額計算及徵收方式簡便，課徵對象亦相當明確。

　　一般而言，政府的環境政策大抵可分類為：(1) 直接管制；(2) 課稅；(3) 總量管制排放交易。若就「是否達成環境目標」與「是否為成本有效」兩標準來審視，則傳統的直接管制排放量可直接達到環境目標，但有鑑於各廠商減量的成本不同，而無法顧及成本有效。影響所及，如下所述：

1. **能源稅不易掌握環境目標**：課徵能源稅的確是成本有效的方法，但因達成總量管制目標的最適稅率無法事前確知，稅率需要透過多次調整（trial and error），稅率太低無法有效減量，稅率太高會影響廠商生產活動，一般來說，課稅亦不受產業界歡迎。反觀總量管制排放交易，因有總量管制，即可達到環境目標，因有排放交易，所以為成本有效的方法，此舉亦可對廠商減量產生足夠的正向誘因。

2. **碳稅之環境意涵具體**：以環境的眼光而言，能源稅不如碳稅，碳稅依能源「碳含量」為基準課徵，更能帶來具體環境成效。而目前立院版能源稅之稅率結構與各能源之碳排放量呈現不一致的狀況，若仔細比較立法院所討論之能源稅版本，煤炭的排放係數高，但稅率增幅低，若產業之能源使用存在替代性，稅率調幅愈大，業者使用意願相對較

低，其結果反而造成鼓勵煤炭使用，無法達到抑制溫室氣體排放量的目標。

3. **稅率擬定應考慮碳排放情況**：從負擔的觀點而言，若能據碳排放係數，給予不同費率思考，似乎更能有效推動溫室氣體減量，並達到環境與經濟雙贏。因此，若課徵能源稅應依能源「含碳量」為基準課徵。此外，課徵以「含碳量」為基準之能源稅，亦可與未來的碳排放交易及溫室氣體總量管制接軌。

4. **政策工具宜考量企業型態**：為抑制環境破壞，在歐美國家偏好對廠商課稅，以建立產業的環保意識，並提供環保可用基金協助等措施，但亞洲國家則喜好減免優惠、低利融資等各種補助措施。造成此種不同偏好的主要理由可能為各區域產業型態不同，歐美國家大部分為大廠，而亞洲國家以中小型企業居多，在面對課稅壓力下，歐美大廠之承受能力較強，較不影響其市場競爭力，由於目前我國產業型態以中小型企業為主，應考量廠商之承受力。因此，我國在課徵碳稅（能源稅）前，應考量各國產業型態之差異性。

二、企業方面

政府課徵能源稅係為了環境保護所採取的政策，雖然首當其衝之高耗能產業，均以大企業為主，惟因台灣大型企業與中小型企業之間之網絡關係（含產業供應鏈）極為密切，就規模別而言，大型企業必須面臨排放減量考驗，而由於網絡效應其考驗將擴及影響中小型企業。因應環境保護政策所帶來的衝擊，中小型企業應朝下述目標邁進，改善其經營管理方式，進而達到企業的永續經營。

1. **發展綠色產業**：掌握此波因應國際環保趨勢所創造之產業發展機會，可投入污染防治設備之生產事業，另創企業新機。以日本發展高節能產品為例，其鋼鐵業開發高性能鋼材，使車體減重約5%，除節省汽油之耗用，溫室氣體的排放亦得以降低。

2. **增進能源使用效率**：中小型企業可藉此機會及早吸收相關各類污染防制、省能與減廢技術，進一步汰換老舊機器改善燃煤技術，減低二氧

化碳排放量。

3. **開發替代能源**：政府目前已積極鼓勵民營電廠採用天然氣；公營事業台電除了進行風力發電、天然氣發電外，使用之能源燃料亦已趨多元。

4. **強化廢棄物回收處理技術，發展再生能源**：以日本鋼鐵業為例，已進行有效利用廢塑料回收燃燒，在 2010 年以前，100 萬噸廢塑料可減少 1.5% 之能源消耗，而日本其他產業亦具相同的發展趨勢。

伍、結論

氣候變遷議題愈來愈受到重視，總統馬英九表示上任後將開徵能源稅，反映溫室氣體排放的社會成本，立意甚佳，尤其是能源稅收入將用來減免或抵減其他相關賦稅，如：貨物稅、所得稅等，創造所謂「雙重紅利」的經濟效果，頗值得期待。然而，賦稅改革牽涉層面甚廣，是否真能藉由能源稅創造環境和經濟雙贏的境界，值得深思：

1. **能源稅無法具體掌握環境效果，可能遠不如碳稅明顯對環境有直接成效**。從國內外的經驗顯示，課徵環境稅的環境成效不易掌握，除非徵收稅率的計算和能源的含碳成分具有顯著的相關性，使用者能夠從節省能源使用量來降低溫室氣體排放量。而目前行政單位、立法委員所提出的幾個稅率方案中，完全無法了解課徵能源稅對環境的改善情形，產生了環境政策執行上的風險。

2. **能源稅也有賦稅扭曲的問題，雙重紅利效果不易實現**。各國經驗顯示，能源稅被視為可能存在「雙重紅利」效果，即開徵環境相關稅，除了可改善環境品質之外，若妥善運用其稅收，減少扭曲性賦稅的稅率，就可望提高資配置效率，增加 GDP 或就業量。但是，能源稅是否真能創造雙重紅利效果，在理論和實務上仍有其爭議，因為能源稅本身也有賦稅扭曲性效果。也就是說，即使只課徵了一個百分點的能源稅，也可能導致成本增加，如其扭曲性效果更遠大於其他賦稅，甚至可能形成通貨膨脹、出口減少等問題，更何況，在目前國際油價

高漲情勢下，課徵能源稅說不定還會有雪上加霜的問題。因此，如果能源稅的立法真是為了反映溫室氣體排放的社會成本，那麼，課徵碳稅，即依據能源中的碳含量為稅率計算基礎，對環境的貢獻可能來得更為具體！

3. **溫室氣體總量管制／排放交易制度為全球趨勢**。其不但環境效果顯著，且符合環境經濟平衡之發展。要真正掌握溫室氣體總量，完成環境目標，在制度上，非總量管制政策莫屬，因為總量管制才能精確地控制溫室氣體總量，藉此達到環境品質管理的目的。總量管制制度中又以排放交易制度目前最受到重視，因為其代表的是最有效率的環境市場，以美國企業的自願性 SO_2 減量成功案例來說，排放交易制度不但貢獻了將近 70% 的減量，且衍生出各種碳金融商品交易市場價格。另就全球而言，排放交易市場反映出市場上對於環境商品的經濟價值，且在 2007 年衍生出 504 億美元的市場規模，效益驚人。

4. **課徵能源稅／碳稅，應考量和總量管制／排放交易同時進行配套**。課徵碳稅若能同時對溫室氣體進行總量管制，甚至推動排放交易制度，建立真正的環境市場，顯示環境價格，人們才能夠隨著經濟的腳步調整環境的需求，重視環境的財富，真正實現環境和經濟雙贏的境界。

政策建議

環境政策上，以課稅方式達到減量效果，雖是具有經濟誘因效果，但對於廠商而言，是負擔最為沉重的作法，尤其是目前能源價格高漲，課徵能源稅無疑產生雪上加霜的反彈效果，因此，在政府毫無掌握稅率和環境效果之明確關係前，課徵能源稅無法具體達成環境效果，如此一來，極可能產生環境政策轉為變相賦稅政策工具之質疑。所以，政府若要徵收能源稅，從環境的角度而言，不能不考量稅率和碳排放之關係性。然而，以最終環境目標而言，更不如思考環境目標之落實及可能的總量管制方法，才是真正的環境政策，因為成本最低衝擊最小，才能創造最好的產品競爭力市場，也才能具體達成環境目標，本章之主要建議有三：

1. 能源稅／碳稅稅率應參考溫室氣體減量誘因效果、環境表現之具體關

係性，才能掌握環境成效，對環保工作之推動有其正面意義。
2. 能源稅／碳稅可考量英國大企業進行總量管制，小企業繳交碳稅的配套方式，使得企業不會面對多種管制工具的同時壓力。
3. 能源稅／碳稅需要國內各單位之跨部會合作：我國現行稅制原本就有「能源稅」的雛型，針對油氣類產品課徵從量的貨物稅即是。此外，還須再加上汽車燃料使用費、空氣污染防制費、土壤及地下水污染整治費，以及石油基金等規費項目。課稅與徵費的職權分屬不同的政府機關，涉及了財政部、交通部、環保署及經濟部四個單位。課徵能源稅費的目標若無法統合性的規劃與協調，可能導致課徵稅費的功效不彰。

問 題

1. 能源稅相關配套措施為何？
2. 徵收能源稅因由？
3. 各稅整合方式？
4. 碳足跡盤查與計算步驟為何？
5. 因應環境保護政策所帶來的衝擊，中小型企業應如何才能永續經營？

企業倫理

Chapter 4 言論自由與發展

　　所謂言論自由,是按照自己的意願在公領域自由地發表言論及聽取他人陳述意見的權利。近來,它通常被理解為包含充分地表述的自由,包括:創作及發布電影、照片、歌曲、舞蹈及其他各種形式的富有表現力的資訊。言論自由是民主國家的人民基本權利,必須以真實論述為出發點,故意隱瞞事實或扭曲事實,則不屬於言論自由的保護範圍。言論自由通常被認為是現代民主中一個不可或缺的概念,而且被多數民主國家納入《憲法》保護,在這個概念下,它被認為不應受到政府的審查。然而,少數專制極權國家可能仍然處罰某些破壞他們權力統治的表達的類型,如:中國共產黨領導下的中華人民共和國,及解嚴前之中華民國以煽惑叛亂、誹謗、發布與國家安全相關的秘密等藉口整肅異己。

　　然而,如法國政治學者托克維爾(Alexis de Tocqueville)指出,人們對於自由地發表言論有所疑慮,可能不是因為害怕政府的懲罰,而是由於社會的壓力。當一個人表達一個不受歡迎的意見,他或她可能要面對其社群的蔑視,或甚至遭受猛烈的攻擊。儘管這種類型的言論自由的壓制比政府的壓制更難預防,關於這種類型的壓制是否在言論自由的範圍內還是存有疑問的,而言論自由被視為有代表性的公民自由權利或免受政府行為干涉的自由權利。

壹 言論自由——世界人權宣言

言論自由在聯合國頒布的《世界人權宣言》第十九條及《公民及政治權利國際盟約》第十九條被明確定義：

《世界人權宣言》第十九條：
人人有主張及發表自由之權；此項權利包括保持主張而不受干涉之自由，及經由任何方法不分國界以尋求、接收並傳播消息意見之自由。

《公民及政治權利國際盟約》第十九條：
1. 人人有保持意見不受干預之權利。
2. 人人有發表自由之權利；此種權利包括以語言、文字或出版物、藝術或自己選擇之其他方式，不分國界，尋求、接受及傳播各種消息及思想之自由。
3. 本條第二項所載權利之行使，附有特別責任及義務，故得予以某種限制，但此種限制以經法律規定，且為下列各項所必要者為限：
   (1) 尊重他人權利或名譽。
   (2) 保障國家安全或公共秩序，或公共衛生或風化。

一、言論自由的理論

1. **促進民主**：言論自由是民主制度的關鍵，因為候選人的公開討論是使選民在競選期間知道如何選擇的根本要素。藉由言論，人民得以影響政府決策，而且，足以使政府官員下台的批評能確保政府官員對其行為負責。在《紐約時報》與蘇利文案中，美國最高法院認為批評政府及政府官員的權利是該國憲法第一修正案的「核心意義」。然而，「縱使對一個健全政府的政治性表達或對公共事務評論是重要的，對言論及新聞的保障非指政治性表達及對公共事務的評論是不可加以限制、碰觸的。」（時報企業與希爾案）論者以為：當公民因懼於反擊而不去表達其不滿時，政府對公民即不會有所反應，從而，政府對於其行為所應負起之全部責任即隨之減少。言論自由的擁護者通常斷言

政府壓制言論自由的主要原因就是為了規避責任。另外，有人立論：對言論自由施加的某些限制，在保護民主制度來講是不衝突的或是必要的，例如，在戰後的德國，對支持納粹的思想加以限制，即使前述立論合理化。

2. **發現真理**：保障言論自由作為一種基本權最經典的立論為：其是發現真理的根本。美國最高法院大法官荷姆斯（Oliver Wendell Holmes）曾在判決中寫道：「對一個念頭是否為真理最好的測試，即憑其力量在競爭市場中為人接受，並且惟有基於這樣發現的真理，才能穩固地達成他們的願望。」（阿布拉姆與美國聯邦政府案）荷姆斯大法官是以很高明的比方——「想法的市場」來解釋他的說法。以想法的市場來闡述言論自由招致學者的批評，他們立論：以為各種想法都會進入想法的市場是錯的，縱使各種想法都出現在想法的市場上，某些因有較佳資源以打響名號，使每個人都能聽見的想法也會掩蓋過其他想法。另一個論點是：假設真理必然贏過謬誤是錯的，我們透過歷史可知人們可能會受情緒的左右而非受理性的控制。就算真理終將被維護，過渡期間內可能會發生巨大的傷害。總結來說，對上述批評的回應是——承認「想法的市場」這個論點是有問題的；然而，堅持把決定真相及審查謬誤的決定權交給政府可能更糟。

3. **提升自主性**：言論自由是人格及自主性最必要的方面。貝克教授說：「自願地從事發言行為即從事自我定義或表達。一個反越戰人士可能解釋：當她在示威行動中反覆地呼喊口號『立即停戰』時，她這麼做並沒有期望她的言論會影響戰爭的持續。倒不如說，她參加及呼喊口號吟誦是為公開地定義她自己對這場戰爭的反對。反戰者提供了一個生動的例子來說明：用於自我表達的言論，不依賴於與他人的有效的交流、為自我成就及自我實現的重要性。」

4. **發揚容忍**：言論自由是構成我們社會的基本價值「容忍」所不可或缺的。李寶靈（Lee Bollinger）教授是本觀點的支持者，並且主張：「自由言論原則涉及一種特別的行動即：為傑出的自制開拓出一個社會互動的領域，其目的是以發展及證明社會對控制被許多社會遭遇所喚起感覺的容納度。」自由言論原則被留下與關於幫助形成「社會的

智識性格」一模一樣。這個主張是在說：容忍就算不是必要的價值，也是一個值得嚮往的價值，而保障不受歡迎的言論本身就是一個容忍的行動。這樣的容忍作為一個典範，可激發更多的容忍遍布在社會每一個角落。批評者主張：社會對於別人的不寬容是不必寬容的，例如那些鼓吹大規模的傷害、甚至鼓吹種族滅絕者。防止前述的災害比起容忍那些為他們辯護者，應被認為更重要許多。

二、言論種類的區分與言論自由的限制

基於前述各種言論自由基礎理論可知，言論自由並非漫無限制，在一定合理程度內限制個人的言論自由，符合人類社會共同生活的需求。在美國，法院藉由累積許多言論自由的案例，發展出一套規則，稱之為雙階理論，區分出所謂的高價值言論及低價值言論，前者應受到國家最嚴密的保障，國家也不應立法限制之；後者的保障程度則較低。

1. **高價值言論**：通常包括政治性言論、宗教性言論、文化及藝術性的言論。在這不僅包括思想、口說、文字或圖畫所表達出的言論，象徵性的言論（包括在特定時空脈絡下的行為或動作，如：參與遊行、集會、焚燒國旗）也應該被視為言論的表達而同受保障。
2. **低價值言論**：通常包括商業性言論、猥褻性言論、誹謗性言論、挑釁或仇恨性言論。

針對言論自由的限制，從限制的對象可分為兩者：針對言論內容的限制及非針對言論內容的限制。前者是指限制某一種類型的內容或某一觀點的言論，目的是針對言論傳播的影響力，如：限制色情網站的接觸、檢查特定政治或宗教觀點的出版品等。後者並非直接針對言論的內容，而是針對言論表達的方法或管道，如：報紙的張數限制、集會遊行的時間、地點管制，非針對內容之限制仍有可能會造成針對內容限制的效果。區分針對言論內容的限制、非針對言論內容的限制，即所謂的雙軌理論。基於民主思想，避免政府基於家長主義來管制言論內容，進而由人民自行判斷並形成社會觀念，對於內容限制應進一步區分該言論為高價值言論或低價值言

論，前者給予高度保障，後者則依類型的不同而進行類型化的利益衡量。

對於非內容限制，則應注意符合以下要點，方可謂無違於言論自由：

1. 《憲法》賦予政府管制之權力。
2. 不涉及言論內容。
3. 可增進政府的重要或實質效益。
4. 增進的利益不是為了壓制言論自由。
5. 限制措施所造成的限制，不應超過追求上述政府利益的必要。
6. 尚有其他管道供該言論表達使用。

以下案例則為某知名出版廠商為推動其新聞而違反《兒童及少年福利與權益保障法》等法規時，以言論自由自辯。

蘋果動新聞事件

《蘋果日報》於 2009 年 11 月 16 日在台灣推出動新聞，於 11 月 24 日遭受民間團體的反彈，11 月 25 日 NCC 無法做出判決，同一天地方政府以《兒童及少年福利與權益保障法》開罰動新聞，11 月 26 日地方政府禁止台北市國、高中以下學校訂閱《蘋果日報》。

蘋果動新聞以寫實動畫來詮釋新聞，由台灣壹傳媒互動有限公司負責製作，卻沒有額外的廣告行銷，因為動畫過於真實，把暴力、性侵害、凶殺案等社會事件仔細描述，因此惹出不少的爭議，在各大報紙與電視新聞等強力播放，動新聞一時成為當紅炸子雞。

動新聞在台灣推動之後，由於民間團體反彈，中央政府國家通訊傳播委員會（NCC）對蘋果動新聞的裁定和台北市政府對蘋果動新聞的開罰等一連串的風波事件，甚至引起國外媒體的關注。在這科技雲端的時代裡，網路及手機普及，手機可以下載，網路上也可以點閱，因此在報導有關性侵、家暴等新聞時太過鉅細靡遺容易讓人有身歷其境的感覺。

蘋果動新聞是一個突破創新的傳播產業，以新穎的動畫方式詮釋新聞，讓人們在讀取新聞時，有耳目一新的感覺。但是卻引起各媒體一陣軒然大波，地方政府的介入、民間團體的反彈，爾後又遭 NCC 的處分判決等風波事件。其中，最轟動的動新聞是老虎伍茲外遇疑雲，連國外的媒體

企業倫理

都想引用和轉載。國外媒體也認為動新聞是個創新的傳播，熱烈討論之餘仍表示新聞描述的腥羶色尺度不當。

蘋果動新聞的出現與演進，將社會案件的腥羶色描述得愈來愈逼真，到底是企業愈來愈沒有企業倫理道德與社會責任，還是政府法律規範不夠嚴謹？訂購報章與點閱網路的消費者為動新聞的主要收入來源，如果消費者訂購與點閱的意願不高，又何嘗會帶來這些事件的風波，難道消費者無需負責任嗎？本節將帶領讀者逐層剖析此「蘋果動新聞事件」：

1. **蘋果動新聞推動的動機**：蘋果動新聞想從平面媒體跨足到網路影音，藉由動畫報導新聞的方式來增加蘋果日報的銷售量；另又藉由一個小額付費的環境，想直接透過電信業者，創造額外收入，順勢進入網路影音市場。
2. **法規條例的違反**：透過電信業者合作傳播動畫新聞，但所播送的畫面內容過於血腥、暴力，事件報導方式不當造成二度傷害，而且所報導不實的訊息，對當事人造成誹謗，此刻電信業者則觸犯《通訊傳播基本法》。
3. **地方政府開罰所遭受的損失與所帶來的效益**：因蘋果動新聞事件，推估台北市政府處分台灣壹傳媒互動有限公司所遭受開罰損失，以及禁止台北市國、高中以下學校訂閱《蘋果日報》所造成損失。另一方面卻帶來銷售市場的效益。
4. **蘋果動新聞的分級改善**：法規不可能專為每一獨立個體而制定，只能普及性地規範。而目前蘋果動新聞並無明確歸屬，所以僅能依照現有的《電腦網路分級處理辦法》加以規範。

個案分析　蘋果動新聞事件

民間團體不滿動新聞的腥羶色，因此提出反對聲浪，並要求《蘋果日報》停止以動畫模擬方式報導社會案件。由於此報導方式已侵害到當事人人權，也對兒童與青少年的身心有嚴重影響，甚至妨礙社會善良風俗。除了提出訴求外，他們也希望壹傳媒互動有限公司應該加入衛星電

視公會，簽署以人權保障為主的「新聞自律行動綱要」，並遵守相關自律準則。

國家通訊傳播委員會（NCC）之決議

事由：因蘋果動新聞並非屬於新聞性質的傳播而無法規範

立場：以「新聞」立場審核

分析：其關鍵在於蘋果動新聞並無明確地界定是否為新聞性或是娛樂性傳播，加上政府機關由來已久的內部管理問題。眾所皆知，公務人員一向害怕麻煩且互相推託，不想承擔其責任，這可從 NCC 對於「若是新聞則需要自律；反之，若是節目則交由新聞局發落」的回應即可看出端倪，因此造成無人可管的局面，若硬要對動新聞進行開罰，會與《憲法》相牴觸，而造成司法和對外引發民眾更大的爭議。

政府機關之懲處

事件：台北市郝市長先以《兒童及少年福利與權益保障法》開罰 100 萬元，並禁止蘋果新聞進入國、高中以下的校園，以及規定台北市市立圖書館僅能年滿 18 歲並出示證件者始能借閱此報刊。

立場：公開表明：為人父母的大家長心態——捍衛青少年成長的立場

政治面：

1. 為選舉改變形象

   由於台北市算是重要選舉區，有鑑於貓空纜車、捷運等事件都引發民眾的不悅，甚至還有以郝龍斌為馬英九收拾爛攤子當作標題刊登在新聞或報章雜誌上。因此，有必要在「美國牛肉」進口事件和此「動新聞」上大作文章，使民意上升，其實這些措施都與政治層面脫離不了關係。

2. 立委們的圈套

   蘋果報導出許多立委們的醜聞事件，造成負面事件，因此立委們對蘋果有設圈套之意，希望能銷毀《蘋果日報》往後對他們做出的事實報導或是毀謗。

> 3. 馬政府對新聞的殺雞儆猴
>
> 自馬政府上任以來，已對各家媒體報紙有許多壓制，例如，《自由時報》曾被警告不能播報公務人員打桌球，或是《中國時報》和《聯合報》也曾經被威脅不能夠播報國安會等事件，而這次的蘋果動新聞事件可說是馬政府對外來媒體──《蘋果日報》的殺雞儆猴，可以壓制其他新聞媒體。

三、管理層面

因為 NCC 以新聞角度做切入而害怕與《憲法》牴觸，所以無法做出裁定。台北市政府強制以《兒童及少年福利與權益保障法》角度切入開罰，第一次動新聞無分級措施而開罰 50 萬元，第二次則以報導內容太過腥羶色未見改善為由，再度開罰 50 萬元。開罰理由雖然有點牽強，卻比中央政府做出更有效率的裁定。

在蘋果禁止進入校園事件中，台北市政府以公權力方式禁止全市的校園訂閱《蘋果日報》，並且在各市立圖書館為限制借閱，規定須出示身分證證明 18 歲才可以借閱，藉此間接警告《蘋果日報》不容忽視台北市政府的權威。

四、法律層面

《兒童及少年福利與權益保障法》

第四十三條：

兒童及少年不得為下列行為：

1. 吸菸、飲酒、嚼檳榔。
2. 用毒品、非法施用管制藥品或其他有害身心健康之物質。
3. 觀看、閱覽、收聽或使用足以妨害其身心健康之暴力、色情、猥褻、賭博之出版品、圖畫、錄影帶、錄音帶、影片、光碟、磁片、電子訊號、遊戲軟體、網際網路或其他物品。
4. 在道路上競駛、競技或以蛇行等危險方式駕車或參與其行為。

父母、監護人或其他實際照顧兒童及少年之人,應禁止兒童及少年為前項各款行為。

任何人均不得供應第一項之物質、物品予兒童及少年。

第四十四條：

出版品、電腦軟體、電腦網路應予分級；其他有害兒童及少年身心健康之物品經目的事業主管機關認定應予分級者,亦同。

前項物品列為限制級者,禁止對兒童及少年為租售、散布、播送或公然陳列。

第一項物品之分級辦法,由目的事業主管機關定之。

第四十九條：

任何人對於兒童及少年不得有下列行為：

1. 遺棄。
2. 身心虐待。
3. 利用兒童及少年從事有害健康等危害性活動或欺騙之行為。
4. 利用身心障礙或特殊形體兒童及少年供人參觀。
5. 利用兒童及少年行乞。
6. 剝奪或妨礙兒童及少年接受國民教育之機會。
7. 強迫兒童及少年婚嫁。
8. 拐騙、綁架、買賣、質押兒童及少年。
9. 強迫、引誘、容留或媒介兒童及少年為猥褻行為或性交。
10. 供應兒童及少年刀械、槍砂、彈藥或其他危險物品。
11. 利用兒童及少年拍攝或錄製暴力、血腥、色情、猥褻或其他有害兒童及少年身心健康之出版品、圖畫、錄影節目帶、影片、光碟、磁片、電子訊號、遊戲軟體、網際網路內容或其他物品。
12. 對兒童及少年散布或播送有害其身心發展之出版品、圖畫、錄影節目帶、影片、光碟、電子訊號、遊戲軟體或其他物品。
13. 應列為限制級物品,違反依第四十四條第二項所定辦法中有關陳列方式之規定而使兒童及少年得以觀看或取得。
14. 於網際網路散布或播送有害兒童及少年身心健康之內容,未採取明確可行之防護措施,或未配合網際網路平台提供者之防護機制,使兒童或少年得以接取或瀏覽。

15. 帶領或誘使兒童及少年進入有礙其身心健康之場所。
16. 強迫、引誘、容留或媒介兒童及少年為自殺行為。
17. 其他對兒童及少年或利用兒童及少年犯罪或為不正當之行為。

第六十九條：

宣傳品、出版品、廣播、電視、網際網路或其他媒體對下列兒童及少年不得報導或記載其姓名或其他足以識別身分之資訊：

1. 遭受第四十九條或第五十六條第一項各款行為。
2. 施用毒品、非法施用管制藥品或其他有害身心健康之物質。
3. 為否認子女之訴、收養事件、親權行使、負擔事件或監護權之選定、酌定、改定事件之當事人或關係人。
4. 為刑事案件、少年保護事件之當事人或被害人。

行政機關及司法機關所製作必須公開之文書，除前項第三款或其他法律特別規定之情形外，亦不得揭露足以識別前項兒童及少年身分之資訊。

除前二項以外之任何人亦不得於媒體、資訊或以其他公示方式揭示有關第一項兒童及少年之姓名及其他足以識別身分之資訊。

第一、二項如係為增進兒童及少年福利或維護公共利益，且經行政機關邀集相關機關、兒童及少年福利團體與報業商業同業公會代表共同審議後，認為有公開之必要，不在此限。

五、蘋果新聞之應對

立場：保障自己的言論自由。

(一)管理層面

　　蘋果新聞無法否認它的腥羶色，因為它是以此作為經營理念打進台灣市場且奪下銷售量排行第一名，所以更要強調新聞自由。因此只要使用防範暴力色情、保護青少年等國家公權力的大義名號，很容易就能打擊蘋果。作法如下：

1. **澄清自己與壹傳媒的關係**：在公共關係上，須將誤會做澄清動作，把社會責任和品牌形象的關係做好，以免遭受池魚之殃。

2. **承認自己的分級不當和露骨報導**：公共關係的推廣以達到目的，利益和行銷已做好知名度。但有部分民眾的反彈，和政府的阻卻，只好先退一步，往以後更長遠利益著想。
3. **原本對台北市政府的開罰要提出訴願及行政訴訟卻撤銷**：從台北市政府的公權力介入，阻斷蘋果新聞進入校園的通路，而造成利益上的阻礙，故撤銷台北市政府的告訴，以免動新聞風波擴大而影響校園行銷管道。

(二)法律層面

《憲法》第十一條：

人民有言論、講學、著作及出版之自由。

六、成本與效益分析

評估動新聞被地方政府開罰後的損失，以及各家媒體相繼報導，究竟能帶給動新聞多少的廣告效益？而在一開始動新聞本來是個不賺錢的計畫，為何明知不賺錢卻又推行？是否在下載量部分，數據顯示讓動新聞發掘這是額外創造收入的來源？然而，在動新聞的背後，有多少人在執行動新聞的產業模式？動新聞的動畫製作採外包方式，動新聞是以蘋果點來收費，一個蘋果點約新台幣 0.5 元，利用 QR 碼想要吸引會付錢買報紙的人，以提高收入，過往一則動新聞須耗費半天，經過調整之後，現在以一則動新聞須耗費 4 小時，耗費的成本仍大過收益。

(一)製作動新聞成本

製作動新聞所需耗費最高的成本無非是人事開銷。根據 2009 年 11 月 26 日《華視新聞報導》指出，製作動新聞約由 200 人完成，壹傳媒以高出 2 倍的薪水挖角別家公司的員工，固定薪水是以 1 個月 7 萬元的高薪聘請。由此可估計，製作動新聞 1 個月所需花費的人事開銷約 14,000,000 元（即 70,000 元 × 200 人）；1 年人事薪水成本則約 168,000,000 元（即 14,000,000 元 × 12 個月）。除團隊人事成本花費外，整體製作仍需其他管理及行銷層面的支出，總製作成本勢必高於 1.7 億元。

(二)動新聞事件的效益

　　動新聞剛推出時，點閱率只有幾百人次，且《蘋果日報》的銷售並無顯著增加。由前述得知製作成本花費甚高，但整體收益卻不如預期。經過動新聞事件的發生，卻讓點閱率大幅成長至數萬人次，所帶來的收益估計如下：

1. 以 YouTube 點閱率預估動新聞下載率，動新聞在 YouTube 點閱率第一名為 10 萬人次，第二名至第五名為 5 萬人次，故其前五名平均點閱率為 6 萬人次預覽。向《蘋果日報》下載一則動新聞為 0.5 元。
2. 《蘋果日報》2009 年平均 1 日的銷售量為 57 萬份，推估有 10% 的人會下載預覽，則

$$570,000 \times 10\% = 57,000 \text{ 人}$$

故兩項平均估計值相差 3 萬，取其 YouTube 點閱率 6 萬人次計算：

$$60,000 \text{ 人} \times 0.5 \text{（一則）} = 30,000 \text{ 元}$$
$$30,000 \text{ 元} \times 30 \text{ 則（平均 1 日提供則數）} = 900,000 \text{ 元}$$
$$900,000 \text{ 元} \times 365 \text{ 天} = 328,500,000 \text{ 元}$$

　　除上述此事件所帶來的實質收益增加的效益外，此事件發生期間也藉由各大媒體的報導，引起各方熱烈的討論，於無形中帶來無成本的廣告效益。茲分析如下：

1. **無線電視台方面**：以中國電視事業股份有限公司為主。

    10 秒廣告價值 100,000 元，平均 1 秒為 10,000 元，平均一則廣告約 30 秒：

    $$10,000 \text{ 元} \times 30 \text{ 秒} = 300,000 \text{ 元}$$

    計算動新聞於黃金時段 7 點到 8 點播放的廣告效益：

    $$1 \text{ 小時播放一次為 } 300,000 \text{ 元} \times 1 = 300,000 \text{ 元}$$

    事件發生，連續 4 天報導天數，11 月 25 日到 11 月 27 日：

    $$\text{一家無線電視台：} 300,000 \text{ 元} \times 4 = 1,200,000 \text{ 元}$$

三家無線電視台——中視、華視、台視三家於黃金時段廣告效益為：

$$1,200,000 \text{ 元} \times 3 \text{ 家} = 3,600,000 \text{ 元}$$

2. **有線電視台方面**：以 TVBS 新聞台為主（如表 4-1 所示），計算其電視台在 19 點到 23 點的廣告效益。

以 10 秒廣告價值 20,000 元，平均 1 秒約 2,000 元，而平均一則廣告約 30 秒：

$$2,000 \text{ 元} \times 30 \text{ 秒} = 60,000 \text{ 元}$$

計算動新聞播放時段 7 點到 11 點播放的廣告效益 4 小時，1 小時播放一次：

$$60,000 \text{ 元} \times 4 \text{ 次} = 240,000 \text{ 元}$$

事件發生，連續 4 天報導天數，11 月 25 日到 11 月 27 日：

$$\text{一家有線電視台：} 240,000 \text{ 元} \times 4 \text{ 天} = 960,000 \text{ 元}$$

表 4-1　TVBS 廣告價目表

單買價			
A　10″　NT$20,000（NET）			
B　10″　NT$6,000（NET）			
C　10″　NT$3,000（NET）			
組別		節目名稱	頻道	播出時段

組別		節目名稱	頻道	播出時段
A8	1	晚間 6～7 點新聞	TVBS 新聞台	18:00
	2	最前線新聞	TVBS 新聞台	週一～週五 20:00
	3	晚間 8 點新聞	TVBS 新聞台	週六～週日 20:00
	4	新聞最前線	TVBS 新聞台	21:00
	5	22:00 整點新聞	TVBS 新聞台	週六 22:00
	6	一步一腳印發現新台灣（第二季）	TVBS 新聞台	週日 22:00
	7	十點不一樣	TVBS 新聞台	週一～週五 22:00

資料來源：TVBS 有線電視台，http://www.tvbs.com.tw/TVBS。

六家無線電視台──TVBS、中天、三立、非凡、東森、年代於黃金時段廣告效益為：

$$960,000 元 \times 6 家 = 5,760,000 元$$

3. 各家報紙報導動新聞部分，以《中國時報》為主（如表 4-2 所示），計算《蘋果日報》所省下的效益。

```
11 月 24 日   為 A6 十全版面 計   336,000 元
11 月 25 日   為 A8 十全版面 計   336,000 元
             為 A1 兩格版面 計    84,000 元
11 月 26 日   為 A6 全版面   計   705,600 元
             為 A1 兩格版面 計    84,000 元
11 月 27 日   為 A1 十全版面 計   525,000 元
             為 A6 全版面   計   705,600 元
                         合計 2,776,200 元
```

總而言之，動新聞事件所帶來的估計總廣告效益為 12,136,200 元（即 3,600,000 元＋5,760,000 元＋2,776,200 元）。

七、動新聞事件的損失

民間團體首先不滿蘋果動新聞的腥羶色而引爆動新聞事件後，於 2009 年 11 月 25 日，台北市政府係根據《兒童及少年福利與權益保障法》第三十條第十二款，開罰 50 萬元；於 26 日再罰 50 萬元，連續 2 天罰金高達 100 萬元。

此外，台北市政府則進一步禁止《蘋果日報》進入校園，共有 300 所學校，以及 56 間圖書館。根據資料，估計 1 所學校的班級人數與各處室訂閱報紙量的加總約為 60 份，所產生的銷售損失約為：

$60 份 \times 300 所 = 18,000 份$（訂閱報紙的預估量）
$18,000 份 \times 15 元$（一份報紙價格）$= 270,000 元$
$270,000 元 \times 4 天[1] = 1,080,000 元$

---

1 由於到目前為止還持續禁止訂閱，而選取 4 天做損失分析的原因是為了與前述效益分析──電視新聞台於 11 月 24 日到 11 月 27 日的報導天數──有共同比較分析基礎。

表 4-2 《中國時報》營業廣告價目表

（單位：新台幣）

項目	版位	版別	刊登規格 報頭下 7.5×34.5	三全 25×17.1	十半 25×34.5	十全	全版 52×34.5
彩色版	A1	全國版	兩格 84,000 一格 42,000			525,000	
		北市；省	兩格 63,000 一格 31,500			420,000	
	A3	全國版				420,000	
		北市；省					
	A5, A6, A7, A8, A9, D1	全國版				336,000	705,600
		北市；省				283,500	595,350
	A10, A11, A16	全國版		94,500		315,000	661,500
		北市；省		81,900		273,000	573,300
	A12, A14, B4	全國版		88,200		294,000	617,400
		北市；省		78,750		262,500	551,250
	B1	全國版				357,000	705,600
		北市；省				294,000	595,350
	C1	全國版				336,000	
		北市；省				283,500	
	D3, D5, D7, E1	全國版				273,000	573,300
		北市；省				241,500	507,150
	B3, C2, C3, C4, E8, F1, F4	全國版		75,600	126,000	252,000	529,200
		北市；省		66,150	110,250	220,500	463,050
	E3, E5, E6, F3（內頁）	全國版		66,150	110,250	220,500	463,050
		北市；省		58,700	94,500	109,000	396,000
報眉	A1 報眉	全國版	報眉一格 157,500，報眉二格 315,000				
	B1, C1, D1, E1, F1 報眉	全國版	報眉一格 42,000，報眉二格 84,000				
黑白板	A 落、B 落	全國版		58,800			
		北市；省		47,250			
	其他落	全國版		47,250	78,750	157,500	330,750
		北市；省		34,650	57,750	115,500	242,550

資料來源：中國時報。

而在禁止 56 間圖書館訂閱所產生的損失估計為：

一間圖書館約訂閱 3 份：
3 份 × 56 間 = 168 份
168 份 × 15 元 = 2,520 元
2,520 元 × 4 天 = 10,080 元

綜合言之，動新聞事件所帶來的總損失約為 1,090,080 元（即 1,080,000 元 + 10,080 元）。顯然，此次蘋果動新聞事件雖遭受地方政府的開罰而承擔損失（1,090,080 元），但卻產生莫大的實質與廣告的效益（328,500,000 元與 12,136,200 元）。

為何在成本大於收益下，蘋果還要推行動新聞，其真正目的是希望推動一個小額付費的環境，想直接繞過電信業者，創造付費環境，一開始免費到一則 0.5 元，付費實在太便宜了，當你習慣付費買蘋果點，付費環境就算成功了。

為何要推動小額付費的環境呢？未來是個網路發達，雲端科技的年代，公民記者或許會成為重要的新聞來源，小額付費系統可以用來當作支付公民記者稿酬的方式，直接用系統處理小額付費，免去送文件往返的處理人力。

(一) 管理層面

「蘋果動新聞」以一種創新的方式，與高科技的二維條碼做結合，一開始並無任何行銷手段，卻因為一連串風波而聲名大噪。究竟是有什麼長處而備受矚目，還是人為操縱而有此種風波結果？

SWOT 分析

優勢（strengths）	劣勢（weaknesses）
1. 以其他媒體沒有的動畫方式傳播新聞 2. 新聞表達以細膩寫實為手段 3. 以較低成本的通訊網路方式賺取收入	遊走在道德與法律的邊緣
機會（opportunities）	威脅（threats）
1. 消費者一探究竟的慾望 2. 與 MOD 的推動壹電視和台灣事件間接廣告到全球化趨勢	政府法律

4P 分析

產品	價格
將新聞做成動畫為賣點	可用手機下載 0.05 元,也可網路下載,購買蘋果點數
通路	推廣
與蘋果日報和中華電信	往後與中華電信 MOD 合作

(二)五力分析

1. 供應商議價能力:無(因通訊傳播媒介並無其他供應商可選擇)。
2. 消費者議價能力:低(手機下載只能用電信公司規定部分)。
3. 產業競爭者:
   (1) 平面媒體:《中國時報》、《自由時報》、《聯合報》等。
   (2) 新聞媒體:TVBS、三立、東森等。
4. 替代產業威脅:網路新聞、廣播等,可收到新聞資訊者。
5. 潛在新進者威脅:低(媒體市場已飽和)。

(三)法律層面

　　動新聞的內容過於寫實,可能會傷害兒童及少年的身心健康,或是促使他們模仿所模擬的動畫,若沒有做好分級,可能會觸犯《兒童及青少年福利與權益保障法》。加上手機使用年齡層逐漸下降,兒童及少年可以透過手機取得該訊息,電信業者可能也會觸法,其報導事件中的當事人也可能因此作法而受到二度傷害。

(四)通訊傳播之規範

《通訊傳播基本法》

第五條:

通訊傳播應維護人性尊嚴、尊重弱勢權益、促進多元文化均衡發展。

《衛星廣播電視法》

第十七條:

衛星廣播電視事業及境外衛星廣播電視事業播送之節目內容,不得有下列情形之一:

1. 違反法律強制或禁止規定。
2. 妨害兒童或少年身心健康。
3. 妨害公共秩序或善良風俗。

第十八條：

主管機關應訂定節目分級處理辦法。衛星廣播電視事業及境外衛星廣播電視事業應依處理辦法規定播送節目。主管機關得指定時段、鎖碼播送特定節目。衛星廣播電視事業、境外衛星廣播電視事業之分公司或代理商應將鎖碼方式報請交通部會商主管機關核定。

第三十五條：

衛星廣播電視事業或境外衛星廣播電視事業有下列情形之一者，予以警告：

3. 違反第十八條第一項、第三項、第十九條或第二十條第一項準用第十八條第三項、第十九條第二項規定者。

《分級處理之辦法》

第一項　電腦網路內容分級處理辦法

第四條：

電腦網路內容，有下列情形之一，有害兒童及少年身心發展者，列為限制級，未滿 18 歲者不得瀏覽：

1. 過當描述賭博、吸毒、販毒、搶劫、竊盜、綁架、殺人或其他犯罪行為者。
2. 過當描述自殺過程者。
3. 有恐怖、血腥、殘暴、變態等情節且表現方式強烈，一般成年人尚可接受者。
4. 以動作、影像、語言、文字、對白、聲音、圖畫、攝影或其他形式描繪性行為、淫穢情節或裸露人體性器官，尚不致引起一般成年人羞恥或厭惡感者。

電腦網路內容非列為限制級者，仍宜視其內容，由父母、監護人或其他實

際照顧兒童之人輔導瀏覽。

第六條：

電腦網路內容列為限制級者，應依下列規定標示：

1. 內容提供者應於網站首頁或各該限制級網頁之電腦程式碼，依主管機關或其委託機構規定作標示。
2. 內容提供者提供內容屬性主要為限制級者，應於網站首頁或各該限制級網頁標示限制級分級標識或「未滿18歲者不得瀏覽」意旨之文字。
3. 平台提供者、內容提供者，提供內容屬性係部分涉及限制級者，得不為前款標示。但應於網站首頁或各該限制級網頁標示「本網站已依台灣網站內容分級規定處理」意旨之文字。

第二項　電影片分級處理辦法

第二條：

經檢查核定准演之電影片分為下列四級：

1. 限制級（簡稱「限」級）：未滿18歲之人不得觀賞。
2. 輔導級（簡稱「輔」級）：未滿12歲之兒童不得觀賞。
3. 保護級（簡稱「護」級）：未滿6歲之兒童不得觀賞，6歲以上12歲未滿之兒童須父母、師長或成年親友陪伴輔導觀賞。
4. 普遍級（簡稱「普」級）：一般觀眾皆可觀賞。

第三條：

電影片有下列情形之一，不適合少年及兒童觀賞者，列為「限」級：

1. 描述吸毒、販毒、搶劫、綁架、殺人或其他犯罪行為情節細密，有誘發模擬作用者。
2. 有恐怖、血腥、殘暴、變態等情節且表現方式強烈，一般成年人尚可接受者。
3. 以動作、影像、語言、文字、對白、聲音表現淫穢情態或強烈性暗示，尚不致引起一般成年人羞恥或厭惡者。

第四條：

電影片有下列情形之一，不適合兒童觀賞者，列為「輔」級：

1. 涉及性之問題、犯罪、暴力、恐怖、玄奇怪異或反映社會畸型現象，對於兒童心理有不良影響者。
2. 有褻瀆、粗鄙字眼或對白有不良引喻者。

第五條：

電影片內容無第三條、第四條所列情形。但有下列情形之一，須父母、師長或成年親友陪同觀賞者，列為「護」級：

1. 涉及性問題或有混淆道德秩序觀者。
2. 涉及打鬥、竊盜、驚悚、玄奇怪異或反映社會畸型現象，對於兒童心理非必然有不良影響者。

第六條：

電影片之內容適合一般觀眾觀賞者，列為「普」級。

第三項　出版品及錄影節目帶分級辦法

出版品

第五條：

出版品之內容有下列情形之一，有害兒童及少年身心健康者，列為限制級，未滿18歲之人不得閱聽：

1. 過當描述賭博、吸毒、販毒、搶劫、竊盜、綁架、殺人或其他犯罪行為者。
2. 過當描述自殺過程者。
3. 有恐怖、血腥、殘暴、變態等情節且表現方式強烈，一般成年人尚可接受者。
4. 以語言、文字、對白、聲音、圖畫、攝影描繪性行為、淫穢情節或裸露人體性器官，尚不致引起一般成年人羞恥或厭惡感者。

第六條：

限制級出版品應在封面明顯標示「限制級：未滿18歲之人不得閱聽」字樣。

前項標示不得小於封面五十分之一。

第七條：
限制級出版品封面（底）之圖片及文字，不得有第五條各款情形之一。

第八條：
租售限制級出版品者，應以設置專區、專櫃或加封套方式陳列限制級出版品。
前項專區、專櫃，應明顯標示「未滿18歲之人不得租買」字樣。

錄影節目帶之分級管理

第十一條：
錄影節目帶分下列四級：

1. 限制級：未滿18歲之人不得觀賞。
2. 輔導級：未滿12歲之兒童不得觀賞，12歲以上未滿18歲之少年需父母、師長輔導觀賞。
3. 保護級：未滿6歲之兒童不得觀賞，6歲以上未滿12歲之兒童需父母、師長或成年親友陪同觀賞。
4. 普遍級：一般人皆可觀賞。

第十二條：
錄影節目帶之內容有下列情形之一，列為限制級：

1. 描述賭博、吸毒、販毒、搶劫、綁架、殺人或其他犯罪行為者。
2. 過當描述自殺過程者。
3. 有恐怖、血腥、殘暴、變態等情節且表現方式強烈，一般成年人尚可接受者。
4. 以動作、影像、語言、文字、對白、聲音表現淫穢情態或強烈性暗示，尚不致引起一般成年人羞恥或厭惡感者。

第十三條：
錄影節目帶之內容涉及下列情形之一，列為輔導級：

1. 涉及性之問題、犯罪、暴力、打鬥、恐怖、玄奇怪異或反映社會畸形現象，對於兒童心理有不良影響者。
2. 有褻瀆、粗鄙字眼或對白有不良引喻者。

第十四條：
錄影節目帶之內容涉及爭議性之問題，有混淆道德秩序觀之虞，需父母、師長或成年親友陪同觀賞者，列為保護級。

第十五條：
錄影節目帶之內容適合一般人觀賞者，列為普遍級。

第十六條：
無渲染色情之裸露鏡頭，得視劇情需要列入限制級、輔導級、保護級或普遍級。

第十七條：
錄影節目帶中預告樣片之級別應與其正片之級別一致。

第十八條：
限制級錄影節目帶應於錄影帶（片）、封面（底）上明顯標示「本片列為限制級，未滿18歲之人不得觀賞」字樣。封面（底）之圖片及文字不得有限制級情形出現。

(五)人權保護

《性侵害犯罪防治法》

第十三條：
廣告物、出版品、廣播、電視、電子訊號、電腦網路或其他媒體，不得報導或記載被害人之姓名或其他足資識別被害人身分之資訊。但經有行為能力之被害人同意或犯罪偵查機關依法認為有必要者，不在此限。

違反前項規定者，由各該目的事業主管機關處新台幣6萬元以上60萬元以下罰鍰，並得沒入前項物品或採行其他必要之處置；其經通知限期改正，屆期不改正者，得按次連續處罰。但被害人死亡，經目的事業主管機關權衡社會公益，認有報導必要者，不罰。

《刑法》

第三百一十條（誹謗罪）

意圖散布於眾，而指摘或傳述足以毀損他人名譽之事者，為誹謗罪，處 1 年以下有期徒刑、拘役或 500 元以下罰金。

散布文字、圖畫犯前項之罪者，處 2 年以下有期徒刑、拘役或 1,000 元以下罰金。

對於所誹謗之事，能證明其為真實者，不罰。但涉於私德而與公共利益無關者，不在此限。

《性騷擾防治法》

第十二條：

廣告物、出版品、廣播、電視、電子訊號、電腦網路或其他媒體，不得報導或記載被害人之姓名或其他足資識別被害人身分之資訊。但經有行為能力之被害人同意或犯罪偵查機關依法認為有必要者，不在此限。

《兒童及少年性交易防制條例》

第三十三條：

廣告物、出版品、廣播、電視、電子訊號、電腦網路或其他媒體，散布、播送或刊登足以引誘、媒介、暗示或其他促使人為性交易之訊息者，由各目的事業主管機關處以新台幣 5 萬元以上 60 萬元以下罰鍰。

新聞主管機關對於違反前項規定之媒體，應發布新聞並公告之。

(六)二維條碼之認識

　　觀看動新聞需要利用 30 萬畫素以上的照相手機，搭配手機內的 QR 碼解碼軟體，對著 QR 碼一照，解碼軟體會自動解讀此訊息，顯示於手機螢幕上面。知其所使用方法，卻不知該產品從何而來，甚至不知道其實它早就融入我們的生活當中。

1. 二維條碼之簡介：QR 碼是二維條碼的一種，1994 年由日本 Denso-Wave 公司發明。QR 來自英文「Quick Response」的縮寫，即快速反應的意思，源自發明者希望 QR 碼可讓其內容快速被解碼。QR 碼

最常見於日本，並為目前日本最流行的二維空間條碼。QR 碼比普通條碼可儲存更多資料，亦無須像普通條碼般在掃描時需直線對準掃描器。QR 碼呈正方形，只有黑白兩色。在三個角落，印有較小、像「回」字的正方圖案。這三個是幫助解碼軟體定位的圖案，使用者不需要對準，無論以任何角度掃描，資料仍可正確被讀取。

　　日本 QR 碼的標準 JIS X 0510 在 1999 年 1 月發布，而其對應的 ISO 國際標準 ISO/IEC18004，則在 2000 年 6 月獲得批准。根據 Denso Wave 公司的網站資料，QR 碼是屬於開放式的標準，QR 碼的規格公開，而由 Denso Wave 公司持有的專利權益，則不會被執行。除了標準的 QR 碼之外，也存在一種稱為「微型 QR 碼」的格式，是 QR 碼標準的縮小版本，主要是為了無法處理較大型掃描的應用而設計。微型 QR 碼同樣有多種標準，最高可儲存 35 個字元。

2. **二維條碼之應用**：QR 碼主要應用的項目可分成四類：
   (1) 自動化文字傳輸：通常應用在文字的傳輸，利用快速方便的模式，讓人可以輕鬆輸入地址、電話號碼、行事曆等，進行名片、行程資料等的快速交換。
   (2) 數位內容下載：通常應用在電信公司遊戲及影音的下載，在帳單中列印相關的 QR 碼資訊供消費者下載，消費者透過 QR 碼的解碼，就能輕易連線到下載的網頁，下載需要的數位內容。
   (3) 網址快速連結：以提供使用者進行網址快速連結、電話快速撥號等。
   (4) 身分鑑別與商務交易：許多公司正在推行 QR 碼防偽機制，利用商品提供的 QR 碼連結至交易網站，付款完成後系統發回 QR 碼當成購買身分鑑別，應用於購買票券、販賣機等。在消費者端，也開始有企業提供商品品牌確認的服務，透過 QR 碼連結至統一驗證中心，去核對商品資料是否正確，並提供生產履歷供消費者查詢，消費者能夠更明白商品的資訊，除了能夠杜絕仿冒品，對消費者購物更是多了一層保護。

(七)延伸問題

1. **言論自由的限度**：每個人都有言論自由，但言論自由並不是無條件的，而是要負起相對的責任，不負責任的自由並不是真正的自由。就像有人蓄意製造不實謠言中傷他人，不實的謠言能算是言論自由嗎？不，這並不是，而是超過自由的限制。那限制在哪裡呢？限制在於不傷害他人為基礎，對事不對人，對事要講求真實而非虛假。蘋果推動動新聞，主張新聞自由，但內容過於寫實引起各方撻伐，這是已超過新聞該有的範圍，新聞是講求真實而不是憑空想像犯罪之過程；再者，新聞是屬普通級，對過於寫實畫面應以馬賽克方式呈現。

   動新聞是否為新聞？以下為綜合各方的看法：

   (1) 若是新聞：新聞呈現的方式從平面報紙演變至今的電視影像，會有如此重大的改變是拜日新月異的科技所賜。動新聞便是結合科技技術與創造能力，以動畫方式呈現新聞的內容，提供民眾另一種方式得知新聞。未來的電子新聞也可能會像《哈利波特》裡的報紙那樣動得厲害！

   (2) 不為新聞：所謂的新聞是要追求事情的真實，也要摒除想像力，不然就不需要派記者到現場採訪了！動新聞所報導的內容並非全是事實，易誤導民眾對此事件的看法。

   下表為台灣與美國對動新聞報導所抱持的看法：

台灣	美國
大多數的人都表明動新聞不是新聞： 1. 父母不希望小孩也看到這種影片，以免小孩的觀念有所偏差 2. 蘋果太過腥羶色及寫實 3. 大多都不屬於寫實，並且會對當事者造成二度傷害	認為動新聞是一種很創新的科技： 1. 內容簡潔有力，就算看不懂中文，也知道它想表達的內容 2. 透過電腦模擬影像製作新聞，讓文明往前推進一大步

2. **使用二維條碼的原因，而不使用其他產品**：因為 QR 碼可以快速被讀取，也比一般條碼可儲存更多資料，一個不到 5×5 cm 的圖案中，可以儲存比本身大 10 倍以上的資料，節省許多成本效益，而且使用上

的方便性也占了優勢。然而，現在研發出許多運用 QR 碼的產品，QR 碼在許多地區漸漸成為主流，因此 QR 碼被其他條碼取代的可能性是極小的。

貳 結論

「動新聞」算是科技的智慧結晶，但由於在科技入侵家庭的事件上，我們可以發現法律的改變跟不上科技的腳步。而「新聞」的內容與表現應該交由消費者做決定，政府在公權力上不應介入其中，而應該在中立的角度上，畢竟「動新聞」的出現是民眾認為新聞的趨勢是愈來愈逼真。以動畫包裝新聞上，若是一個噱頭，那也只是曇花一現，不必擔心。但若是「大勢所趨」的話，政府法律的進化和公民素養的提升才是未來最大的課題，而社會責任的歸咎，不只是企業的自律責任，也是人民最大的責任。

問 題

1. 言論自由定義為何？
2. 《公民及政治權利國際盟約》第十九條對言論自由之表示及限制？
3. 試列舉三項言論自由的主要理論。
4. 言論種類的區分為何？並舉例說明。
5. 言論自由的限制為何？符合哪些要點，方可謂無違於言論自由？
6. 蘋果動新聞的 SWOT 分析及 4P 分析為何？
7. 蘋果動新聞的五力分析為何？
8. 蘋果動新聞的成本與效益為何？若你身為蘋果的主管，你的策略為何？

Chapter 5

食品安全管理機制與責任

壹 食品安全管理機制與企業社會責任

　　傳統上,企業社會責任概念在於強調企業經營目標除了創造自身獲利之外,在企業營運的過程中,應如何兼顧企業、員工與消費者關係之和諧,且能維護生態環境。然而,隨著企業社會責任概念的發展已日趨成熟,有許多企業開始將企業社會責任擴及至產業上下游供應鏈中,尤其以食品業更應重視。從篩選原物料開始,食品業者應要求原物料供應商必須清楚交代原物料的成分及來源。並從供應商之報價及往來客戶觀察,一旦原物料價格過低,便該加強檢驗或直接不予進貨。為了嚇阻供應商提供不實成分表,食品企業應設有精密的實驗室或可信任之查驗實驗室可配合其對原物料進行抽樣檢驗,成品亦經過檢驗確認無添加防腐劑、漂白劑及其他人工添加劑才可出貨。

　　價格不再為是否進貨的唯一考量;一方面可減少因削價競爭而導致供應商的獲利空間遭到壓縮,甚至造成劣幣驅逐良幣的現象;另一方面,促使供應商提供更優質的原物料,亦可間接提升食品業者自家產品的品質,進而增加消費者購買的誘因。如此,可謂創造了三贏(供應商、食品業者、消費者)的局面。雖然原物料的進貨可能使得食品業者生產成本提高,但不一定代表減損企業的獲利能力。優質產品的提供,將可增進消費

者的信心,亦有助於企業產品的銷售。以近年數次食品風暴為例(塑化劑、毒奶粉、瘦肉精等),在檢驗結果陸續出爐後,隨著媒體針對食品安全事件的報導,以及政府陸續公告遭污染的產品,這些能夠從風暴中全身而退的食品業者的產品,相信更能夠對消費者產生吸引力。

　　無獨有偶,某速食連鎖店業者以近年來大力推動之生產履歷系統及環保材質包裝材料獲得評審的青睞,在環境保護類中榮獲楷模獎,成績卓著。生產履歷系統再次凸顯原物料來源對食品業者之重要性,隨著追溯每一項食材的來源,生產履歷系統協助解決來源不明的食材,確保食材的品質與新鮮度。該速食連鎖店業者並推動契約農場制度搭配生產履歷,過去最大宗食材——萵苣和番茄——主要是從美國加州、荷蘭和加拿大進口,推動契約農場後便開始採用本土種植的萵苣和番茄。透過契約農場制度,企業與台灣農民建立更深入且穩固的關係,能確保食材品質及來源的穩定度,採用在地食材縮短食物里程,更減少食材運送成本,維持食材新鮮度,使生產履歷系統發揮更大效用,更重要的是,還可以進一步保障農民收入,誘使農民繼續提供高品質的食材。

　　過去食品業的經營重心為生產優質產品給消費者,並透過自主的檢驗機制搭配政府的抽查,以確保所生產之產品符合相關法令的規範。然而,從上述例子可以看出,企業與上下游事業夥伴的互動關係,與企業本身營運與競爭力亦息息相關。特別是在今日,食品產品從相關原物料的取得、製作過程到產品完成後的包裝、販售,每一個環節均環環相扣,稍有不慎均可能導致食品遭到污染,而光靠食品業者自身的檢驗及政府的外部監督仍可能出現監控上的漏洞。因此,食品業者建立健全有效的供應鏈管理制度,實在至關重要。未來,食品業者除了確保自身產品的品質,並重視生產過程中相關的環保議題外,更應逐漸將重心及視野擴及至下上游供應鏈的合作夥伴,促使合作夥伴提供優質的原物料或服務。藉由讓合作夥伴了解並認同自身的經營理念及對於食品安全的堅持,使其能自主性的達成衛生安全及環境保護的要求。此舉不但有助於企業提升其整體形象並兼顧上下游供應鏈業者之權益,更重要的是,能進一步滿足消費者對於食品安全的要求與期待。下列為國際知名速食連鎖店之食品安全案例。

個案分析　某速食連鎖店濾油粉案例

　　某國際知名速食連鎖店遭民眾投訴使用濾油粉過濾飲食炸油。店家使用濾油粉可減少換油次數以降低用油成本。但濾油粉的使用是否會對人體造成傷害？台北醫學大學保健營養系教授劉珍芳研究指出，連續高溫油炸 6 小時以上，油脂容易變質。另陳彥霖等人在 2008 年研究中指出，油炸烹煮溫度愈高愈易產生致癌物質「丙烯醯胺」；而新北市市府消保官抽檢食用油是否含有致癌物質，意外發現炸油酸價過高，初步結果顯示，其中兩家分店以酸價值 2.934 及 23.88 超過所規定之標準值[1]。林口長庚醫院臨床毒物科主任林杰樑說：「動物實驗顯示，油炸油使用逾 24 小時即可能對肝臟產生毒性，回鍋油更含其他致癌物恐致肺癌、腸癌、膀胱癌等。」輔仁大學基礎醫學研究所長陳炳輝說：「新鮮油有香氣，民眾在購買油炸品時若聞到如輕微汗臭的油耗味代表油品可能已劣化。」縣府衛生局表示，目前《食品衛生管理法》並未針對食用油規範，未來可進一步改善。

貳　法律層面

　　關於此次某速食連鎖店之炸油風波，相關法律條文細則如下：

一、《食品衛生管理法》[2]

第十條：
販賣之食品、食品用洗潔劑及其器具、容器或包裝，應符合衛生安全及品質之標準；其標準，由中央主管機關定之。

第十一條：
食品或食品添加物有下列情形之一，不得製造、加工、調配、包裝、運送、貯存、販賣、輸入、輸出、贈與或公開陳列：

1. 變質或腐敗者。

1　行政院衛生署於民國 98 年 6 月 25 日召開專家學者會議，並建議修正衛生署原訂酸價值（2.5）為 2.0 及增訂嗅覺標準（耗油味），並強調此酸價數值為換油標準。

2　資料來源：法源法律網，http://www.lawbank.com.tw/index.php。

2. 未成熟而有害人體健康者。
3. 有毒或含有害人體健康之物質或異物者。
4. 染有病原菌者。
5. 殘留農藥或動物用藥含量超過安全容許量者。
6. 受原子塵或放射能污染，其含量超過安全容許量者。
7. 摻偽或假冒者。
8. 逾有效日期者。
9. 從未於國內供作飲食且未經證明為無害人體健康者。

前項殘留農藥或動物用藥安全容許量及食品中原子塵或放射能污染安全容許量之標準，由中央主管機關會商相關機關定之。

第三十一條：

有下列行為之一者，處新台幣 6 萬元以上 30 萬元以下罰鍰；1 年內再次違反者，並得廢止其營業或工廠登記證照：

1. 違反第十一條第一項第一款至第七款或第十五條規定。
2. 違反依第二十條第一項規定，經令其限期改正，屆期不改正。
3. 違反前條之禁止命令。

第三十三條：

有下列行為之一者，處新台幣 3 萬元以上 15 萬元以下罰鍰；1 年內再次違反者，並得廢止其營業或工廠登記證照：

1. 違反中央主管機關依第十條所定標準有關衛生安全及品質之規定，經令其限期改正，屆期不改正。
2. 違反第十一條第一項第八款、第九款、第十三條第二項、第十四條第一項、第十七條第一項、第十八條、第二十二條第一項規定。
3. 違反中央主管機關依第十二條所定標準有關食品添加物品名、規格及其使用範圍、限量之規定，或依第十七條第二項所定標準有關營養成分及含量標示之規定。
4. 違反中央主管機關依第十七條之一所為公告。
5. 違反中央主管機關依第二十一條所為投保產品責任保險之規定，經通

知限期改正，屆期不改正。
6. 違反直轄市或縣（市）主管機關依第二十三條所定管理辦法有關公共飲食場所衛生之規定。
7. 經主管機關依第二十九條第二項命其回收、銷毀而不遵行。

第三十四條：

有第三十一條至前條行為，致危害人體健康者，處 3 年以下有期徒刑、拘役或科或併科新台幣 18 萬元以上 90 萬元以下罰金。

法人之代表人、法人或自然人之代理人、受僱人或其他從業人員，因執行業務犯前項之罪者，除處罰其行為人外，對該法人或自然人科以前項之罰金。

因過失犯第一項之罪者，處 6 個月以下有期徒刑、拘役或科新台幣 10 萬元以下罰金。

二、《行政罰法》

第二十六條：

一行為同時觸犯刑事法律及違反行政法上義務規定者，依刑事法律處罰之。但其行為應處以其他種類行政罰或得沒入之物而未經法院宣告沒收者，亦得裁處之。

前項行為如經不起訴處分或為無罪、免訴、不受理、不付審理之裁判確定者，得依違反行政法上義務規定裁處之。

　　衛生署原本傾向依照違反《食品衛生管理法》第十條規定，要求限期改善後再複驗，仍不合格時，將依《食品衛生管理法》第三十三條第一項第一款處以新台幣 3 萬元到 15 萬元以下罰鍰。結果由新北市衛生局認定依較為嚴格的《食品衛生管理法》第十一條第一項第三款規範，食品有毒或含有害人體健康之物質或異物者，根據民國 89 年 2 月 9 日《食品衛生管理法》修正公布，第三十一條至第三十三條行為係經科學性之危害評估認定會危害人體健康者。此次食用油含砷案件已超過法定含量，衛生署即依第三十一條第一項第一款開罰 6 萬元到 30 萬元，沒有限期改善空間。此外，某速食連鎖店若想翻案，須在 7 月 23 日之前決定是否申請複驗，

而某速食連鎖店最後決定不申請複驗。

由於檢方已介入調查業者用油是否涉及《食品衛生管理法》第三十四條「致危害人體健康者」刑責部分，若有成立則另依據《行政罰法》第二十六條，一行為同時觸犯刑事法律及違反行政法上義務規定者，依刑事法律處罰。但因無具體被害人能佐證炸油的含砷量會造成人體的傷害，因此在此刑責不成立。

三、《消費者保護法》

第四條：
企業經營者對於其提供之商品或服務，應重視消費者之健康與安全，並向消費者說明商品或服務之使用方法，維護交易之公平，提供消費者充分與正確之資訊，及實施其他必要之消費者保護措施。

第三十三條：
直轄市或縣（市）政府認為企業經營者提供之商品或服務有損害消費者生命、身體、健康或財產之虞者，應即進行調查。於調查完成後，得公開經過及結果。前項人員為調查時，應出示有關證件，其調查得依下列方式進行：

1. 向企業經營者或關係人查詢。
2. 通知企業經營者或關係人到場陳述意見。
3. 通知企業經營者提出資料證明該商品或服務對於消費者生命、身體、健康或財產無損害之虞。
4. 派員前往企業經營者之事務所、營業所或其他有關場所進行調查。
5. 必要時，得就地抽樣商品，加以檢驗。

第三十六條：
直轄市或縣（市）政府對於企業經營者提供之商品或服務，經第三十三條之調查，認為確有損害消費者生命、身體、健康或財產，或確有損害之虞者，應命其限期改善、回收或銷毀，必要時並得命企業經營者立即停止該商品之設計、生產、製造、加工、輸入、經銷或服務之提供，或採取其他必要措施。

第三十七條：

直轄市或縣（市）政府於企業經營者提供之商品或服務，對消費者已發生重大損害或有發生重大損害之虞，而情況危急時，除為前條之處置外，應即在大眾傳播媒體公告企業經營者之名稱、地址、商品、服務或為其他必要之處置。

　　新北市消保官依照《消費者保護法》第三十三條規定進行食用油調查，另法制局於 7 月 7 日就重金屬檢驗結果，依同法第三十七條對業者說明及陳述意見後，向媒體公布其經過及結果。

　　新北市府法制局依照《消費者保護法》第三十六條規定，命令業者自 7 月 1 日起，換油時機應以試紙檢測結果為依據，而非目測，當油品酸價檢測超過國家標準時就應該換油。同時各速食餐飲業者應依同法第四條規定，每天以試紙測試用油兩次，並將檢測及換油紀錄，於營業場所明顯處做告示。新北市政府將建議行政院，以試紙作為測試油品的唯一標準，廢止以目測等非科學方法測試，且不可將試紙直接放入油鍋檢測，以維持用油安全，而新北市政府也將建議行政院消保會公告廢止使用濾油粉，以避免速食業第一線工作人員誤判換油時機。

參　管理層面

一、危機處理

　　某速食連鎖店受到媒體緊迫盯人的報導，引起軒然大波，為了維持形象及市場，推出以下幾種口號：

(一)「七個清潔衛生區域」、「七個安心滿分的堅持」[3]

1. 烹調區：製作產品時，採用拋棄式生、熟食手套，衛生安全更多一些。
2. 洗手區：每個小時固定洗手一次，讓雙手保持在最佳的乾淨狀態；搓洗雙手 20 秒，手指到手肘，只留下乾淨與衛生。
3. 廚房員工：進入廚房前要先穿戴口罩、網帽與圍裙，徹底隔絕外界污染源。

3　資料來源：台灣麥當勞官方網站，http://www.mcdonalds.com.tw/。

4. 廁所區：定時巡視，即時潔淨，隨時保持乾爽環境。
5. 兒童遊戲區：定時清潔消毒兒童遊戲區，讓孩童玩得開心又安心。
6. 用餐環境區：定時清潔消毒用餐區；備有感應式洗手消毒器，清潔衛生。
7. 安心滿分紀錄區：油品記錄表、洗手紀錄表、SGS 檢驗合格。

(二)油品送給「SGS」檢查[4]

(三)立即播出廣告以穩定顧客群

(四)天天公布油品檢測試紙

(五)專業檢測試紙，不合格就立即換油

二、是否已停用濾油粉？

1. 某速食連鎖店表示於 2009 年 6 月 29 日已停用濾油粉。
2. 某速食連鎖店官方聲明：濾油粉是直接向美國進口的，其他多家速食連鎖店業者濾油粉也是直接向美國採購，使用的濾油粉品牌都是 MAGNESOL XL，是 WHO 核准的食品添加物，在台灣也是經衛生署核准的合法助濾劑。
3. 新北市政府消保官聲明，於砷油檢驗報告出爐時，已經明令速食業者不得再使用濾油粉，新北市政府已建議行政院消保會公告廢止使用濾油粉。衛生署並沒有強制禁用濾油粉，但會全面抽檢各家廠商的濾油粉及炸油是否合格。
4. 衛生署表示濾油粉屬於核准的食品添加物，但用量必須是油的 2% 以下，否則最高可罰新台幣 15 萬元；醫師也認為，過濾後，儘管油的透明度變好，但油品經過高溫產生的酸跟氧化卻無法逆轉，要提升油的品質，還是只有換新油這條路。

三、轉移注意力？還是拋磚引玉？

炸油事件爆發後，消費群眾質疑：「什麼還值得信賴？」某速食連

---

4 SGS（Societe Generale de Surveillance）為一檢驗認證單位。

鎖店為速食業龍頭,卻引發此次不能小覷的風暴。對其企業之醜聞,某速食連鎖店選擇不再同一話題上與媒體跳舞。而是以造福及回饋社會的方式減少社會與群眾的不良感觀。2009年8月8日高雄遭大水淹浸(88水災);高雄縣旗山門市所有器材、裝潢及食材都泡水,經過整修後重新開幕。該門市將8月12日及8月13日收入全部捐贈桃源鄉國中、國小,挹注學校教學設施,告知旗山民眾某速食連鎖店因水災而撤退。由此可知,某速食連鎖店極力想挽回人們信心,也會以賺得之利潤幫助社會大眾。

四、快速挽回消費者信心

某速食連鎖店積極挽回砸事件對全台市場的影響,在事情爆發後,參加公益活動的次數略增。以下是2009年的公益活動:

1. 麥叔叔進校園 一起「手」護健康(《自由時報》,2009年9月19日)
2. 預防腸病毒 麥叔叔教小朋友洗手(NOWNEWS,2009年9月22日)
3. 麥叔叔教洗手 金門學童樂翻天(中央社,2009年9月30日)

這些新聞資料顯示某速食連鎖店自從爆發炸油風波後,仍不斷推出一系列之活動,要將傷害降到最低,快速挽回市場。由上面敘述之新聞可知,業者是關心著人們健康的。

五、五力分析

1. **潛在競爭者**:咖啡連鎖店、黑砂糖冰品等,這些因經濟不景氣而衍生的連鎖店,具進入容易的優勢,但其品牌、人員素質、管理品質、行銷、規模經濟處於劣勢。
2. **同業中替代品威脅**:摩斯漢堡、漢堡王、肯德基等,皆有跟某速食連鎖店相同性質之產品。
3. **同業競爭者**:現有的競爭者有7-Eleven、肯德基、星巴克、小型餐廳等。這些競爭者的品牌、人員素質、管理品質、行銷力都具有一定的程度。

4. **供應商議價能力**：某速食連鎖店的原料是從美國統一大量進口，也使用了很長一段時間，因為和美國廠商合作許久，故成本方面也相對地比其他業者低。
5. **消費者**：某速食連鎖店的優勢為顧客導向的經營方針，得到顧客的認同。相對地，顧客是善變的，要求愈來愈高，推動著某速食連鎖店的成長。

六、砷油事件爆發後之五力分析

1. **潛在競爭者**：由於開一間店所必須投入機器設備的要求並不是很高，以致投業情形隨時可見。目前便利商店也開始賣起漢堡、咖啡等，若拓展所販賣的商品，極有可能會威脅，甚至取代某速食連鎖店。
2. **同業中替代品威脅**：這次風暴中沒有受到調查或檢驗後安全的店家，如：85度C、非連鎖店的速食店。
3. **同業競爭者**：某速食連鎖店受到媒體大幅報導後，消費者轉向尚未受到砷油事件影響的摩斯漢堡、漢堡王等。某速食連鎖店並沒有比較突出的賣點，像有的是以現做漢堡為賣點，如摩斯漢堡；以炸雞為賣點，如：肯德基。相較之下，某速食連鎖店只有店面數較多的優勢。
4. **供應商議價能力**：砷油事件爆發後，某速食連鎖店部分原料需要立即更換，導致需要找新的廠商合作及與舊廠商續約等問題，讓某速食連鎖店並不一定可以在成本方面占較大的優勢。
5. **消費者**：基於顧客對食品的品質及健康的考量等等因素，而媒體又大肆報導砷油事件，而且現在速食店選擇性較多，故顧客可能會暫時流失到其他速食市場。

七、SWOT 分析

(一)優勢（strength）

1. **內部優勢**：某速食連鎖店分店統一用同一家的供應商，批量採購時易分配，食品品質較不會變質。
2. **多重的促銷手法**。例如，以當季熱門話題生產兒童套餐玩具或以暢銷的人物為主，推出公仔吸引收藏家的目光，另外也會推出促銷券吸引

更多元的消費族群。

(二)劣勢（weakness）

1. 因為全台統一供應商，所以發生問題較沒辦法立刻處理。
2. 競爭者業者增加，消費者被分散，造成利潤被分割。
3. 健康、少油等是現代社會盛行的市場趨勢，因此，給人的刻板印象也是高熱量、高油脂的代名詞，很難吸引正在減肥或是怕胖的消費者。

遭到英國綠色和平的圍剿

　　相較於歐美國家反對某速食連鎖店的情況，亞洲市場卻反而擴充某速食連鎖店，美國政府早已在 2000 年由制定食物營養以素食為主。但當先進國家提倡素食作為進步的標幟時，亞洲人卻正以肉食作為模仿西化的飲食行為，由於某速食連鎖店對亞洲及第三世界強大宣傳，造成速食店業者早已占據整個市場。

　　當歐美動保人士在各地向某速食連鎖店抗議時，中國目前所開設的總店數已超過美國本土速食店。美國對日本、韓國、台灣、中國大陸外銷的肉品已供不應求，這是美國環保及動保人士最大的憂慮。

(三)機會（opportunity）

1. 可用這次的問題，提升自我的食品品質及更加注重食品的健康安全。
2. 在同行速食業者中率先增設咖啡吧，提供蛋糕、沙拉等輕食，給予消費者更多元化的選擇，從「速食店」蛻變為精緻與時尚的「舒食店」，希望藉此能擴大顧客群提升整體營業額。
3. 以現有的龐大分店和全球化的策略，推動較健康的食品，如：有機蔬菜、養生漢堡、在地化食材。
4. 維持成功的媒體行銷，將「M」符號滲入兒童的心中，兒童對某速食連鎖店的印象大多從「M」出發。
5. 培養自有的獨賣商品，避免與其他競爭業者相同，如：肯德基的炸雞、漢堡王的漢堡。

(四)威脅（threaten）

1. 速食業開發成本低，吸引不少較小家的競爭者拉攏大市場，造成不小威脅。

2. 每家店風格都統一,卻比不上特殊風格的小店面。
3. 超商介入漢堡市場,以速食店一半的價格,直接挑戰某速食連鎖店,店面數、便利性也比某速食連鎖店便利許多。
4. 網路上不實的消息:像是之前有網路消息說某速食連鎖店之搖搖薯條的搖搖粉含有禁用的「甜菊」[5]。

八、門市作業流程

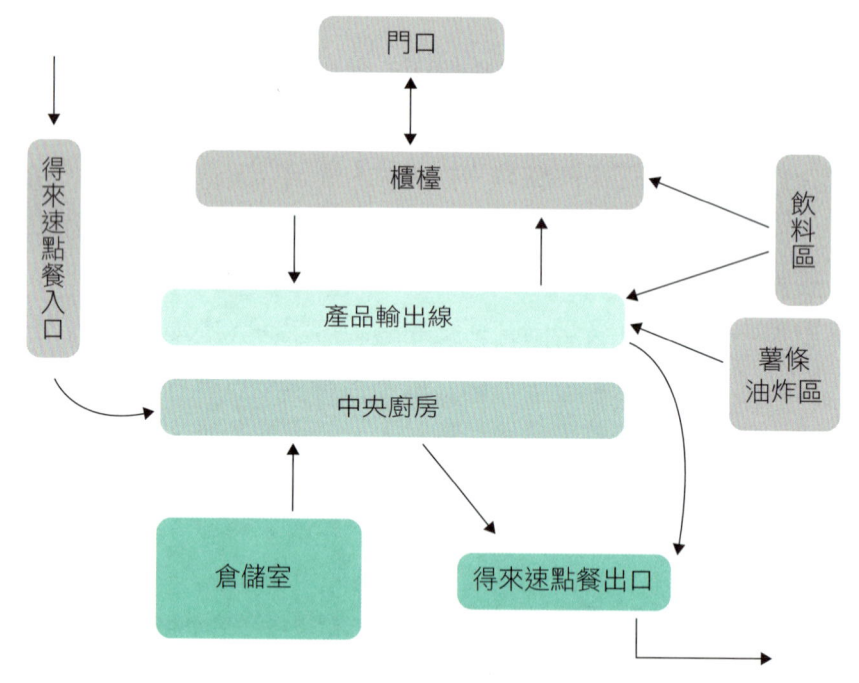

製造流程圖說明:
- ✓ 櫃檯:接受客人的點餐,並將商品包裝好交給客人。
- ✓ 得來速點餐入口:提供客人免下車點餐服務。
- ✓ 得來速點餐出口:客人取得商品。
- ✓ 倉儲室:將冷凍食品放置中央廚房。
- ✓ 產品輸出線:飲料區、薯條油炸、中央廚房(成品製造完成後放置的區域)。

圖 5-1 某速食連鎖店企業流程介紹及作業流程

---

[5] 行政院衛生署表示,甜菊在國內屬於合法添加物,但可添加的食品項目,只限於飲料、瓜子、蜜餞。多項研究表示,甜菊可降血壓、有助控制血糖,僅極少數實現發現它可能導致腎功能惡化,或影響生殖能力。

肆 會計層面

一、商譽

某速食連鎖店成立於 1948 年，至今已過了六十幾個年頭，在全球 119 個國家中有超過 30,000 家分店，而商譽價值也高達 250 億美元，但是砷油事件對某速食連鎖店這個速食業龍頭有極大之打擊。

(一) 商譽的重要性

以台灣的會計體制來說，在會計三十五號公報中有提到：「資產評價上都留有轉圜的空間，只有『商譽』一定跑不掉，每年都要做減損測試的項目。」而且也提到，如果一家公司的資產價值是低落的，在第一季的報表中就會成為這份公報的最大「受害者」。雖然這份公報或許會對台灣許多公司造成衝擊，但是對長期的經濟體制來講是有成長效應的。總而言之，一家公司如果只空有資產，但是不重視企業的形象，及資產價值減損的問題，使其商譽不穩固，就難以繼續於市場上立足。人有信用價值，公司當然也有；一家商譽低落的公司很難再挽留顧客的心，不只台灣如此，整個國際都是這樣。

因此，商譽不能再像過去一樣採固定年限方式逐年攤銷，而是應每年定期依據公平市價進行測試，如有高估，則應立即認列損失，以隨時確保帳上的商譽價值與真實情況一致。公司的報表愈是透明化，會使投資者愈有信心，也能夠及早發現公司是否有財務狀況，及早調整、鞏固其商譽價值，在市場上有可信度，讓社會大眾相信它是值得支持及投資的永續企業。

(二)「M」對某速食連鎖店的重要性（商標）

某速食連鎖店是一家擁有高度商譽的企業，深獲許多消費者的信心。比如說，到一個陌生的環境，不管旁邊的招牌有多麼新潮，第一個一定會想某速食連鎖店在哪裡？原因無他，只是因為消費者相信，某速食連鎖店會提供一定品質、相當符合預期的產品服務，顧客不用擔心被剝削，更

不用害怕會成為商人眼裡的肥羊。某速食連鎖店是個世界性的品牌，花了許多錢做廣告建立品牌，今天如果這家速食連鎖店提供非常令人失望的服務，將會嚴重損及它的商譽。所以，顧客可以很安心地走進任何一家沒去過的速食連鎖店。換句話說，品牌與商譽等於是某速食連鎖店典押給消費者的「人質」。消費者只要相信「某速食連鎖店不會為了坑我一個漢堡，而損失價值上億美元的品牌商譽」的簡單道理。可能有人會說：「道德1斤值多少錢？」某速食連鎖店商標及商譽所代表的「這個企業可以讓消費者信任的商業道德」，恰恰也就是這個品牌（M）最值錢的地方。

(三)什麼問題嚴重打擊了某速食連鎖店上億美元的商譽基礎？

意外的是，某速食連鎖店在台灣各地的門市接連被衛生主管機關查驗用油安全不合格。其中，土城中央路分店檢驗結果更離譜，竟然超過國家用油酸價標準達 12 倍。整起事件已重創某速食連鎖店商譽，而其之所以會陷入這場商譽風暴當中，基本上，可以從兩大層面予以理解：一是內部常態性品質管控；另一則是危機處理能力。

1. **內部常態性品質管控**：這次事件的爆發，雖然某速食連鎖店在第一時間出面道歉並拿出自己的檢查報告，但以一家全球標準化作業的速食連鎖店，卻對外聲稱是「門市執行的落差」，如果真的是因為執行上的落差，那會不會只是表面上「聽命」，私底下每一家都自有一套模式，但這種敷衍的作法又怎能讓消費者放心？因此，餐飲業必須對各項銷售商品及服務內容設立起品質標準，並透過完整的教育訓練及嚴格的監管機制，確保商品及服務均能維繫在一定標準之上。某速食連鎖店在這次的檢測中居冠，空有一致性的表象商標外觀，缺乏足以令消費者信賴的一致性品質保證，教育訓練及內部監督查核不落實，正是某速食連鎖店引發這次風波的主因。
2. **危機處理能力**：某速食連鎖店這次的事件可以看出其危機意識不足及危機處理能力拙劣，導致商譽受損程度擴大加劇。反觀一樣是被驗出有問題的頂呱呱，於事發後馬上將有問題的店家暫停營業，做起自我檢討，向外界強調一定要等到驗出沒有問題後才會再度營業，也把每

2 天換一次油的頻率改成每天換油，雖然會提高成本，但是積極處理及勇於面對問題的態度，不僅保住了商譽，也得到民眾正面的回應。而某速食連鎖店為了拉抬買氣所做出的挽回商譽政策，則是推出了 Hello Kitty 限量蘋果。重拾某速食連鎖店歡樂形象，以及推出晚餐第二套半價的優待、超值午餐與超值早餐的長期供應等政策，喚回民眾對他們的信心，以穩固速食業龍頭的寶座。不過，消基會秘書長吳家誠批評：「促銷只是一時，商譽才是永遠。」某速食連鎖店該做的是說明重金屬砷到底從何而來，並將結果公布在網站上，宣示未來不再犯，否則無法挽回消費者信心。

二、相關成本分析

炸油風波，影響所及造成某速食連鎖店全台業績平均每天下滑一成，某速食連鎖店為了挽救消費者的信心，展開一連串的措施：將持續嚴格把關食用油品質，公布每日油品檢測紀錄，包括：餐廳的試紙檢測及換油時間。由於國內生產食用油的工廠管理較易掌控，某速食連鎖店才能全面恢復對台採購，以確保用油安全，讓消費者恢復信心。

以下將以三種較為重大之成本（試紙、濾油粉、使用油）分析，比較炸油風波前後所將耗損之成本。

(一)試紙 1 年的成本

假設：一張試紙約 12 元，12 × 2（1 天檢驗 2 次 14 點到 16 點與 22 點到 24 點）× 365 天（1 年）× 6 個油槽 = 52,560 元（約 1 年要多花 5 萬元左右的成本來購買試紙檢驗油品質）

(二)濾油粉節省成本

一包 20 元的濾油粉，可以過濾 27 公升的油，用一次大約節省上千元成本。

假設：一個槽約 9 公升，一家店約 6 槽，即共有 54 公升（油），需要兩包濾油粉。20 元 × 2 包 × 2 次 × 365 天 = 29,200 元／年（1 年可以節省 29,200 元）

(三)換油造成最大的成本影響

（正常換油下）假設：

一塊油大約需耗費 800 元，1 天估計會換 6 塊油（一個槽用一塊油）＝ 800 元 × 6 ＝ 4,800 元（1 天六槽之用油量），4,800 元 × 365 天 ＝ 1,752,000 元

（未正常換油下）假設：

一塊油大約需耗費 800 元，3 天換一次 800 元 × 365/3 × 6 槽 ＝ 584,000 元，相差 ＝ 1,168,000 元（換油事件可能造成多花費約 116 萬元之成本）

以上三種成本總結：

試紙（估計）成本	52,560 元
炸油（估計）成本	1,168,000 元
減：濾油粉	(29,200) 元
炸油風波後必須多花（1 年一家店）	1,191,360 元

（另外，可能或有負債：罰鍰、訴訟費用、敗訴賠償等。）

伍 社會責任

一、何謂社會責任

企業運用資源，滿足社會道德標準，即為所謂的社會責任，而社會責任就像企業的利潤一樣，是企業生存的重要條件之一。企業是一個開放系統，所以不能只顧及股東的權益爭取利益最大化，還要和這個社會大環境互動，追求永續經營的目標，以達到互利雙贏的效果。在傳統的思維下，供應商及企業個體追求本身利益的最大化，忽略了合作的重要性及整體利益，因而造成各自為政的局面，往往無法達成利益最大化的理念。因此，企業想要獲得最大利潤不僅要考慮股東的權益，更要注意與各利害關係人之間互動與影響，進而產生的社會責任問題。

二、古典學派 vs. 社會經濟學派

社會責任是一個古老的課題，也有許多學派對其下過註解；其中最具代表性的可分為古典學派及社會經濟學派。

(一)古典學派

社會上的每一個組織都有其存在的意義，而古典學派的學者認為企業存在意義在於追求利潤最大化；因為利潤愈大，對社會的貢獻也愈大，所以企業只須對股東負責，其餘的責任則由相關組織負責。

企業不能以資金從事不能創造利潤的活動，如：慈善活動等，因為會減少股東的權益。此主張衍生自亞當‧史密斯（Adam Smith）《國富論》中的看法；亦即，個人與企業追求的私利行為，透過市場機制，使社會整體利益最大化，此觀點稱之為古典學派。但這個學派現在已漸漸不被社會所使用，大部分的企業目前都主張「社會經濟學派」的理念。

(二)社會經濟學派

一個安定富裕的社會，會使所有的成員都受益，企業自當負擔創造安定富裕社會的成本，因此，社會責任不再侷限於股東權益本身而應擴展至整個社會，即須關心其他利害關係人的利益問題。

而企業的利害關係人如圖 5-2 所示[6]：

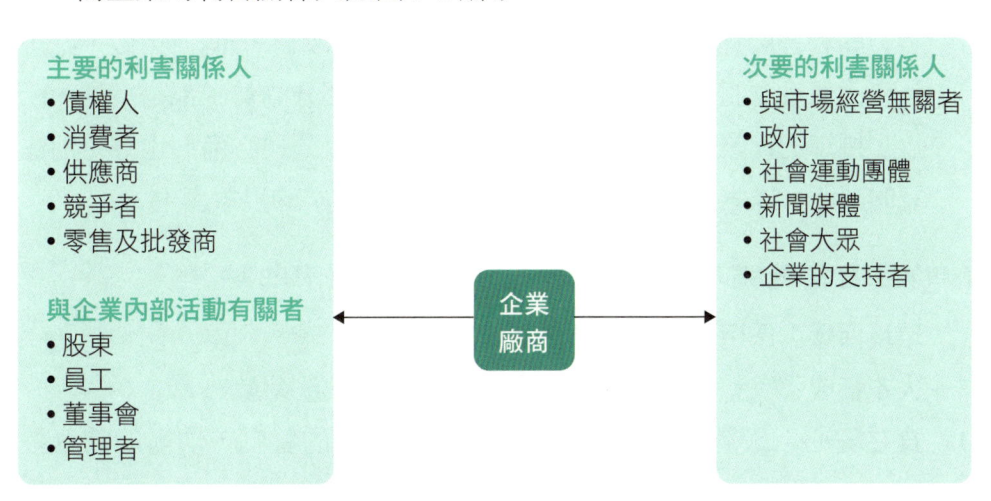

主要的利害關係人
- 債權人
- 消費者
- 供應商
- 競爭者
- 零售及批發商

與企業內部活動有關者
- 股東
- 員工
- 董事會
- 管理者

次要的利害關係人
- 與市場經營無關者
- 政府
- 社會運動團體
- 新聞媒體
- 社會大眾
- 企業的支持者

企業廠商

圖 5-2　企業的利害關係人

6　資料來源：修改自 Frederick、Post 與 Davis（1922）。

(三)某速食連鎖店於這次事件中的利害關係人

利害關係人分為四個等級：a. 高利益、高影響力；b. 高利益、低影響力；c. 低利益、高影響力；d. 低利益、低影響力。

1. **供應商 (b)**：這次事件中，供應商受傷最大的應該就屬占台灣某速食連鎖店兩成油品供應量的「南僑」，但某速食連鎖店給予對方正面的支持，不僅相信「南僑」的油品品質，也將增加和南僑訂購的數量，不僅給供應商一劑強心針，也保障了雙方的利益。
2. **顧客 (c)**：顧客是某速食連鎖店這次事件的最大支柱，砷油事件讓許多民眾懷疑某速食連鎖店的品質控管，也因此業績有些許的下滑，但還是有許多人相信，經過這次事件，某速食連鎖店會在食品安全管理上更加嚴格把關，也因此符合顧客和企業沒有完全的利益關係；但顧客的信任卻能對企業的永續經營有高度的影響力存在。
3. **競爭廠商 (a)**：這次事件不只某速食連鎖店受害，相關企業的頂呱呱、肯德基、摩斯漢堡也深受其害，但是每家業者對事情的反應能力各有不同，處理的好就能贏得社會大眾的信賴及保住商譽價值；反之，處理不好就必須付出龐大的社會成本，以修復受損的形象。
4. **員工 (d)**：員工的教育訓練是否完全、作業流程是否符合公司的標準，都會對公司帶來很大的影響。雖然員工對企業來說，是低利益、低影響力的利害關係人，但其算是公司的活廣告，如果一個員工做不好，社會大眾就會打上一個問號，懷疑是不是大部分的員工都是這樣。所以，標準的作業流程及完整的職前訓練是每家公司必備、也應特別注意的課題，以避免「一顆老鼠屎，壞了一鍋粥」的現象產生。

(四)某速食連鎖店的社會責任，可分為以下四點

1. **環境保護**：採用環保性的材質製作餐具。
2. **人才養成**：完整的職前及在職訓練、透明的升遷管道。
3. **食在安心**：嚴選優質食材，強調新鮮、現做的餐點，均衡的飲食控制。
4. **在地關懷**：成立兒童慈善基金會，關懷偏遠地區的孩童，讓他們有完

整的醫療設備及幫助弱勢族群就業，給予他們回歸正常生活軌道的力量。

對於這次事件，某速食連鎖店必須負起龐大的社會責任，不僅需加強人才養成的培育，更應注意食品安全；所以他們推出了「安心滿分」的口號，要讓社會大眾相信某速食連鎖店有誠意在改變，並不會漠視問題的嚴重性。

陸、結論

消費者在購買時，須注意業者之油品記錄表、檢驗合格表單及洗手記錄表，或者處理油炸的員工的衛生習慣（如：是否依規定配戴網帽、口罩、圍裙），以及用餐環境是否乾淨清潔。若有不妥之處理，應向業者反映。若業者不願意改善，可尋求消費者保護專線管道加以強制改善。積極的消費者將會使業者上緊發條，如此一來，不僅會有健康的食品，更有優良的業者。

政府所規定的條款中表示，如果在食物或添加物中驗出有害人體的物質即是違法；雖然某速食連鎖店在這次的事件中被點名，但經過媒體多次的討論和某速食連鎖店自行拿出的檢驗報告，事件也就漸漸被淡忘。而某速食連鎖店是世界上有目共睹的經濟奇蹟，也的確對台灣的經濟有所貢獻，雖然社會大眾看到了政府做出的裁決，但是這樣的處罰並不能表示事件就此落幕；制定明確的法律規範及定期的抽驗，才是政府應該做也必須做的。

經過本次事件後，某速食連鎖店不只是被有關單位處罰，還喪失許多客源，可以說是損失相當慘重。以後，某速食連鎖店應以 SGS 及政府規定為標準而不是以其中一個為準。在喪失人心後應更積極的內部反省及改進，如：做好換油工作，並以試紙檢驗為依據使人信服，而非以媒體傳播方式告知大眾。

柒 附錄

一、砷之簡介

　　砷可分為有機砷與無機砷兩大類，有機砷的毒性很低，如：砷酸鹽（arsenate），很快就能經由人體自行排出體外；無機砷則有劇毒，如俗稱砒霜的三氧化二砷（arsenic trioxide 或 arsenite），即是一種無機砷，亦是此次某速食連鎖店與其他速食業者遭檢驗的炸油中所含之物。當人體大量攝取無機砷時，會出現噁心、嘔吐、腹部絞痛、腹瀉或血便等急性症狀，甚至會導致慢性病的發生，如：皮膚癌、肺癌及肝癌等癌症。台灣西南沿海與蘭陽地區曾經發生過的烏腳病事件，即是砷中毒所導致的慢性疾病案例。

　　聯合國糧農組織／世界衛生組織聯合食品添加物專家委員會（FAO/WHO JECFA）評估砷的毒性後，暫定人體對於無機砷的每週可容許攝取量為 15 微克／公斤體重。成人體內大約含有 20 毫克（mg）左右的砷，一般人從日常飲食獲取的砷元素大約為 140 微克（mcg），麵包、穀類、海鮮、肉類及含有澱粉的蔬菜都含有砷。砷的每日攝取量如超過 250 微克則會對人體產生毒性。以一位 70 公斤的成人為例，每週可攝取 1,050 微克的砷，平均每天可攝取 150 微克。

　　我國訂定食用油脂類的衛生標準中，重金屬砷的最大容許量為 0.1 ppm，此次新北市府消保官利用星期假日稽查速食店業者食用油安全，檢驗結果兩家速食連鎖店分店炸油，砷不僅含有無機砷 0.923 ppm 與 1.038 ppm，更檢驗出酸價值超標問題，參見表 5-1。

二、酸價簡介

　　以消耗 1 克油中所含的酸，所需的氫氧化鉀之量來計量。油中酸價增加表示遭氧化程度愈高。我國訂定酸價標準以 2.0 ppm 為換油標準。

　　長庚醫院臨床毒物科主任林杰樑表示，酸價是檢視油質好壞的指標，油炸油加熱溫度愈高、使用時間愈久，愈易致癌及肝病變。

表 5-1　新北市政府法制局油品送驗結果一覽表

檢驗項目　　　　　店名	酸價（mgKOH/g）	重金屬（ppm）	丙烯醯胺（ppb）	PAH（多環芳香烴16項）	可遷移性螢光物質	麵包防腐劑（ppm）
麥當勞（土城／金城）	2.934	砷 0.923（逾國家標準9倍）	13.2	未檢出	陰性	丙酸 501.89（符合標準）
肯德基（土城／金城）	3.668	未檢出	12.4	未檢出	陰性	未採樣
麥當勞（土城／中央）	23.88	砷 1.038（逾國家標準10倍）	14.8	未檢出	陰性	丙酸 480.09（符合標準）
拿坡里（土城／中央）	1.155	未檢出	16.5	未檢出	陰性	未採樣
麥當勞（永和／中正）	0.869	未檢出	22.4	未檢出	陰性	未採樣
肯德基（永和／中正）	0.081	未檢出	15.2	未檢出	陰性	未採樣
達美樂（永和／中正）	9.174	砷 1.105（逾國家標準11倍）	16.4	未檢出	陰性	未採樣
國家標準	2	0.1 ppm 以下	無	無	陰性	2,500 ppm 以下
備註		ppm：百萬分之一	ppb：10億分之一			

資料來源：新北市政府法制局。

衛生署食品衛生處表示：

1. 發煙點（smoke point，介於熔點與沸點之間，如：水與水蒸氣）溫度低於 170℃（炸油低溫時已冒煙）。
2. 油色深且黏漬泡沫多，有顯著異味，泡沫面積超過油鍋二分之一以上。

3. 酸價超過 2.0 時。
4. 油炸油內極性物質含量高達 25%。

　　四項狀況中，只要出現有任何一項狀態，就代表這鍋油炸油已經劣化，不可再使用，應該全部更新。

三、企業整合

(一)行銷傳播（廣告、企業形象）

　　推出「I'm loving it.」新核心主題，在台灣除了推出一系列「I'm loving it.」麥當勞形象廣告與活動外，其店內門窗設計、員工徽章、制服等，均以此一主題相符。不僅如此，之後麥當勞的快樂兒童餐、搖搖薯條、美式咖啡，及至引起話題的布穀堡廣告，或者與兒童相關的活動，都扣緊了麥當勞企業「I'm loving it.」的核心主題。如此各品牌與企業核心主題相互輝映之下，使得麥當勞「I'm loving it.」的新年輕形象更加清晰與具說服力。

(二)管理教育（提升效能）

　　台大商研所與台灣麥當勞合作，推動遠距視訊的電子化同步學習，透過視訊會議的設備，台大商研所與麥當勞共同規劃的「企業管理實務」課

圖 5-3　台灣麥當勞

程，將台大的上課即時傳播給台灣麥當勞北區、中區、南區的夥伴們，做同步的互動學習。同學們對於企業經營管理的問題除了課堂上老師、麥當勞主管的回應之外，各地參與研習企業夥伴的回應也可以提供同學直接的企業員工心聲，這有助於課堂的研習互動。而麥當勞夥伴在期末也和修課的同學一樣，必須提出專題報告，亦即讓企業員工與學校同學能夠共同學習，由麥當勞員工的期末專題報告，我們發現企業員工透過這種電子化的學習也能夠有相似的學習效果。為了獎勵企業員工的學習，我們也頒發麥當勞員工學習結業證明作為鼓勵。

問 題

1. 企業社會責任擴及至產業上下游供應鏈中，以食品業為例，應如何進行該步驟？
2. 在濾油粉事件中可能違反哪些相關法律？
3. 試說明文中某速食連鎖店五力分析。
4. 試說明文中某速食連鎖店炸油事件後之五力分析。
5. 試說明文中某速食連鎖店 SWOT 分析。
6. 文中某速食連鎖店的社會責任為何？

企業倫理

Chapter 6
企業社會責任與公平貿易

　　當你身在隨處可見的下午茶店裡享受閒適的時光時，你可想過手中的咖啡或可可，每一杯背後所代表的意義是什麼？或是你從商店買的即溶咖啡包，它又隱藏著怎樣的故事？每年有幾千萬人口在喝咖啡，但是卻很少人知道是誰從中獲取咖啡所賺的利益，而農民又從中賺了多少？為什麼在烏干達的山區，Bruno 種的咖啡每公斤只能賣到 5 元，消費者手中用 8 克豆子泡出來的這杯咖啡卻要價 100 元？這樣的交易模式一直存在著，一件商品經過重重關卡來到消費者的手上，我們會看製造日期和有效期限，還有生產地區，但這都是商品的表面，我們應該深入探討原料購入問題跟中間人問題。

　　提倡「公平貿易」原是為支持社會公義和援助發展中國家的極度貧窮情況，其中尤以工會組織和環保分子較熱中提倡，用以批評資本家和勞工與自然環境的對立情況。「公平貿易」的倡議者認為，現代的社會不穩定、社會公義的失落、恐怖主義的擴張都是由一個失衡的全球經濟體系所致。而全球化所標榜的自由貿易並不一定會為所有人類帶來財富，因為自由貿易並不保證貿易會公平，相對地，自由貿易只會帶來對自然環境的破壞、社會不穩定，以及弱勢民族的衰亡。所以，一邊積極教育消費者，一邊運用消費者的集體力量向企業施壓，而支撐這一連串消費者抵制行動、改變消費者意識。

最廣為接受之公平貿易定義，由 FINE 所創。FINE 是指一個由國際公平貿易標籤組織（Fairtrade Labelling Organizations International）、國際公平貿易協會（International Fair Trade Association）、歐洲世界商店連線（Network of European Worldshops），以及歐洲公平貿易協會（European Fair Trade Association）四個公平貿易的主要組織所組成的非正式連線：

公平貿易是一個基於對話、透明及互相尊重的貿易活動夥伴關係，志在追求國際交易的更大公平性，以提供更公平的貿易條件及確保那些被邊緣化的勞工及生產者的權益（特別是南半球）為基礎，致力於永續發展，公平貿易組織則積極的參與支持生產者、認知提升及志在改變傳統國際貿易習慣的專案等活動。

現在的公平貿易運動是在世界貿易組織的框架之下提倡改革現行的國際貿易行為，例如：要求已發展國家廢除其對國內農業的補貼，以減少將農產品傾銷到發展中國家，從而打擊當地農業的情況。另外，還包括鼓勵消費者不要參與涉及不公平貿易的消費，從而向有關生產商施壓。在歐美等國，市面上比較流行印有公平貿易標籤的產品，以供消費者一個另類選擇，以較高的價錢購買合乎道德公義的商品，當中以公平咖啡和巧克力最為著名。然而，公平貿易的確有助改善那些被邊緣化的勞工及生產者的權益，但不能完全根治貧窮問題，而其所涉及的生產者很多，公平貿易不能一一保障。公平交易以一種致力於發展的努力，極具爭議性，同時引發了政治光譜左右兩極的批評。有些經濟學家及保守智庫，認為公平交易只是另一種形式的補貼，妨礙經濟成長，某些左派則批判公平交易不夠激進。

現在，也許我們已不懂什麼是等待，什麼季節出產什麼蔬菜瓜果，我們可以從世界各地進口食物；農民為滿足市場需要，也用盡各種方法來增加產量，如：用大量的化學品（農藥、化肥等）來種植、使用基因改造的品種、用溫室種植等方法，好讓我們一年四季都能吃到青綠的蔬果。已距離土地很遠的我們，可想過食物的來源？因此，透過**產品背後的生產世界**（world behind the product），讓消費者了解自己每天消費商品的**生態足跡**（environmental footprint），覺醒到每個日常生物用品，可能背負著一連串的生態與社會衝擊。

一、公平貿易的理由

在公平貿易裡，一項很容易被發現的事實，就是它認為現在的全球貿易組織是「不公平的」，當人們在為公平貿易宣傳的時候，通常是以個體經濟的市場失靈、現有的商品危機，以及它對發展中國家生產者的衝擊作為理由，以說明為何需要公平貿易。

二、自由貿易與市場失靈

所有 FINE 的成員及公平貿易會員，在理論上，都支持自由貿易無障礙的原則。然而，牛津大學的社會企業教授 Alex Nicholls 卻指出：「那些古典自由主義及新自由主義經濟理論的基礎條件，在許多發展中國家的農業社會裡，都極度缺乏。」如：完全市場資訊、完整接觸商機及信貸的機會、因應市場資訊而變更生產技巧及產品的能力，這些基本假設都是「發展中國家農民及勞工的謬論」。由於缺乏這些個體經濟的條件，那些應由貿易而來的利益可能全然消失。雖然 Nicholls 大致上同意，在某些市場，雙贏的情況可能發生。然而，「在發展中國家的市場條件不是如此，生產者不能由貿易變得更好」，現存的市場失靈使得發展中國家很難脫離貧窮。公平貿易以提供生產者穩定的產品價格、企業支持、接觸優質市場及更好的貿易條件等，可以被視為一種嘗試要解決市場失靈的努力。

三、商品危機

那些公平貿易的宣傳中，同時也指出，自 1970 年代及 1980 年代，全球貨物市場中所開始的失序競爭，導致一種價格上的「底限競賽」；自 1970 年到 2000 年，許多發展中國家主要農產品的價格，如：糖、棉花、可可及咖啡，已跌落 30% 到 60%，歐盟執委會指出：「在發展中國家，由於缺乏 1980 年代末的國際干預政策及 1990 年代的貨物市場改革，使得貨物部門，特別是小型生產者，在市場的需求中苟延殘喘。」今日「由於大部分的商品價格變動很大，同時也有長期跌價的趨勢，這些生產者都生活在一個無法預測的環境當中」，根據**聯合國農糧組織**（Food and

Agricultural Organisation, FAO）估計，由於商品價格的下滑，在 1980 年到 2002 年之間，發展中國家共損失約 2,500 億美元。

數百萬的貧農依賴著那些由收成得來的產品收入，約 50 個發展中國家，其外銷營收的大部分，仰賴著三種或是更少的主要產品。許多農民多半缺乏其他謀生技藝，無論價格如何低落，只能更加的依賴農作物。研究顯示，因商品價格下滑而損失最嚴重的是那些貧農，就如發展中國家的大多數人口，基礎農業的勞動者約占發展中國家人口的 50%，其產值約占 GDP 的三分之一。公平貿易的支持者相信，現行的市場價格不能適當地反映生產的真實成本；他們相信，唯有管理良好且穩定的基本價格系統，才能包含環境及社會的生產成本。以非牟利形式推動企業和民間團體，共同探尋更合乎公平貿易和消費者責任的經營方式。優點是讓大小企業和團體、不論規模和背景，均有參與和對話的機會；同時亦避免合格／不合格的淘汰式二分法，而是透過磋商和協作態度，鼓勵成員機構申報利潤及公開報生產資料，不斷改進負責任的經營方式。

然而，在台灣，公平貿易並不熱絡，甚至可以說很多人根本沒聽過什麼是公平貿易，或是把其誤認為公平交易。研究公平貿易的主要目的是，希望可以推廣這個理念，我們都身在地球村，基於人道關懷，我們都應該幫助生產者不受中間商的剝削，讓公平貿易下所生產的商品得以順利賣出，才能對生產者有實質的幫助，而不是光呼口號。透過公平貿易運動，生產者及勞工緊密地合作，將他們從易受傷的角色，轉化成為經濟上的自給自足與安全，它也試圖賦權給他們，使他們成為自己組織的利害關係人，同時在全球市場中扮演更積極的角色，以促進國際貿易的公平性。對於公平貿易這個議題，雖在國外已推廣多年，但在台灣則是近年來才進行推廣，所以相關法律的層面在國內並未開始制定。

壹 文獻探討

根據《中國時報》民國 96 年 1 月 23 日的報導，當你在星巴克咖啡店享受中產階級的閒適時，你知道非洲或南美的咖啡種植農民不但喝不起星巴克咖啡，甚至連基本生活都有困難嗎？

企業社會責任與公平貿易

雖然卡布其諾的價格不斷上漲，但是咖啡原豆價格在過去 10 年幾乎滑落了 70%。貧窮國家的人民大多依賴種植和出口農產品（包括咖啡豆）維生。在所謂全球化的過去 20 年，農產品的價格卻不斷下滑，且波動頗大。尤其當西方國家不斷鼓吹自由貿易時，一方面鉅額補貼國內農業出口，使能以低價大量傾銷到第三世界；另一方面，卻透過雙邊談判或國際經濟組織要求第三世界國家取消關稅、減低對其他產業的政策補貼，以及開放市場。這是不公平的貿易：從非洲的咖啡和棉花農民到墨西哥的玉米農民，數以百萬發展中國家的小農民因為西方的農業傾銷而被迫賤賣農產品，甚至被推離市場。

所以，要幫助第三世界國家發展，必須改變全球貿易體系的不公平規則。2001 年，世貿組織的杜哈會議承諾建立一個讓貿易和貧窮國發展結合的架構，但是美國和歐盟卻持續對它們的農業生產商增加補貼，造成發展中國家嚴重不滿，導致 2003 年世貿組織的坎昆會議破裂。

這股試圖以推動「公平貿易」來取代「自由貿易」的新力量，除了改變世界貿易規則外，也針對西方企業和消費者，鼓吹他們選擇公平貿易產品。這個運動的基本目標是希望讓第三世界的弱勢生產者獲得基本而穩定的收入，建立讓永續發展成為未來的貿易夥伴關係。因此，他們建立公平貿易標籤制度，只要從第三世界國家進口之商品（咖啡豆、可可豆、糖、米等）符合標準，就發給公平貿易標籤。要符合公平貿易標準，收購商必須以保證價格、長期契約關係向第三世界國家的農民購買，以確保他們的基本收入。收購商要提供一筆保障基金協助當地社區發展，當地的生產組織則是實施民主參與的小型農民合作社。例如：咖啡原豆的市場價格是 1 磅 0.3 美元，但透過公平貿易系統，則可以 1.2 美元或更高賣出。

在美國，公平貿易的市場日漸成長，光是 2004 年就成長了 90%。在 NGO 團體和校園學生的推動下，美國已有 100 多所大學的咖啡店都採用公平貿易咖啡。世界最大連鎖咖啡店，也是全球化的象徵之一的星巴克，2000 年起在龐大壓力下，開始在美國門市販賣公平貿易咖啡豆。不過，一來星巴克現場煮的咖啡仍然不是公平貿易咖啡，二來並不是所有星巴克門市都有賣公平貿易咖啡；再者，雖然星巴克是向美國公平貿易組織購買咖啡的最大客戶，但在自己的咖啡採購中卻占不到 2%。

企業倫理

圖 6-1　星巴克咖啡門市

一、公平貿易發展

　　公平貿易是一種基於對話、具透明度和互相尊重的貿易關係，其目的是令國際貿易變得更公平。透過給予被邊緣化的生產者及勞工更好的貿易條件，以及更加保障他們的權利，從而讓他們有足夠的力量發展自己的經濟，進一步達到對生態保護才可永續發展的認知。雖然市場上最早出現公平貿易的產品可追溯到 1960 年代及 1970 年代，但是真正讓「公平貿易」變成普及，且此種商品大幅成長的主要原因是在 1980 年代晚期誕生的公平貿易商標。

　　在公平貿易標籤興起之前，公平貿易商品主要是在世界商店（Worldshop）販售，由一些另類貿易組織（ATO）負責運作，例如：樂施會（Oxfam）、Traidcraft 等。某些人覺得這些世界商店離現代的生活模式與步調太遠，即便是最熱心的顧客，都覺得特地去這些商店買東西很不方便。但有個方法能增加銷售機會，就是在顧客常去的商店，以一般的物流管道來販售公平貿易商品。唯一的問題便是，如何能增加銷售管道，但卻不會減少消費者對公平貿易商品與其來源的信心。

第一個公平貿易標籤倡議於 1988 年 11 月 15 日的荷蘭,由荷蘭人 Nico Roozen、傳教士 Frans van der Hoff,以及慈善團體 Dutch Ecumenical Development Agency Solidaridad 共同呼籲支援墨西哥的咖啡農,標籤名稱訂為 Stichting Max Havelaar。這項運動是以弱勢咖啡農須符合共同約定的社會與環保的標準為前提,用高於一般市場的價格向咖啡農收購咖啡。初期係墨西哥 UCIRI 首開先例,發展出以合作社的模式將產出的咖啡豆,由荷蘭的 Van Weely 公司進口,Neuteboom 公司烘焙,然後銷售到世界商店,以及首次流入一般的主流零售通路,此項創舉終於使公平貿易咖啡擴展到較大的消費通路。公平貿易標籤讓供應鏈末端的消費者與配銷商能夠追蹤產品的來源,同時也讓農民得到實際的利益。

這項倡議的成果顯著而且推廣到其他的市場,在之後的幾年中,類似的非營利性公平貿易標籤組織在歐洲其他國家與北美地區成立,如:Max Havelaar(比利時、瑞士、丹麥、挪威、法國)、Transfair(德國、奧地利、盧森堡、義大利、美國、加拿大、日本)、FAIRTRADE Mark(英國、愛爾蘭)、Rättvisemärkt(瑞典)、Reilu Kauppa(芬蘭)。

二、公平貿易原則

公平貿易強調以人為本、關心環境生態、並尊重當地文化,稟承公平、自立自主、多元化為原則。以下為公平貿易的七大原則:

(一)透明度及可責性

公平貿易為透明的管理模式和商業關係,以平等和相互尊重與交易夥伴相處。

(二)能力建構

公平貿易是一種發展生產者獨立性的手段。公平貿易的關係提供一種持續性,生產者及其市場組織能改善其管理技巧及發掘市場的能力。

(三)公平價格的付款

公平價格(fair price)是透過對話及參與所形成的一種相互同意的價

格。其包含：生產成本、符合社會正義與環保，提供生產者公平的報酬，考量男女平等同酬、保證公平貿易商儘快付款給其夥伴等原則，以幫助生產者能度過收穫前期或生產前期的財務緊縮。

(四)性別平等

公平貿易能適當地評價及給付婦女的勞動。婦女的報酬是以對於生產過程的貢獻而定，同時在組織中賦權給婦女。

(五)為經濟弱勢的生產者創造機會

公平貿易為一種永續發展及減輕貧窮的策略。其目標是為那些在經濟上弱勢或在傳統貿易系統中被邊緣化的生產者創造機會。

(六)勞動條件

公平貿易係提供生產者一個健康及安全的工作環境。如有兒童的參與，則不能影響兒童的完整成長、安全及教育的要求，同時也必須符合聯合國兒童權利的慣例及當地的法規。

(七)環境保護

公平貿易係積極鼓勵更好的環保實踐及負責任的生產手法。全世界有 80% 的有機咖啡（不添加任何化學品）皆來自於公平貿易體系，即使咖啡及產品是非有機的，其化學品的使用也是不濫用，均須嚴格遵守國際公平貿易標準使用。輔導農民活化傳統技術，以對環境最低耗損的方式生產。

三、提倡組織及認證標準

下列為主要提倡公平貿易的五個組織：

(一)國際公平貿易標籤組織（簡稱 FLO）

國際公平貿易標籤組織（Fairtrade Labeling Organizations International, FLO）創立於 1997 年，是最受公認的標準訂立及認證的公平貿易標籤發行團體，其在非洲、亞洲及拉丁美洲超過 50 個國家定期的檢驗與認證生

產組織,包含大約 100 萬戶農業和勞動家庭。

(二)國際公平貿易協會(簡稱 IFAT)

國際公平貿易協會(International Fair Trade Association, IFAT)創立於 1989 年,是由公平貿易生產公司及協會、外銷公司、進口者、零售商、國家及地區性公平貿易陣線和支持公平貿易團體所組成的全球協會。在 2004 年,IFAT 創設公平貿易組織標籤(FTO Mark)以識別公平貿易組織(與 FLO 系統相反,FLO 是認證產品),IFAT 在超過 60 個國家有將近 300 個組織成員。

(三)歐洲世界商店連線(簡稱 NEWS)

歐洲世界商店連線(Network of European Worldshops, NEWS)創立於 1994 年,是由 15 個世界商店協會所組成的傘形連線,遍布全歐洲 13 個不同的國家。

(四)歐洲公平貿易協會(簡稱 EFTA)

歐洲公平貿易協會(European Fair Trade Association, EFTA)創立於 1990 年,是一個歐洲地區公平貿易組織的連線,於 9 個不同的國家有 11 個成員,其從非洲、亞洲及拉丁美洲近 400 個經濟上弱勢生產團體進口貨品。EFTA 的目的在於推廣公平貿易,以及使公平貿易的進口更具效率與成效,同時每年會發行關於公平貿易市場的出版品。

(五)公平貿易聯盟(簡稱 FTF)

公平貿易聯盟(Fair Trade Federation, FTF)是一個美國及加拿大公平貿易批發商、進口商及零售商所成立的組織,連結其成員與公平貿易生產團體作為公平貿易資訊交換的中心,也對其成員提供資源及連結的機會。

公平貿易聯盟的產品認證體系(通常簡稱 Fairtrade,或在美國稱作 Fair Trade Certified™),其目的是為了讓人們辨別該產品符合下列標準:環保、勞動人權,以及第三世界的發展利益。這個體系由兩個單位負責執行:FLO International 是標準訂定的單位、FLO-CERT 是認證授權的單位。這個認證體系對生產者進行獨立的審查,以確保達成商定的標準。

企業倫理

販售公平貿易商品的公司，必須符合公平貿易認證的標準，並且申請成為**特許**[1]（license）銷售商，才可以使用公平貿易的商標在自己的商品上。

認證體系涵蓋日益廣泛，產品包括：香蕉、蜂蜜、橘子、可可、棉花、乾果、新鮮水果、蔬菜、果汁、堅果、油籽、藜麥、稻米、香料、糖、茶葉和葡萄酒等農作物。認證的標準包含生產組織必須符合最低門檻才得以授予認證，同時認證程序也會要求生產者必須不斷地進步。對於弱勢的生產者，則發展出分別針對屬於「自耕農的小農組織」和「擁有受僱者的農場」兩種公平貿易認證的標準。

1. **屬於自耕農的小農組織**：「自耕農的小農組織」之公平貿易標準的要求包括民主決策，以確保生產者對於公平貿易組織所投入的輔導金之運用，使小農也有對交易發言的權利。

2. **擁有受僱者的農場**：「擁有受僱者的農場」之公平貿易標準須確保勞動者擁有適當的工資及加入工會和團體協商的權利；而公平貿易認證的農場必須確保沒有強迫勞動、僱用童工、危害健康與安全的情況。根據公平貿易認證的標準，「擁有受僱者的農場」必須設置一位**中間人**（joint body）代表勞資雙方，予以決定如何將公平貿易組織所投入的輔導金分配予農場的工人。某些產品只有「自耕農的小農組織」可以申請公平貿易認證，例如，咖啡。其他類似茶葉，則兩種組織形式皆可以申請認證。

制定與授權程序均由 FLO 的標準委員會（係由所有標籤倡議者、生產者和貿易商等 FLO 的關係人，以及外聘的專家學者所組成的外部委員會）所執行，而所訂定的公平貿易標準與程序係符合國際社會與環境鑑定標籤聯盟（Institute of Sport, Exercise and Active Living, ISEAL）中 Code of Good Practice 的要求，其制定的程序是經由廣泛的協商過程，並兼顧各種不同成員的意見，例如：生產者、貿易商、外部專家、監察人、工作人員等。

---

1 轉讓可以是全部專有權利的轉移，也可以是一部分未分割權利的轉移（如 50% 的利益），或者侷限於某個特定區域的全部權利之轉移（如僅在美國某個地區）。少於以上的權利轉移則叫做「特許」（license）。

價格方面的比較：自由市場價格 vs. 公平貿易保障價格

公平貿易與一般的倫理貿易最大的差異在於兩項主要的財務效益：公平貿易所保障的收購價，以及公平貿易補助金。

1. 「公平貿易保障價格」能夠含括永續農業的成本，故其是穩定的，除非自由市場的價格漲到更高。
2. 「公平貿易補助款」是另一個獨立的支付款項，指定用在產地的社會與經濟發展上。生產者可以自己決定這些補助款要如何運用。在某些條件下，生產者必須在 FLO-CERT 的輔導下使用這筆錢。通常都是使用在衛生醫療、教育或其他公共設施，有時也可以投資在增加生產力或減少對單一農作物的依賴上。值得一提的是，公平貿易商品的價格並沒有因為「保障最低價」或「公平貿易補助款」而造成消費者末端的價格高漲。當討論公平貿易商品的價格結構時，有幾個其他因素可以思考：缺乏規模經濟的效益或是與一般產品的差異，往往是因為有機的耕作方式使然。

四、對貿易經濟影響分析

美國是發展公平貿易產品歷史較悠久的國家之一，我們將以美國的咖啡市場為例，探討傳統貿易與公平貿易運作過程的區別。

在傳統貿易中，大規模生產者及跨國公司掌握了市場資訊、技術及資本，反觀一些小農卻被「市場」孤立，難以分享所謂的自由貿易帶來的利益。全球咖啡總量有超過半數為小農生產，大部分小農不是直接參與國際咖啡豆市場的買賣，而是透過中間人及地主出售他們的咖啡豆。

中間人（如：銀行、店主）將從農民購得的咖啡豆轉售，由於小農缺少資金，無力支付運輸費及欠缺市場資訊，中間人容易藉機從農民身上謀利，他們甚至控制當地運輸以操縱咖啡事業。這種嚴重壟斷造成小農被迫以低價出售農產品，向中間人高息借貸來償還債款，令農民落入愈種愈窮及長期負債的惡性循環中。處理咖啡加工的，多為私營的大農場或咖啡工廠，小農合作社或政府機構所擁有的加工場僅占少數。

傳統貿易的運作模式，如圖 6-2 所示：

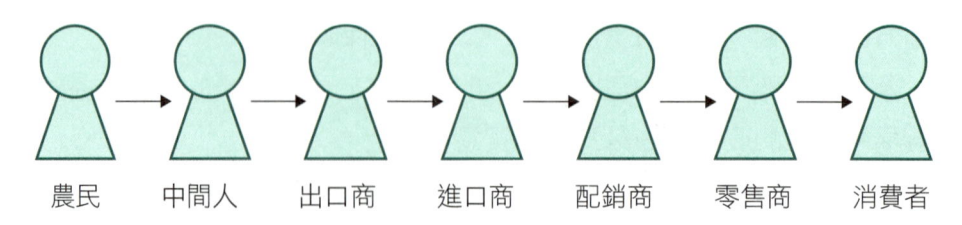

農民 → 中間人 → 出口商 → 進口商 → 配銷商 → 零售商 → 消費者

圖 6-2　傳統貿易的運作模式圖

　　圖 6-2 中的「出口商」通常為獨立公司或跨國公司，他們擁有自己的顧客，具有強大的議價能力，足以讓他們影響紐約和倫敦的咖啡市場交易。「進口商」則是向出口商及代理商購買咖啡豆，然後售與烘焙商；爾後由烘焙商將咖啡豆烘焙及包裝，再轉售與**配銷商**（distributors）或直接售與零售商（有些烘焙商則擁有自己的門市）。「配銷商」是將烘焙商加工的咖啡售至零售商，而「零售商」主要包括：銷售咖啡給商店、餐廳、咖啡店，以及公私營機構的採購部門。消費者於咖啡店及餐廳購買咖啡，或於家中和辦公室裡享用咖啡的同時，往往忽略了咖啡的生產環境與貿易過程。

五、公平咖啡貿易

　　全球有超過 80 萬種植咖啡豆的農戶成為合作社成員，他們會直接與歐洲、北美的「公平貿易」進口商進行交易。由於參與「公平貿易」的農戶與市場有更直接的聯繫，他們的收入往往比在「傳統貿易」之下所賺的多出 3 到 5 倍。

　　公平貿易的運作模式，如圖 6-3 所示：

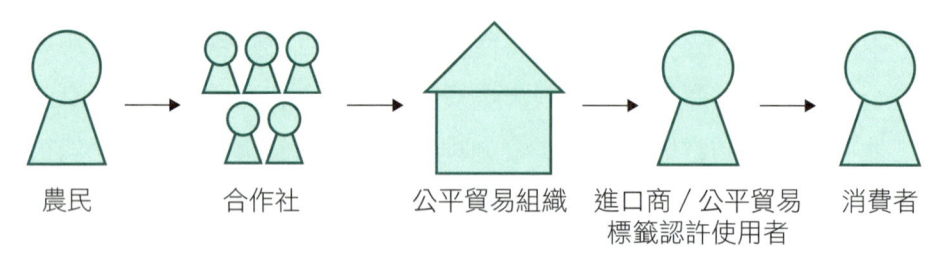

農民 → 合作社 → 公平貿易組織 → 進口商／公平貿易標籤認許使用者 → 消費者

圖 6-3　公平貿易的運作模式圖

現有 375 個公平貿易合作社或組織，透過自己建立的一套機制，直接向外國進口商販售農產品，由於合作社以民主形式運作，而且 FLO 規定公平貿易價格必須包含**公平貿易保證金**（fair trade premiums）或社區發展金，擬將部分資金撥作發展社區、品質改善及環境保護用途，這種營運模式減少了中間人的剝削，使農民得到更大保障。

任何進口商直接向註冊的公平貿易生產合作社購買咖啡豆，他們須給予農民不低於每磅 1.26 美元的**公平貿易最低收購價**（fair trade minimum price）（有機認證的咖啡為每磅 1.41 美元）。美國現時有 31 個獲美國 TransFair 認可的咖啡豆進口商，他們可向國內烘焙商出售公平貿易咖啡。烘焙商須與 TransFair 簽署「公平貿易認證標籤」使用守則，並透過銷售交易給予消費者教育推廣公平貿易的訊息。烘焙商則將咖啡包裝，售予配銷商。分銷商將公平貿易咖啡推銷給零售商。以至 2003 年 1 月為例，在美國大約有 2 萬個販售公平貿易咖啡的零售點。公平貿易咖啡運動之成功有賴消費者力量，共同創造一個公平貿易的市場。

在台灣，公平貿易概念仍不算熱絡，星巴克幾乎可以說是最具指標意義的商品。星巴克公關曾表示：「我們重視與人的互動，直接跟消費者面對面是我們認為最有效的溝通方式。」採用沒有廣告、沒有專為公平貿易咖啡採取的行銷手法，很單純卻也很直接，由全省的星巴克店員負責向客人推薦，藉由咖啡故事推廣。直接與消費者分享故事的成果是：專案進口的公平交易咖啡豆，1 個月內就銷售一空，超乎內部預期。

故事行銷是賣這些「企業倫理商品」的必要條件，同樣的東西，消費者當然挑便宜的買。因為成功掌握消費者的心情，所以星巴克印製了小冊子，擺在吧檯宣傳公平貿易的概念，只要消費者駐足在公平貿易產品前，店員就會跟消費者聊起公平貿易咖啡豆的產製過程與星巴克的企業精神。

在星巴克，雖然公平貿易咖啡豆比一般咖啡豆略貴，但因為成功結合故事包裝加上店員的直接推廣，公平貿易咖啡豆仍闖出不俗的成績。就企業經營管理點而論，星巴克藉由觀察大眾的態度及傳送資訊與溝通，成功地建立企業的商譽與形象。

貳 結論

　　公平貿易組織幫助第三世界的開發中國家，讓他們建立工會、合作社，有機會利用民主的程序為自己發聲。公平貿易對生產者承諾公平貿易補助金和公平貿易補助價格，這使第三世界的農民能夠建立學校、補足當地的基礎設施、健保計畫等，也讓農民避免價格波動的傷害，在一連串的幫助下，青少年不用被迫遠離農村到城市找工作，也不需藉由砍伐雨林擴展種植作物的面積；他們不再單靠各國的資金支援，而是有自己穩定的經濟來源、發展。

　　除了保護生產者之外，公平貿易也規定加入公平貿易合作社的小農民要以友善環境的方式耕種作物，並禁止種植非法農作物。

　　公平貿易組織制定公平貿易補助金和公平貿易補助價格不僅是幫助第三世界貧窮的農民們，也透過消費的力量向世界各國的人傳達環境保護的理念。當我們改善生產者的生活條件，使他們擁有一定的生活水平，才有可能往有機永續地發展，為我們共同生存的環境盡一份心力。

問　題

1. 公平貿易定義為何？
2. 公平貿易的理由為何？
3. 公平貿易的七大原則為何？
4. 列舉三個主要提倡公平貿易的組織。
5. 公平貿易與一般的自由貿易最大的差異為何？並解釋之。
6. 公平貿易產品有什麼好處？（誰受惠於公平貿易？又如何受惠？）
7. 何謂公平貿易的生產原則：3S？
8. 符合公平貿易產品標籤的條件為何？

Chapter 7
企業社會責任與企業經營績效

商業模式演進可分為四個層次：第一層次是販售**產品**（goods）或**服務**（service）；第二層次提供**技術**（skill）或消費利益；第三層次是品牌；第四層次強調的是價值驅動的營運模式，即以特定消費族群所重視的價值，特別是文化、社會、環保等，激發消費者的共鳴。**企業社會責任**（corporate social responsibility, CSR）管理就是第四代企業的全方位展現。

過去傳統觀念的企業社會責任，比較像是慈善行為，認為企業營利之餘，除依法繳稅外，應捐獻部分回饋社會，而且既是回饋社會，則不應企圖從中獲取利益。但隨著時代潮流的演進及全球化的影響，企業社會責任的概念與定義，也有了新的發展。

企業社會責任（尤指對社區及環境的責任），和行銷與管理一樣，是企業創造財富的過程中不可分割的一部分。導入企業社會責任，更可顯著提升企業營運競爭優勢。愈來愈多的企業營運調查分析資料證實，落實 CSR 可大幅提升經營績效、降低營運成本、開拓多元的增資優勢及形象溢價，也可增加銷售與顧客的忠誠度、提高員工滿意度與生產力。CSR 所達成的形象溢價，對於招募優秀人力資源亦大有助益。在員工關係的管理上是否有完善的內部溝通、培訓與員工福利，將決定該企業是否成為職場人才願意犧牲奉獻的地方。國內、國外的雜誌每年都會公布最佳企業雇

主的排行榜,這是新鮮人或員工轉換職場的重要依據,企業名聲愈佳,愈容易吸引高人力素質的員工前來應徵,故使用相同薪資的人事聘用,卻能招募到更高品質的員工。

根據 IBM《2008 全球 CEO 調查》,企業社會責任並非只是樂善好施,全球高階管理者已經逐漸重視——體現社會責任的機會,積極將企業社會責任納入企業經營策略的思維當中,藉由彰顯與眾不同的商品與服務,符合消費者對於社會與環境的更高期待。隨著企業社會責任運動的不斷發展,不少企業不僅日漸體認到履行企業社會責任的重要性與必要性,同時積極探索如何將推動社會責任工作融入企業戰略和日常營運管理,以建立全面社會責任管理體系。

《遠見》雜誌在 2005 年曾有專題研究指出,若企業善盡企業社會責任與企業社會責任管理時,該企業會推出符合 CSR 精神的產品,如此一來,企業必須投入較高的研發支出;換言之,CSR 會成為激發創意的重要推手。另一方面,在《哈佛商業論壇》中,Cone、Feldman 與 Dasilva(2004)指出,公益理想行銷品牌的策略除了可協助各種社會公益活動獲得財務挹注外,亦可提升企業信譽、加深員工的忠誠度、強化與企業夥伴間的關係,甚至有助於銷售更多的產品或服務;換言之,企業若協助各種社會公益活動以善盡企業社會責任,除了可提升企業聲譽、銷售狀況外,更可增進企業的獲利能力。

企業建立作為指導落實 CSR 管理的重要構面有:責任管理、市場責任、社會責任,以及環境責任四個面向,以綜合評價企業社會責任發展得成效。對一個講求對股東負責(企業經營績效)並重視社會責任的經營者來說,首先必須對企業經營績效和企業社會責任予以明確界定。企業經營績效是指企業在一定經營時期內的企業經營效益和經營者業績表現。企業經營績效可分為:

1. **經濟績效**:可以用會計和財務指標衡量的績效。
2. **社會績效**:主要指用非會計和財務指標衡量的部分,包括企業的社會形象、聲譽、品牌知名度、對消費者的責任等。在此要強調的是,重視企業「經濟績效」,並不必然會兼顧企業的「社會績效」,唯有同時重視經濟績效及社會績效的企業,其所顯現的企業經營績效才是健

康的。根據溫素彬「企業社會責任與財務績效關係的實證研究——利益相關者視角的面板數據分析」之研究顯示，履行企業社會責任，對企業長期財務績效是有正向影響的作用。也就是說，同時重視企業經濟績效與社會績效的企業，會因為這樣的作為而對企業長期的發展有正面助益，在潮流與競爭驅使下，企業社會責任如何落實於企業戰略及日常營運中，將會是刻不容緩的重要管理議題。

壹 台積電——非自願離職案例

台積電大老闆宣稱「不裁員」的，但在需要降低成本下，台積電的人力資源部門則「非常積極且嚴厲」的執行起所謂的「PMD」（績效管理與發展）策略。過去，台積電也執行此制度，但通常是針對績效落後員工，給予 3 個月或更長時間的輔導，無結果後才會請人離職。但這次，主管於 2009 年 12 月才剛打完考績，2010 年 1 月就立刻請員工離職。

台積電前人力資源部門主管說：「這麼倉卒下，5% 名單的選擇，怎麼會不出問題？」怎麼看都是裁員，所以也讓後續所有的動作都出錯。他們發給員工合意離職書，認為比發非自願離職書好，以免員工求職被冠上績效不佳、被資遣的不良印象。但離職員工卻不認為如此，他們質疑，公司要求簽合意離職書，是要隱瞞裁員行為，避免上報勞工局。也因此台積電自認為，這絕非裁員，所以對媒體說，這 800 位員工都是考核淘汰的人，所以也引發幾百名員工上街抗議。

下列為台積電發出之聲明稿：

發布單位：台灣積體電路製造股份有限公司

發布日期：2009 年 4 月 6 日

　　台灣積體電路製造股份有限公司 6 日表示，該公司秉持最大的誠意，考量當前嚴峻的經濟環境，並基於關懷員工的立場，做出下列決定：

1. 我們已於 4 月 3 日依據《勞動基準法》第十一項第二款以「業務緊縮」為由，寄發「非自願離職證明書」給 200 多位已離職員工。

2. 在勞委會主管見證下，我們已於 4 月 1 日晚間與離職員工推派之全體代表達成決議，除原本依《勞動基準法》規定所發放的資遣費外，再按離職員工不同的服務年資，分別給予相當優惠的離職金。
3. 以上方案適用於去年 12 月 1 日至 2009 年 3 月底，以合意離職或資遣方式離職的員工。我們將主動通知這些離職員工，並請他們自即日起回到公司辦理領取優惠離職金的相關手續。台積公司人力資源張秉衡副總經理表示，上述方案是公司基於關懷員工的立場，所做出的最後決定，將不會再做更改。

　　台積電董事長張忠謀爾後溫情喊話，呼籲離職員工回來上班，不過員工心情兩極化。台積電員工自救會表示，對資方採取的回聘方案大體可以接受。而台積電表示，由秦副總經理永沛等 5 人組成新的協調小組，將請數百位員工回覆，可選擇回任原職，年資與職位照舊，但需繳回先前已領的退職金和撫慰金等各項補助，這段期間的損失由台積電發給最低薪資補償。對於回任的員工，將依照規定，先提出考績申訴，再由人事部門和部門主管進行對員工的輔導和協助。台積電承諾將盡力協助員工，其員工回任約有九成可獲得留任，但仍需依考核狀況資遣績效較不理想的一成員工。此外，已領失業救濟金者不再加發；若不願回任，台積電會加發額外關懷金，金額依職等不同，約在 10 萬元到 50 萬元間。

圖 7-1　台積電

許多員工對於台積電強硬的作法──收回所有已發放的退休金及這段期間內只給最低薪資──頗感不滿,「如果自認做出錯誤決定,至少該給撫慰金。」勞工陣線秘書長孫友聯則說,雖然員工可以回去,但這幾個月對他們來說還是極大的煎熬。希望企業記取教訓,不要動輒就請人離職。

貳 法律層面

一、資遣跟裁員比較

資遣跟裁員有什麼不同?從法律上來看,兩者都是終止勞動契約的意思,關鍵在於到底是基於何種原因而發動。《工商時報》報導中指出:「被資遣的台積電勞工指稱,台積電年初資遣1,000多名無薪假的員工,公司卻對外宣稱沒裁員,不願發給被資遣勞工非自願離職證明,以致被解僱者無法申請失業給付,也無法展延房貸。」若果真如此,公司主管根本沒有了解法條的意義。前述《勞動基準法》第十一條的本意,是要求雇主不得無故解僱勞工,藉此保護勞工的工作權;申言之,法律並沒有說雇主不可以終止與員工之間的勞動契約,只是需要有法定事由而已。今天,不管是資遣、裁員、解僱(聘)或開除,都是終止勞動契約的意思,當然須適用《勞動基準法》(第十一條至第二十條)及其他相關勞動法令來辦理。

1. 勞資關係是一種特別的權利義務關係。
2. 資方不能完全以考績作為勞工不能勝任的理由。
3. 法律上規定的「不能勝任」,應該是指「不會做」,而不是做不夠好、做不夠多的問題。

因為業績達不到也不一定是不能勝任,資方也有義務提供勞工在職訓練與必要的協助,必須證明資遣是最後不得不的作法。並且好到什麼程度、多到什麼程度的標準,也不可以皆聽主管之言。否則,資方要任意變動標準,或設定「不可能的任務」,勞工會完全沒有抵抗的空間。

二、《勞動基準法》之簡述

《勞動基準法》第十一條規定：非有下列情形之一者，雇主不得預告勞工終止勞動契約：（以下共有五點的規定）

1. 歇業或轉讓時。
2. 虧損或業務緊縮時。
3. 不可抗力暫停工作在 1 個月以上時。
4. 業務性質變更，有減少勞工之必要，又無適當工作可供安置時。
5. 勞工對於所擔任之工作確不能勝任時。

三、多數勞工不懂也不會採取法律途徑

台積電自救會爭取「非自願離職證明書」，如《勞動基準法》第十一條的本意，是要求雇主不得無故解僱勞工，藉此保護勞工的工作權。

換言之，法律並沒有說雇主不可以終止與員工之間的勞動契約，只是需要有法定事由。這些被迫離職的員工，去竹科求職都沒有人敢聘用，擔心他們能力不足。因此，希望開立「非自願離職證明書」，讓被迫離職的員工不要背負著「最後 5%」的標籤，較好另外謀職。

四、非自願離職之探討

《勞動基準法》係指下列各款情事之一：

1. 被保險人因投保單位關廠、遷廠、休業、解散、破產宣告離職。
2. 因《勞動基準法》第十一條、第十三條但書、第十四條及第二十條規定各款情事之一離職。
3. 被保險人因定期契約屆滿離職，逾 1 個月未能就業，且離職前 1 年內，契約期間合計滿 6 個月以上者，視為非自願離職。

《勞動基準法》

第十四條：（勞工須預告始得終止契約之情形）
有下列情形之一者，勞工得不經預告終止契約：

1. 雇主於訂立勞動契約時為虛偽之意思表示，使勞工誤信而有受損害之虞者。
2. 雇主、雇主家屬、雇主代理人對於勞工，實施暴行或有重大侮辱之行為者。
3. 契約所訂之工作，對於勞工健康有危害之虞，經通知雇主改善而無效果者。
4. 雇主、雇主代理人或其他勞工患有惡性傳染病，有傳染之虞者。
5. 雇主不依勞動契約給付工作報酬，或對於按件計酬之勞工不供給充分之工作者。
6. 雇主違反勞動契約或勞工法令，致有損害勞工權益之虞者。

勞工依前項第一款、第六款規定終止契約者，應自知悉其情形之日起，30日內為之。

有第一項第二款或第四款情形，雇主已將該代理人解僱或已將患有惡性傳染病者送醫或解僱，勞工不得終止契約。

第十七條規定於本條終止契約準用之。

第二十條：（改組或轉讓時勞工留用或資遣之有關規定）

事業單位改組或轉讓時，除新舊雇主商定留用之勞工外，其餘勞工應依第十六條規定期間預告終止契約，並應依第十七條規定發給勞工資遣費。其留用勞工之工作年資，應由新雇主繼續予以承認。

第十六條：（雇主終止勞動契約之預告期間）

雇主依第十一條或第十三條但書規定終止勞動契約者，其預告期間依下列各款之規定：

1. 繼續工作 3 個月以上 1 年未滿者，於 10 日前預告之。
2. 繼續工作 1 年以上 3 年未滿者，於 20 日前預告之。
3. 繼續工作 3 年以上者，於 30 日前預告之。

勞工於接到前項預告後，為另謀工作得於工作時間請假外出。其請假時數，每星期不得超過 2 日之工作時間，請假期間之工資照給。

雇主未依第一項規定期間預告而終止契約者，應給付預告期間之工資。

第十七條：（資遣費之計算）

雇主依前條終止勞動契約者，應依下列規定發給勞工資遣費：

1. 在同一雇主之事業單位繼續工作，每滿 1 年發給相當於 1 個月平均工資之資遣費。
2. 依前款計算之剩餘月數，或工作未滿 1 年者，以比例計給之。未滿 1 個月者以 1 個月計。

五、資遣費之法條

資遣費計算須視勞工適用勞退新制舊制或新制而有不同之標準：

1. 適用《勞動基準法》退休金年資（勞退舊制）（《勞動基準法》第十七條）：每滿 1 年發給 1 個月平均工資。有剩餘月數或工作未滿 1 年者，以比例計給之。未滿 1 個月以 1 個月計。（平均工資：資遣前 6 個月工資總額除以 6。）
2. 適用勞退新制年資（《勞工退休金條例》第十二條）：每滿 1 年發給二分之一個月之平均工資，最高發給 6 個月平均工資。未滿 1 年者以比例計給。

參 財務／成本收益面分析

一、人事成本考量與決策

假如員工自願離職的話，就可以減少一筆資遣費及離職金的支出。在收入無法增加反而減少的情況之下，必須緊縮員工數量，減少薪資支出，於是加強考績審核，汰弱留強，增加工作績效。台積電於數月後，破天荒召回被裁員工，而國內面板龍頭廠友達、奇美電雖也曾傳出裁員因應不景氣，但兩家公司都表示，內部績效考核制度行之有年，不考慮跟進台積電的作法。

友達指出，內部人力淘汰是每年例行措施，有一定的績效考核指標，目前雖產能提升，陸續增加人手，但沒有考慮實施跟台積電一樣的措施。

企業社會責任與企業經營績效

奇美電也表示，之前裁減人力主要是基於業務緊縮，若景氣好轉，又有人力需求的話，新招聘員工有可能部分回鍋，但沒有召回之前被裁員工的計畫。奇美電表示，當初是考量業務緊縮，也忍痛做出裁員，有績效考核等指標為依據，不清楚台積電的作法，也不可能適用奇美電，新一波徵人計畫以加入新血為主。

人力銀行業者透露，因為短單效應，大型面板業者到處向各派遣公司徵求第一線作業員，並要求有經驗、1週內能快速上手者最佳，總量高達1,000名。前述訊息可知，企業緊縮人力，首先就從派遣人力下手，農曆年前派遣人力業務甚至只能靠以「週」為單位的展場、活動臨時工充業績，沒想到農曆年後，急單來得快又急，不少企業前波人力緊縮「緊」過頭，現在急著要找人。

台積電不用派遣人員，主要是因為台積電屬於永續發展的企業，而不是短暫經營的公司，需要長久累積經驗與技術的員工為主體，而不是像派遣人員這樣短期且技術不專精的員工。且如下述分析可知，裁掉資深員工固然節省固定成本開銷（約 8,000,000 元），卻也會造成台積電不必要的機會成本產生（約 7,466,667 元）。

〈分析一〉

計算裁掉資深員工而改用派遣人員可省薪資費用金額：假設資深員工 1 個月薪水為 30,000 元，若裁掉資深員工 800 名，而轉為使用 800 名派遣人員，且派遣人員 1 個月的薪水 20,000 元。

$$
\begin{aligned}
&\text{資深員工} \ 30,000 \times 800 \ \text{名} = 24,000,000 \ \text{元} \\
&\text{派遣人員} \ 20,000 \times 800 \ \text{名} = \underline{16,000,000 \ \text{元}} \\
&\text{約可節省成本} \quad \underline{8,000,000 \ \text{元}}
\end{aligned}
$$

〈分析二〉

招募新員工所耗損訓練時間而產生喪失營收的機會成本：雖然使用派遣人員可以省下 800 萬元，但是為了應付急單招來的員工仍須訓練。假設招募新員工人數 800 名，原本公司員工總人數 2,500 名，訓練時間約 1 個月，1 年平均營收約 2.8 億元（2007 年到 2009 年營收平均數）的話，1 個月就會少賺約 833 萬元，則須承擔共約 747 萬元的機會成本。

$$1 \text{ 個月所喪失的營收} = 280{,}000{,}000 \text{ 元} / 12 \text{ 天（1 年）}$$
$$= 23{,}333{,}333 \text{ 元}$$
$$1 \text{ 個月新招募臨時員工受訓時間所喪失的營收（機會成本）}$$
$$= 23{,}333{,}333 \text{ 元} \times (800 \text{ 名} / 2{,}500 \text{ 名}) = 7{,}466{,}667 \text{ 元}$$

二、營業收入與其他財訊分析

　　從台積電 2007 年到 2009 年的損益表（如表 7-1 所示）及其他財務資訊（如表 7-2 所示）可知，本期淨利分別為 109,177,093 元、99,933,168 元和 56,551,787 元。2007 年到 2008 年的本期淨利有慢慢下滑的趨勢，而 2008 年到 2009 年的本期淨利下滑的非常嚴重，且資本額有大幅下降的趨勢，這些表現主要是受到 2008 年所發生金融海嘯的影響，讓許多晶圓代工下游客戶等電子產業的訂單緊縮。而 2009 年台積電在產能利用率不高的情況下（廠房設備資產平均使用 7.2 小時，約 30%），使其不得不做人事的調整，以減縮人工成本與製造成本，來奮力維持以往 30% 以上淨利率、3 元以上每股盈餘、17 元以上本益比的水準，與分享穩定的現金股利（股利率為 5%），進而安定投資者（股東）與債權人的信心。

表 7-1　台積電 2007～2009 年損益表

2007 年度				
科目名稱	金額（千元）	百分比	去年同期金額	去年同期百分比
營業收入	313,647,644	100.00	313,881,635	100.00
銷貨收入淨額	313,647,644	100.00	313,881,635	100.00
銷貨收入	319,167,299	101.75	319,210,148	102.00
銷貨退回	5,519,655	1.75	5,328,513	2.00
營業成本	176,223,224	56.18	164,163,235	52.00
銷貨成本	176,223,224	56.18	164,163,235	52.00
營業毛利（毛損）	137,424,420	43.81	149,718,400	48.00
聯屬公司間未實現利益	265,106	0.08	0	0.00
營業費用	24,907,267	7.94	23,418,541	7.00
推銷費用	1,332,657	0.42	1,626,734	1.00

表 7-1　台積電 2007～2009 年損益表（續）

科目名稱	金額（千元）	百分比	去年同期金額	去年同期百分比
管理及總務費用	7,660,776	2.44	7,190,422	2.00
研究發展費用	15,913,834	5.07	14,601,385	5.00
營業淨利（淨損）	112,252,047	35.78	126,299,859	40.00
營業外收入及利益	10,834,698	3.45	11,596,727	4.00
利息收入	2,634,636	0.83	3,382,868	1.00
投資收益	5,468,230	1.74	5,526,727	2.00
權益法認列之投資收益	5,468,230	1.74	5,526,727	2.00
處分固定資產利益	305,201	0.09	596,459	0.00
兌換利益	71,128	0.02	0	0.00
租金收入	368,748	0.11	224,281	0.00
金融資產評價利益	0	0.00	33,850	0.00
什項收入	1,986,755	0.63	1,832,542	1.00
營業外費用及損失	2,335,339	0.74	3,090,087	1.00
利息費用	584,736	0.18	661,200	0.00
處分固定資產損失	4,814	0.00	240,985	0.00
處分投資損失	413,809	0.13	1,623,882	1.00
兌換損失	0	0.00	412,726	0.00
金融資產評價損失	239,413	0.07	0	0.00
什項支出	1,092,567	0.34	151,294	0.00
繼續營業部門稅前淨利（淨損）	120,751,406	38.49	134,806,499	43.00
所得稅費用（利益）	11,574,313	3.69	7,550,582	2.00
繼續營業部門淨利（淨損）	109,177,093	34.80	12,725,5917	41.00
會計原則變動累積影響數	0	0.00	−246,186	0.00
本期淨利（淨損）	109,177,093	34.80	127,009,731	40.00
基本每股盈餘（貨幣單位：元）	4.14	0.00	4.82	0.00
稀釋每股盈餘（貨幣單位：元）	4.14	0.00	4.81	0.00

企業倫理

表 7-1 台積電 2007～2009 年損益表（續）

2008 年度				
科目名稱	金額（千元）	百分比	去年同期金額	去年同期百分比
營業收入	321,767,083	100.00	313,647,644	100.00
銷貨收入淨額	321,767,083	100.00	313,647,644	100.00
銷貨收入	330,228,027	102.62	319,167,299	102.00
銷貨退回	8,460,944	2.62	5,519,655	2.00
營業成本	183,589,540	57.05	176,223,224	56.00
銷貨成本	183,589,540	57.05	176,223,224	56.00
營業毛利（毛損）	138,177,543	42.94	137,424,420	44.00
聯屬公司間未實現利益	−72	0.00	265,106	0.00
營業費用	31,887,383	9.91	24,907,267	8.00
推銷費用	2,254,728	0.70	1,332,657	0.00
管理及總務費用	9,895,617	3.07	7,660,776	2.00
研究發展費用	19,737,038	6.13	15,913,834	5.00
營業淨利（淨損）	106,290,232	33.03	112,252,047	36.00
營業外收入及利益	6,725,625	2.09	11,105,792	4.00
利息收入	2,728,892	0.84	2,634,636	1.00
投資收益	72,568	0.02	5,468,230	2.00
權益法認列之投資收益	72,568	0.02	5,468,230	2.00
處分固定資產利益	298,772	0.09	305,201	0.00
處分投資利益	452,159	0.14	271,094	0.00
兌換利益	1,113,406	0.34	71,128	0.00
什項收入	2,059,828	0.64	2,355,503	1.00
營業外費用及損失	2,257,039	0.70	2,606,433	1.00
利息費用	355,056	0.11	584,736	0.00
減損損失	457,965	0.14	0	0.00
金融資產評價損失	1,230,966	0.38	924,316	0.00
什項支出	213,052	0.06	1,097,381	0.00
繼續營業部門稅前淨利（淨損）	110,758,818	34.42	120,751,406	38.00
所得稅費用（利益）	10,825,650	3.36	11,574,313	4.00

表 7-1　台積電 2007～2009 年損益表（續）

科目名稱	金額（千元）	百分比	去年同期金額	去年同期百分比
繼續營業部門淨利（淨損）	99,933,168	31.05	109,177,093	35.00
本期淨利（淨損）	**99,933,168**	**31.05**	**109,177,093**	**35.00**
基本每股盈餘（貨幣單位：元）	3.86	0.00	4.06	0.00
稀釋每股盈餘（貨幣單位：元）	3.83	0.00	4.06	0.00
2009 年度				
營業收入	196,746,523	100.00	260,940,873	100.00
銷貨收入淨額	196,746,523	100.00	260,940,873	100.00
銷貨收入	206,462,258	104.93	266,527,657	102.00
銷貨退回	9,715,735	4.93	5,586,784	2.00
營業成本	113,516,518	57.69	142,456,953	55.00
銷貨成本	113,516,518	57.69	142,456,953	55.00
營業毛利（毛損）	83,230,005	42.30	118,483,920	45.00
聯屬公司間未實現利益	128,152	0.06	164,705	0.00
營業費用	22,359,196	11.36	25,035,341	10.00
推銷費用	1,427,041	0.72	1,845,955	1.00
管理及總務費用	7,246,047	3.68	7,829,752	3.00
研究發展費用	13,686,108	6.95	15,359,634	6.00
營業淨利（淨損）	60,742,657	30.87	93,283,874	36.00
營業外收入及利益	2,698,150	1.37	5,563,754	2.00
利息收入	938,369	0.47	2,084,519	1.00
投資收益	0	0.00	1,306,897	1.00
權益法認列之投資收益	0	0.00	1,306,897	1.00
處分投資利益	53,364	0.02	396,865	0.00
兌換利益	0	0.00	146,196	0.00
金融資產評價利益	576,910	0.29	0	0.00
什項收入	1,129,507	0.57	1,629,277	1.00
營業外費用及損失	3,594,084	1.82	964,787	0.00
利息費用	108,276	0.05	266,250	0.00

表 7-1　台積電 2007～2009 年損益表（續）

科目名稱	金額（千元）	百分比	去年同期金額	去年同期百分比
投資損失	2,772,157	1.40	0	0.00
採權益法認列之投資損失	2,772,157	1.40	0	0.00
兌換損失	611,098	0.31	0	0.00
減損損失	0	0.00	210,477	0.00
金融資產評價損失	0	0.00	299,565	0.00
什項支出	102,553	0.05	188,495	0.00
繼續營業部門稅前淨利（淨損）	59,846,723	30.41	97,882,841	38.00
所得稅費用（利益）	3,294,936	1.67	10,395,449	4.00
繼續營業部門淨利（淨損）	56,551,787	28.74	87,487,392	34.00
本期淨利（淨損）	**56,551,787**	**28.74**	**87,487,392**	**34.00**
基本每股盈餘（貨幣單位：元）	2.19	0.00	3.35	0.00
稀釋每股盈餘（貨幣單位：元）	2.18	0.00	3.33	0.00

表 7-2　其他財務資訊簡表

單位：百萬元	2007 年	2008 年	2009 年（F）
營業收入淨額	322,630	333,158	295,311
營業毛利	142,350	141,749	128,637
營業利益	111,722	104,435	91,278
稅後純益	109,178	99,934	87,389
每股盈餘（元）	4.14	3.86	3.37
每股盈餘成長率（%）	−16.0%	−6.8%	−12.6%
本益比（X）	14.49	15.54	17.78
現金股利（元）	3.00	3.00	3.00
現金股利率（%）	5.0%	5.0%	5.0%
期末資本額	264,271	256,254	258,960

F：為未來預估數。

資料來源：台灣經濟新報。

肆 管理層面

一、台積電企業管理理念

台積電董事長張忠謀認為一個組織要不斷創新，必須先成為一個學習型組織。強勢、冷靜、嚴謹、熱愛學習是張忠謀塑造台積電的理念。而所謂學習型組織，係指對新事物的見解及以新方式執行方案兩種能力結合，以使組織能適應各種變革的環境而不斷地改善組織的競爭力。

二、金融海嘯對台積電人事管理的影響——裁員

受到美國金融風暴影響，全球半導體產業景氣 2008 年第四季急轉直下，2009 年第一季相關廠商營收也衰退至谷底。台積電在勞資事端發生的一開始就表示，公司願意將「合議離職協議書」作廢，改開立「非自願離職證明」，等於間接承認了台積電裁員的事實；但對於裁員的理由，卻堅持是員工不能勝任，而非員工認定的虧損或業務緊縮，雙方爭執許久仍無法達到共識，勞資調解失敗。

SWOT 分析

優勢（strengths）	劣勢（weaknesses）
1. 半導體產業專業分工，群聚效果顯著 2. 人力素質佳，上下游產業垂直分工，能力強 3. 專業晶圓代工製造實力強，並帶動上下游產業發展 4. 營運彈性大，效率高，具成本競爭優勢 5. 下游 PC 資訊產業為堅強支援 6. 設計技術高、能力強	1. 產品創新性不足 2. 缺乏自有品牌，行銷管道不足 3. 高頻、無線通訊、類比設計及系統等人才不足 4. SoC 相關設計、製造、封裝和測試技術仍待加強
機會（opportunities）	威脅（threats）
1. 中國大陸 PC／數位消費性電子市場胃納大。台灣具同文同種優勢 2. IA 產品衍生的零組件商機 3. 業界聯盟、技轉和併購增加實力 4. IDM 大廠持續釋出訂單，對 Foundry 製造和封裝、測試業有利	1. 韓國、新加坡、中國大陸等新進業者加入晶圓代工業競爭 2. 以色列、歐洲等設計業者進展快速 3. 無線通訊產品之進入門檻高，業者缺乏關鍵技術參與競爭

三、人事考核制度——PMD

台積電使用的員工考核制度稱為**績效管理與發展制度**（performance management and development, PMD），係透過此制度對員工考核，評量結果分**傑出**（outstanding）、**滿意**（satisfied）、**改善**（improving）和**不能接受**（unacceptable）。PMD 除了具有傳統考績功能外，還注重員工對組織的目標貢獻度及未來發展潛力，廣泛應用於全球大企業中，神達、宏碁等國內資訊大廠也使用類似制度。有別於傳統的考績制度，只針對員工每年的表現評分，以作為調整職務及升遷的依據，績效管理制度側重在員工未來發展及成長性。績效管理透過員工與組織的不斷回饋，達到成長的目的，這與傳統考績制度每年評估一次，有很大的不同。過去主管績效評估的分布只要有 1% 的不好即可，現在要有 5% 的不好；過去只要有 5% 的特優，現在要有 10% 的特優——也就凸顯績效特優與不好的人。

張忠謀表示，爆發離職員工抗議事件，是因為 PMD 被誤用。然而，PMD 主要目的有三方面：一是鼓勵表現優異的同仁繼續更上一層樓；二是對不夠努力的同仁提出警告，督促員工有所改善，如果不改善，台積電才會請他離開公司；三是對於十分努力但仍然無法有稱職表現的同仁，人事部門要主動為他尋求其他職務，讓他有表現的機會。不過，仍有部分員工認為公司沒有為錯誤的績效管理制度道歉，員工還是沒拿到免死金牌，吳姓女技術員則強調，張忠謀只承認「誤用」PMD 制度，而不是承認 PMD 是個錯誤，表示制度問題將來還會發生。績效考核辦法最大的問題是標準不一，以前犯小錯也無所謂，但同樣的小錯到了現在突然被放大，甚至變成被要求離職，「未免太過於誇大了。」台積電自救會顧問、勞動黨桃竹苗中心總幹事高偉凱說，當初台積電引進 PMD 制度，並且據此解僱員工，結果被外界說是「表現最差的 5%」，使他們找新工作遭受困擾。數月後，台積電對於此事端的解決方案：

1. 董事長張忠謀寫道歉信，並錄製 5 分鐘向員工道歉的影片。
2. 回聘員工。
3. 不願回聘者，給予 10 萬元至 50 萬元的撫慰金。

一般大公司的老闆辭掉員工後都不願意回聘員工，但張忠謀卻反其道而行，在辭掉員工的這 168 天深受煎熬，可見張忠謀很注重對員工們的感情。另一方面，張忠謀會這麼做，為的也是要挽回台積電在社會大眾的企業形象問題。

伍 結論

台積電秉持著高度的職業道德，使得它與其客戶間能建立起互信互諒的商業默契，更由於它始終堅持品質至上，不論公司內部或是外部，每個都是其所服務的對象，也都是其客戶，而客戶滿意度就是品質。使得台積電不僅在我國為企業的標竿，更能放眼世界，成為世界級的大公司。

此外，台積電能成為世界一流的公司，「人」的因素扮演著相當重要的角色，因此必須要有優異的知識管理能力才足以勝任。首先，台積電每人每天由工作與書本中挖掘出最好的工作方式及專業知識。身為台積電人最感覺痛快的是，可以隨時把學到的新技術用在工作當中。不斷在激盪出最好的知識。台積電人隨時積極在**標竿學習**（bench marking）相關領域最好的知識。其次，知識管理的一個重要特色是組織中要能將知識儲存、標準化、建檔，同時知識要能在組織內擴散出去。台積電累積了多年來的各種建廠專業知識，並且有系統地建檔、將各種建廠作業整合成標準化流程，並存入電腦檔案，讓沒有經驗的人來接手時，只要參考各種有關的工作知識存檔，就可立即上線，並且藉由討論、分享，將每個人的工作經驗以電腦編碼儲存，使得台積電的新人很快就可以踏著前人的汗水前進。

最後，台積電除了提供員工學習進修的管道，並不斷為台積電人安排各種訓練課程，就是要員工與公司一起成長，當然不可缺少的就是一套嚴謹的績效考核制度，用以提醒身處順境、獎金又多的台積電人不要變成公務員，藉由這種新制度，把危機意識的基因植入每一個台積電人的血液中。

企業倫理

問　題

1. 商業模式演進四個層次為何？舉例說明之。
2. 試說明公益理想行銷品牌策略的優點。
3. 企業建立作為指導落實 CSR 管理的重要構面為何？
4. 企業經營績效應如何界定？
5. 資遣跟裁員差異為何？試依據《勞動基準法》第十一條至第二十條及其他相關勞動法令敘述之。
6. 試說明台積電 SWOT 分析。
7. 試說明台積電使用考核制度「績效管理與發展制度」之特色。
8. 試說明台積電對於該事件的解決方案。有無其他建議？

Chapter 8
利與義──企業倫理

　　隨著市場經濟的不斷深入，各行各業的競爭也愈來愈激烈，有些人看到別人賺錢不禁眼紅，於是，使出渾身解數，盲目跟風，也就是這樣的無序競爭和急功近利，使得一些勢頭強勁的行業在短短的時間裡，從巔峰跌入谷底[1]。而台灣的商業經營，多數屬於此種惡性競爭，也就是讓自己成為唯一的生存者，然後獨大，這反而是最後失敗的要因。對內互相殘殺，對外也互相殘殺，這在任何一個產業領域都可以見到，相較於日、韓或歐美的競合模式（競爭合作），著實差了許多，我們是霰彈槍，人家則是國家政府、產業企業、民間個人一起合作努力。

　　相互詆毀，相互壓價，既違背商業道德，也違背商業規則，也就不可能有贏家。惡性競爭對任何一方都只有害處沒有好處，而且，惡性競爭的後果最後帶來的只是整個行業的衰敗。所以，有人說「惡性競爭是行業的毒瘤」，這話一點也不誇張。事實證明，無論從事什麼行業，只有學會競爭、敢於競爭、善於競爭，最終才能成為競爭中的強者。

　　一般而言，「良性競爭」才是長久之計。良性競爭是在具體明確的業務守則下，大家各憑本事，為超越上個月的業績數字而努力。若有士氣低迷現象，還會互相鼓勵、彼此提攜。

1　資料來源：http://www.cctv.com/community/20060922/103341.shtml。

一、良性競爭——競合策略

　　競合策略係指更上層樓的管理模式，申言之，就是自己要好，也要讓對手好；自己企業好，也要讓對手企業好的概念。大家若能在既競爭又合作的關係中相輔相成，雙方反而可以一起把餅（市場）做大。競合策略用到業務團隊，相信也會是一種新的、好的局面。當部屬發現善用個人資源，去幫助別人創造更多的價值和財富，相對地，也會累增個人的價值和財富，這時他們就會樂於協調、整合和改變。身為競合策略的主管，必會欣然見到自己的部屬包容異己，而不是排斥他人，對輸贏也感到釋然，重要的是，「大家」開始凝聚成一個該怎麼做會更好的共識。往往，公司的業績就是在這種表面上個人競爭，實際上是在共存共榮的氣氛中節節上升。權力一把抓，這是領導者的技術。權力收放自如，這是領導者的藝術。如何在權力之間做取捨，也是良性競爭的一大學問。

二、公司道德

　　台灣目前惡性商業競爭事件頻傳，商業間諜層出不窮。第一個想到的是完備法律，但這只能發揮表面上的作用。亂世要用重典，但嚴刑峻法影響其實有限，法律只不過是用來阻嚇有違商業道德行為（包括：貪污、欺詐及其他不法行為）的最終方法，自律才是最有效的防線[2]。這個時候應該正視「商業道德」的重要性了。事實證明，現代發達的科技與完備的法律規章，阻止不了經理人的詐欺、舞弊。這是因為現實社會的倫理道德，已隨經濟發展而下滑；但倫理道德其實是經濟發展的基礎，而且隨著經濟的發展，道德的要求卻是愈高的。經濟發展讓人創造出很多「信用工具、科技產品」，背後是要求更高的誠信標準；但事實上，商業誠信卻隨著經濟發展而倒退。如果人類的道德水準不能同步提升，這些進步的產品可能反而害了人類。

(一)公司道德推廣：紀律守則

　　商業道德會議達成的其中一個重要結論，即法例和檢控只不過是用來

2　資料來源：張清溪，http://www.epochtimes.com/b5/4/9/9/n655082.htm。

阻嚇有違商業道德行為的最終方法，自律才是最有效的防線。而自律的基本條件是制定一套紀律守則，讓各行各業人士和公司雇員有所依循。一套有效的紀律守則應該清楚說明雇員應具備的行為標準，列明收授利益的條例，強調保持公司正確記錄和帳目的重要性。此外，守則亦應明確指導雇員如何處理利益衝突情況、公司財物，以及專有資料，也該列明申訴管道和遵從守則的需要。制定和執行紀律守則步驟如下：

1. 公司紀律守則須由最高管理階層倡議制定。管理高層該確立公司的價值取向和原則，並明列於守則之內。
2. 在制定守則時，應先諮詢各階層雇員，尤其是各級經理的意見，最後由董事長或決策小組評審。愈多人參與，守則就愈能獲得員工的支持。
3. 守則制定後，務必清楚知會公司內外各有關人士。
4. 須釐定公開和公平的賞罰制度，以及提供有效的申訴管道，讓守則得以落實執行。
5. 各級經理應就屬下員工有否切實遵行守則向公司負責，公司亦可特別任命一位職員或成立委員會；專責統籌和監管執行情況，並定期進行檢討，使員工遵守守則。

(二) 有效保證——系統控制

單有商業道德守則並不能保證一定擁有良好的道德標準，除非公司能有完善的系統控制加以配合。公司必須改善工作或行政程序，以便能及早察覺到發生貪污、欺詐及其他不法行為的徵兆，這些不法行為包括：購買過量貨品、虛報超時工作和薪資帳冊，以不正當手段奪取顧客、非法收受回扣、偷竊和盜用公司專有資料等。公司應在現存的架構中，採用適當方法，確保員工遵守紀律守則，並設立明確的申訴管道和賞罰方法。

(三) 長遠解決方法——職員培訓

沒有一種系統或措施可百分之百杜絕貪污或欺詐，尤其是執行者其身不正，經常找機會謀取非法個人利益。長遠的解決方法應是透過悉心安排的訓練和周詳的教育計畫，在機構或行業內培養出誠信的風氣。

公司應讓雇員知道紀律守則的價值和原則，並提供培訓，正確指導他們如何處理貪污、欺詐和利益衝突事件。而管理高層亦應不斷強調遵守紀律守則的重要，同時也要確保守則能切實地執行，不偏不倚。

(四)公司道德推廣之優點

推行公司道德推廣計畫可以減低成本、增加利潤，從而加強競爭優勢，因為計畫可以：

1. 減少貪污、欺詐和其他不法行為。
2. 減少利益衝突情況。
3. 加強客戶、供應商和承包商對公司的信任。
4. 加強別人對營業人員的信任。
5. 增加員工和其他人士對公司的忠誠和好感。
6. 讓各公司及整個商界享有誠實和公平的美譽。

三、員工道德

規定之所以存在，實為約束部分不依正常方式操作的人，而公司之所以訂定各項規定，是在保護公司權益，也是間接地保護公司各方主管和員工的權益。試想，當一個商業間諜竊取公司機密，而導致公司有重大損失或面臨破產，會有多少人面臨家庭經濟的問題，並間接地產生各種衍生性的問題，可想而知，公司與員工是互利共生的互信互賴關係。因此，員工應堅守自己的商業道德，用以維護公司與全體員工的利益。

以下為員工應遵守的道德原則，提供作為參考：

(一)道德與誠信原則

1. 以誠信的態度進行各項業務，並忠實地記錄所有往來事項。
2. 執行任務時，需確保商業資料保密，並保存完整的商業和營運記錄，以及尊重公司、客戶和合作夥伴的商業資產與智慧財產。
3. 發現有虧操守或有違反本守則嫌疑的事件，所有員工均有義務向管理階層舉報。

(二)尊重個人及客戶

員工應盡力公平對待公司之客戶、供應商、競爭者及其他員工。任何員工均不得脅迫、隱瞞或濫用專有資訊、錯誤陳述重要事實,甚至是其他人士的商業資料也應秉持上述相同的原則處理。

(三)迴避利益衝突

1. 員工在從事任何可能構成個人與公司利益衝突的業務、投資或相關活動之前,必須先向董事長及總經理辦公室揭露詳情並取得批准。相關人員應就涉及本人或公司的潛在利益衝突向公司提出報告。
2. 所有員工均應迴避可能出現利益衝突的情況,如在非關係企業兼職、為本人或親屬與公司洽談或進行交易。

(四)饋贈與業務款待

所有員工均不得向客戶、供應商或其他與公司業務相關的人士,收受或給予回扣或其他不正當利益。

一般人在執行工作的同時,也許不會顧慮到親屬如果是同樣的行業,是否會引起爭議和法律的問題,所以接下來要介紹商業間諜這個主題,讓大家更注意這個問題。

在填寫履歷表資料的同時,依賴履歷表來認識員工,這是公司了解自己員工的一個媒介,但是當事人是否會誠實寫下親屬的工作單位,這也成為公司難掌握的一部分。也因為如此,造成葉氏兩兄弟各自在信義房屋、永慶房屋工作,導致被說成商業間諜一事。

個案分析　信義、永慶商業間諜案例

國內兩大房仲龍頭驚爆無間道[3]戲碼,信義房屋指控,永慶房屋總經理葉凌棋派弟弟葉建輔到信義房屋臥底18年,刺探竊取商業機密,導致信義房屋多件重大交易案件被永慶房屋搶走。調查局台北市調查處已受理檢舉,朝背信罪等方向追查。這件疑似商業間諜案曝光原因,主

3　資料來源:林韋任、陳培思、張宏業,2008年7月30日,聯合報。

要是原擔任信義房屋承德店執行經理的葉建輔，與同公司女員工婚外情，兩人分手時鬧得不愉快，女方因此爆料揭發葉建輔是永慶派來的臥底者。

信義房屋發言人陳文祥表示，本案已進入司法程序，不便透露葉建輔竊取的商業機密為何及信義房屋的實際損失，只強調握有「長期、大量」的證據；且葉建輔人事資料填寫不實，多次資料校正，都隱瞞哥哥是同業總經理。況且，信義房屋人事資料明確要求新進員工填寫是否有二親等的親人在同業（房屋仲介、營造等）任職[4]，未確實填寫者，最重處分是開除。因此，信義房屋經人事評議會決議開除葉建輔。

葉建輔表示，18年前他進入信義房屋，從業務員一路升任到店長，直到2008年初被信義房屋開除，連續4年業績都擠上信義房屋十大業務員排行榜，2007年更是第二名，創造6,000多萬元業績。他估算，18年來為信義房屋帶來5億元的營收。接著，他再度強調：「區域主管以上等級才會知道公司重要決策，若我是間諜，依照我的業績，一定抓住機會擠進總公司；但我有機會時卻放棄了。2007年實施退休金新制，我仍選舊制，要再做8年做到退休領退休金，否則就全部沒有，難道這樣還不能顯示我對公司忠誠嗎？」

外傳信義房屋已採取法律行動，葉建輔表示沒有洩密，因此不怕，如果信義房屋能拿出具體證據，那就交給司法；但離職的勞資糾紛，他不排除和信義房屋對簿公堂。葉建輔指出，被開除之後，信義房屋「暫緩發放」他應得的獎金，再加上他的資遣費300、400萬元，加起來被扣的金額高達700、800萬元。現在已時隔半年，葉建輔認為信義房屋扣住他應得的錢違反勞基法，向勞工局申訴，但兩造各說各話，協調破局。

葉凌棋澄清，他弟弟18年前進入信義工作，但兄弟各自打拚，都是從零到有，18年前他在永慶房屋只是個小主任，能否存活都不確定，而弟弟在被開除之前擔任信義房屋台北市大同區承德店長，永慶房屋當時在大同區根本沒有店面，哪有商業機密好偷？且房仲資訊都公開在網站，不是需要保護的專利。況且，2年前永慶房屋也曾調查員工親

4　資料來源：劉峻谷，2008年7月30日，聯合報。

屬在同業工作的情形，他曾向永慶高層報告弟弟在信義的事情，當時公司有 100 多個員工的兄弟姊妹或夫妻在同業工作，永慶根本不以為意。

近年來，信義和永慶恩怨不斷。2002 年時，永慶房屋推出 PDA 宅速配「一分鐘配好對」，信義房屋曾向公平會檢舉廣告不實。後來雙方競相推出影音看屋、與入口網站結合等服務，多次鬧到公平會，連公平會都要求雙方不要再告。近來信義房屋推出四大購屋保障服務，永慶房屋也跟進推六大安心保障服務，讓兩強競爭心結浮上檯面。

個案分析　中芯、台積電案例

台灣晶片製造業巨頭[5]台積電（TSMC）[6]贏得了一場重要的勝利，該公司指控主要競爭對手──中芯國際（SMIC）從事商業間諜一案在美國加州阿拉米達郡（County of Alameda）地方法院被判決勝訴。根據判決，中芯國際將向台積電支付超過 10 億美元的鉅額賠償，超過了該公司目前股票總市值。

美國加州阿拉米達郡地方高等法院判定，中芯國際竊取並使用競爭對手台積電商業機密，判令中芯國際向台積電支付超過 10 億美元的損害賠償，判決書已經下達。

2003 年 12 月，台積電針對中芯國際提起一系列法律訴訟，指責中芯國際以僱用台積電前員工的方式來竊取技術專利。台積電聲稱，中芯國際於 2000 年在上海僱用約 180 位前台積電員工，並要求新員工從台積電帶來關於建立鑄造廠、製造晶片和進行其他設計的文件。[7]

這些訴訟最終以中芯國際同意向台積電支付 1.75 億美元賠償獲得和解。2008 年底，台積電以「違背和解協議條款」為由，再度將中芯國際送上法庭。

台積電僅在聲明稿中指出，2006 年在美國加州阿拉米達法院對中

5　資料來源：陳碧珠、黃晶琳，2008 年 7 月 30 日，經濟日報。
6　資料來源：台積電網站，http://www.tsmc.com/chinese/default.htm。
7　資料來源：中國經濟網，http://www.ce.cn。

企業倫理

芯提出其違反 2005 年雙方和解協議，與不當使用台積電營業秘密的訴訟，已達成和解。代表台積電的律師事務所 Keker & Van Nest 合夥人 Jeffrey Chanin 透露，根據雙方協議，中芯將支付台積電 2 億美元與未公開數量的中芯股票、認股權證（warrants）；而美國法院則將繼續行使管轄範圍內的判決權，其他和解協議內容則保密。據台積電公布的和解協議，中芯除同意 2005 年和解協議下已支付的 1.35 億美元（約新台幣 43.74 億元）外，將再支付台積電 2 億美元及其他補償，雙方同意終止 2005 年簽訂的專利交互授權合約。

中芯更進一步指出，中芯將終止已支付 2005 年和解金 1.75 億美元剩下約 4,000 萬美元（約新台幣 12.96 億元）的付款責任。外資分析師強調，對中芯來說，不必再支付之前餘款 4,000 萬美元，就能化解沒完沒了的訴訟糾紛，同時又能保留既有技術使用權，可見得台積電與中芯的緊張關係，已大為改善。

台積電在本案大獲全勝，與中芯關係由「敵手」逆轉為「友廠」，元大證券半導體分析師張家麒指出，台積電未來將持有中芯一成股權，僅次於大唐電信，成為中芯第二大單一股東，等於台積電一夕之間，獲得中國合作夥伴。[8]

一、和解內容

(一)雙方訴訟

解除所有已經或可能訴諸待決的所有指控。

(二)終止先前和解付款責任

終止 2005 年訂定和解金 1.75 億美元剩下約 4,000 萬美元的付款責任。

(三)賠款

1. 中芯付台積電 2 億美元賠償金，執行首次將付 1,500 萬美元。
2. 其餘自 2009 年 12 月 31 日到 2013 年 12 月 31 日止，分 4 年 5 期各

8　資料來源：台積電網站，http://www.tsmc.com/chinese/default.htm。

支付台積電 1,500 萬美元、8,000 萬美元、3,000 萬美元、3,000 萬美元、3,000 萬美元。

(四)授出股權及認股權證[9]

向台積電授出 17.89 億股份（約占中芯股權 8%）及以每股 1.3 港幣認購 6,959 萬餘股的認股權證（約占中芯股權 2%），合計台積電將取得 10% 中芯股權。

(五)其他

若違反規定，將再採取其他補償措施。

二、兩家公司比較

	中芯國際	台積電
成立時間	2000 年	1987 年
總部	中國上海	台灣新竹科學園區
創辦人	張汝京	張忠謀
董事會主席	江上舟	張忠謀
總裁暨執行長	王寧國	蔡力行
總資產	39 億美元（約新台幣 1,262 億元）	約新台幣 5,075 億元
晶圓廠	1. 上海：1 座 12 吋晶圓廠、3 座 8 吋晶圓廠 2. 北京：2 座 12 吋晶圓廠 3. 天津：1 座 8 吋晶圓廠 4. 深圳：1 座 8 吋晶圓廠 5. 武漢：1 座 12 吋晶圓廠 6. 成都：1 座封測廠	1. 台灣的新竹、台南科學園區： 　2 座 12 吋晶圓廠 　4 座 8 吋晶圓廠 　1 座 6 吋晶圓廠 2. 美國華盛頓州（Wafer Tech）、新加坡（與 NXP 合資的 SSMC），以及在中國上海亦有設廠。
上市地點	美國紐約證券交易所 香港證券交易所	台灣證券交易所（股票代碼 TSE） 美國紐約證券交易所（股票代碼 TSM）

9　資料來源：中國經濟網，http://www.ce.cn。

壹 中芯案件會計層面分析

時間	事件
2003 年	中芯國際以僱用台積電前員工的方式來竊取技術專利
2005 年	中芯國際同意向台積電支付 1.75 億美元賠償獲得和解
2006 年	美國加州阿拉米達法院對中芯提出其違反 2005 年雙方之和解協議與不當使用台積電營業秘密的訴訟。（此年為美國法院提出）
2008 年	台積電以「違背和解協議條款」為由，再度將中芯國際提出告訴（此年為台積電正式提出）
2009 年	1. 分 4 年 5 期各支付台積電 1,500 萬美元、8,000 萬美元、3,000 萬美元、3,000 萬美元、3,000 萬美元，共 2 億美元 2. 終止 2005 年訂定和解金 1.75 億美元剩下約 4,000 萬美元的付款責任 3. 授出股權及認股權證： 　(1) 向台積電授出 17.89 億股份（約占中芯股權 8%） 　(2) 以每股 1.3 港幣認購 6,959 萬餘股的認股權證（約占中芯股權 2%） 合計台積電將取得 10% 中芯股權

損失金額估計

1. 1.75 億美元（2005 年賠償額）－ 4,000 萬美元（2009 年終止 2005 年賠償金額）＝ 1.35 億美元
2. 至 2009 年起分期付款 2 億美元
3. 股票 17.89 億港幣
4. 認購權證 1.3 港幣 × 6,959 萬股 ＝ 9,046.7 萬港幣

$$*17.89 \text{ 億港幣} + 9,046.7 \text{ 萬港幣} = 約 3.7 \text{ 億美元}$$
$$總賠償金約當現金：1.35 \text{ 億美元} + 2 \text{ 億美元} + 3.7 \text{ 億美元}$$
$$= 7.05 \text{ 億美元}$$

若中芯集團避免使用商業間諜手段的惡性商業競爭，就可將這些不必要的賠償金用再發展研究，或是人才培訓之類等，更有意義的用途上，也能發揮其效益，避免公司名聲遭受破壞。

貳 法律層面

現今商業間諜案層出不窮，且惡性商業競爭行為風潮擴大，各行各業皆使出各種違反法律的手段，對於此種現象，政府應該建立更完善的法律制度。接下來要介紹有關商業間諜與惡性商業競爭可能觸犯的相關法條。

一、《刑法》[10]

第三一七條：（洩漏業務上知悉工商秘密罪）

依法令或契約有守因業務知悉或持有工商秘密之義務，而無故洩漏之者，處 1 年以下有期徒刑、拘役或 1,000 元以下罰金。

第三四二條：（背信罪）

為他人處理事務，意圖為自己或第三人不法之利益，或損害本人之利益，而為違背其任務之行為，致生損害於本人之財產或其他利益者，處 5 年以下有期徒刑、拘役或科或併科 1,000 元以下罰金。前項之未遂犯罰之。

第三五八條：（入侵電腦或其相關設備罪）

無故輸入他人帳號密碼、破解使用電腦之保護措施或利用電腦系統之漏洞，而入侵他人之電腦或其相關設備者，處 3 年以下有期徒刑、拘役或科或併科 10 萬元以下罰金。

第三五九條：（破壞電磁記錄罪）

無故取得、刪除或變更他人電腦或其相關設備之電磁紀錄，致生損害於公眾或他人者，處 5 年以下有期徒刑、拘役或科或併科 20 萬元以下罰金。

第三六〇條：（干擾電腦或其相關設備罪）

無故以電腦程式或其他電磁方式干擾他人電腦或其相關設備，致生損害於公眾或他人者，處 3 年以下有期徒刑、拘役或科或併科 10 萬元以下罰金。

---

10 資料來源：法源法律網，http://www.lawbank.com.tw。

二、《民法》[11]

第二十八條：（第二節法人，第一款通則）

法人對於其董事或其他有代表權之人因執行職務所加於他人之損害，與該行為人連帶負賠償之責任。

第八十八條：（第三節意思表示）

意思表示之內容有錯誤，或表意人若知其事情即不為意思表示者，表意人得將其意思表示撤銷之。但以其錯誤或不知事情，非由表意人自己之過失者為限。

當事人之資格或物之性質，若交易上認為重要者，其錯誤，視為意思表示內容之錯誤。

第一八四條：（第五款侵權行為）

因故意或過失，不法侵害他人之權利者，負損害賠償責任。故意以背於善良風俗之方法，加損害於他人者亦同。

違反保護他人之法律，致生損害於他人者，負賠償責任。但能證明其行為無過失者，不在此限。

第二四七之一條：

依照當事人一方預定用於同類契約之條款而訂定之契約，為下列各款之約定，按其情形顯失公平者，該部分約定無效：

1. 免除或減輕預定契約條款之當事人之責任者。
2. 加重他方當事人之責任者。
3. 使他方當事人拋棄權利或限制其行使權利者。
4. 其他於他方當事人有重大不利益者。

三、《公平交易法》[12]

第十九條：（限制競爭或妨礙公平競爭之虞行為）

有下列各款行為之一，而有限制競爭或妨礙公平競爭之虞者，事業不得為之：

---

11 資料來源：全國法規資料庫，《民法》法條。
12 資料來源：行政院公平交易委員會，公平交易。

1. 以損害特定事業為目的，促使他事業對該特定事業斷絕供給、購買或其他交易之行為。
2. 無正當理由，對他事業給予差別待遇之行為。
3. 以脅迫、利誘或其他不正當方法，使競爭者之交易相對人與自己交易之行為。
4. 以脅迫、利誘或其他不正當方法，使他事業不為價格之競爭、參與結合或聯合之行為。
5. 以脅迫、利誘或其他不正當方法，獲取他事業之產銷機密、交易相對人資料或其他有關技術秘密之行為。
6. 以不正當限制交易相對人之事業活動為條件，而與其交易之行為。

《公平交易法》第二十四條對「營業秘密」加以保護

WIPO 在 1967 年《世界智慧財產權組織成立公約》，將包括：專利、商標、著作權、營業秘密、技術訣竅等稱為稱作「智慧財產權」。1994 年，世界貿易組織協定在《與貿易有關之智慧財產權協定》（TRIPS）確定其範疇。依據該協定第二編，被列入為智慧財產權的標的有：(1) 著作權及相關權利；(2) 商標；(3) 產地標示；(4) 工業設計；(5) 專利；(6) 積體電路之電路布局；(7) 未經公開資訊之保護；及 (8) 契約授權時有關反競爭行為之控制。

四、《營業秘密法》[13]

第二條：

本法所稱營業秘密，係指方法、技術、製程、配方、程式、設計或其他可用於生產、銷售或經營之資訊，而符合下列要件者：

1. 非一般涉及該類資訊之人所知者。
2. 因其秘密性而具有實際或潛在之經濟價值者。
3. 所有人已採取合理之保密措施者。

---

13 資料來源：法源法律網，營業秘密法。

第十條：

有下列情形之一者，為侵害營業秘密。

1. 以不正當方法取得營業秘密者。
2. 知悉或因重大過失而不知其為前款之營業秘密，而取得、使用或洩漏者。
3. 取得營業秘密後，知悉或因重大過失而不知其為第一款之營業秘密，而使用或洩漏者。
4. 因法律行為取得營業秘密，而以不正當方法使用或洩漏者。
5. 依法令有守營業秘密之義務，而使用或無故洩漏者。使前項所稱之不正當方法，係指竊盜、詐欺、脅迫、賄賂、擅自重製、違反保密義務、引誘他人違反其保密義務或其他類似方法。

第十二條：

因故意或過失不法侵害他人之營業秘密者，負損害賠償責任。數人共同不法侵害者，連帶負賠償責任。前項之損害賠償請求權，自請求權人知有行為及賠償義務人時起，2年間不行使而消滅；自行為時起，逾10年者亦同。

「智慧財產權」及「營業秘密」

1. 營業秘密不是「專利」而是「知識財產」，營業秘密不可申請專利。
2. 企業有權保護其內部營業的機密，凡竊取盜用之行為等同偷竊，一般以合約約定。
3. 常見於如員工聘任契約、公司間交易契約等文內有敘述雙方應遵守的保密範圍，因為某些過程或任務需要透露公司所認定之機密，因而需要簽署保密條款。

參 管理層面

網際網路興起後,快速傳遞資訊、節省經營成本的附加效益被企業大量運用,期望藉由 e 化,完成辦公室自動化,但也衍生出很多的問題,比如商業間諜從最初臥底到現在的電腦駭客,現在不只房仲業,各行各業,甚至許多腦力密集度高的電子業也因員工跳槽,而導致涉嫌商業機密外流的案例也不少,國內電子業龍頭級大廠包括:台積電、聯發科、鴻海和友訊等,都曾面臨類似事件。公司內控也成了管理者當局必須面對的重要問題之一。

以下為企業常見內控方法。

一、招募員工限制——房仲業防滲透「白紙」才錄用[14]

大型房仲業向來嚴防同業滲透,包括每年都會跟員工家人噓寒問暖、面試時追問男女朋友職業,徵才門檻還有限大專畢業新鮮人、不用有仲介經驗者條款,都是為了避免引狼入室。信義房屋要求員工的二親等不能在同業工作,而且定期更新資料。還首創只用大學畢業的社會新鮮人、沒有仲介經驗的白紙等徵才門檻。永慶房屋,除了要員工填寫親屬在同業任職情形的關係表,現在用人也都要求沒有相關經驗的新人。過去永慶內控的方式,是在面試時詢問員工在業界的人脈,連徵秘書也要問清楚家人、男女朋友的職業,錄取後還要求寫關係表詳細交代。台灣房屋要求員工剛進公司時要填報表,隨職務的重要性來決定競業禁止的範圍,原則上三等親的工作內容都要交代,每隔 1、2 年會與員工家屬聯繫、確定家屬工作業別及變化,「因為房仲業者經手金額很龐大,很重視安全性,必須幫客戶做好管理。」台灣房屋總經理彭培業說,如果員工對家人關係沒辦法交代,甚至故意隱瞞造假,就代表誠信有問題,發生這種狀況必須明快處理,馬上調離或是免職。商業間諜竊取的不只是公司的機密資料,甚至有關客戶的資料,為客戶資料做好管理把關的工作也是企業責任的一部分。

---

14 資料來源:林韋任、陳培思,2008 年 7 月 30 日,聯合報。

二、競業禁止條款[15]

競業禁止有所謂「法定之競業禁止」與「約定之競業禁止」。

(一)法定之競業

禁止義務係針對特定人於任職關係存續中所制定之競業禁止規範，至於不具前揭特定身分之一般受僱人，則可以契約之附隨義務，解釋其於任職關係中之競業禁止義務。任職關係終止後之競業禁止義務，法則無明文可循。

《公司法》第三十二條規定：「經理人不得兼任其他營利事業之經理人，並不得自營或為他人經營同類之業務。但經董事或執行業務股東過半數同意者，不在此限。」

《公司法》第二○九條第一項規定：「董事為自己或他人為屬於公司營業範圍內之行為，應對股東會說明其行為之重要內容並取得其許可。」

《民法》第五六二條規定：「經理人或代辦商，非得其商號之允許，不得為自己或第三人經營與其所辦理之同類事業，亦不得為同類事業公司無限責任之股東。」

(二)約定之競業禁止

是指勞資雙方所簽訂契約，內容為員工於勞動關係終止後，不得與原雇主競爭營業，在一定期限內從事同性質業務。

「約定之競業禁止」是指，當事人間於職務關係終止後，在一定期間內，仍負不競業之約定者，於不違背公序良俗之範圍內，其約定仍有效力。此種情形，其不競業義務不當然隨職務關係之終止而消滅。在訂定競業禁止約款時，應本於維護營業秘密之必要目的，在不過度侵害人民生存權及工作權之限度下做適當合理之限制。

另外，法院就競業禁止條款是否有效之爭議所做出之判決，可歸納出下列衡量原則：

1. 企業或雇主須有依競業禁止特約之保護利益存在。

---

15 資料來源：民楊法律事務所——高揚的法律天地。

2. 勞工在原雇主之事業應有一定之職務或地位。
3. 對勞工就業之對象、期間、區域或職業活動範圍,應有合理之範疇。
4. 應有補償勞工因競業禁止損失之措施。
5. 離職勞工之競業行為,是否具有背信或違反誠信原則之事實。

三、保密協議（NDA）[16]

保密條款或**保密協議**（non-disclosure agreement, NDA）中雙方當事人的權利和義務由雙方當事人自行協商而定。

保密條款或保密協議中應寫明保密的範圍、期限、員工應履行的保密義務,及員工違反保密約定時應承擔的責任。保密的期限一般與勞動契約相同。

哪些員工要簽訂保密協議？

1. **高級研究開發人員、技術人員、經營管理人員**：他們掌握著企業的核心技術,或者擔任企業的主要管理工作,掌握著企業的重要經營資訊,他們是簽訂保密協議的主要對象。
2. **一般技術支持人員和關鍵崗位的技術工人**：他們雖然不是最主要的人員,但是也有可能接觸到企業的核心技術,也有必要與他們簽訂保密協議。
3. **市場計畫、銷售人員**：為經營決策的實施者,了解企業的營銷計畫、客戶名單,因此企業會與其簽訂保密協議。
4. **財會人員、秘書人員、保安人員等**：他們都有可能由於崗位的原因而了解到企業的商業秘密,如果不與他們簽訂保密協議,他們很可能有意或無意的洩漏企業的商業秘密。

四、其他防止資料外洩方法

1. **採輪調制度**：定期（例如：2年到3年）換一次工作,防止員工長期在同一個職務上工作長而熟知公司機密資訊。

---

16 資料來源：葉玟妤律師。

2. 將一份工作分配給多個人來做：將一件工作分工給多個人，使每個人只知道自己工作的部分，而不知整件企劃的全部，以免重要資料外流。
3. 將某些機密文件分別設定不同權限的使用者存取：將機密文件分成好幾個部分分別由不同人保管，層層把關確保機密安全。
4. 文件加密。
5. 禁止使用 USB 的儲存硬體，禁止員工裝置其他軟體。
6. 禁止以 e-mail 傳送大型檔案。
7. 另外將公司研發團隊跟一般員工隔離（所謂的 clean room）：將公司負責研發的重要人員與一般工作人員隔離，以免研發人員透過一般工作人員，將公司的新產品資料對外洩漏給其他敵對公司。
8. 監看員工使用電子郵件、網際網路與電腦檔內容：企業監看員工使用公司的通訊設備，使得「企業營業秘密保護」與「員工隱私權保障」間，難以取得平衡。

從企業經營者的角度來看，企業內部網路的建置，包括硬體與軟體，全部都是公用目的，員工必須遵守公司設置目的使用，不得作為私人使用，當然，更嚴格限制將機密文件外傳。透過公司網站的電子郵件系統收發信件，應屬雇主所有，而非員工所有。因此，雇主所監看的不是「他人」的電子郵件，而是雇主「自己」的電子郵件。雇主監看員工使用網路的行為，如果有正當理由，例如：防止營業秘密遭到侵害，雇主不會構成刑法上的犯罪。不過，雇主最好能明白告知員工，有關公司的電子郵件政策及內部網路使用規定，並納入與員工間的勞動契約，或是運用制定工作規則方式加以規範，以免引發企業與員工間的民刑事糾紛。

肆 結論

經濟發展從農業社會進步到工商業社會。大家都懷念農業社會人際間的信任；但是，在農業社會裡，因為市場分工有限，買賣交易大都是熟人關係，所以相信熟人就可以了，而熟人間的誠信是比較容易做到的。在工商社會，因為分工細密，交易對象愈廣，市場交易對象很多不但互不相

利與義——企業倫理

識，可能還從未謀面，但市場要順利運行，就必須信任陌生人。

而商業誠信的要求是「信任制度」。例如：會計師簽字，就證明帳目是正確的，所以叫做簽證。信任制度要比信任陌生人更難。況且，現在社會由於市場逐漸飽和，公司間競爭激烈，形成惡性商業競爭，造成商業間諜層出不窮，商業道德逐漸敗壞，更難以達到互相信任的買賣原則。

現在這個資訊爆炸的時代，e化成了各行各業的新潮流，但也衍生出很多的問題，譬如商業間諜從最初臥底到現在的電腦駭客，正所謂的時代在進步，連間諜的手段也在進步。

然而，現在的公司幾乎都是依賴電腦在做事，對方只要一個木馬程式就能把公司弄得天翻地覆，導致公司把電腦和網路控管得非常嚴厲，儘管我們上了再多的鎖來保護商業機密，但這些往往只能防君子，不能防小人，應建立一套有遠見的改善制度。

當產業之發展，因市場成熟而遇上瓶頸時，開拓新業務是一種策略，侵損同業之市場份額是另一種選擇。前者光明磊落、積極進取；後者損人利己，敗壞商業道德。惡性競爭是產業的長痛，不利於提升服務層次。遺憾的是，台灣仍存在惡性競爭之道，破壞競爭倫理與市場秩序，或許想要促進經濟發展的第一步應該是推廣公司與員工道德、公司間，以及員工間利用良性競爭促使雙方互相成長。

問 題

1. 公司道德應如何推廣？請舉例說明。
2. 試說明公司道德推廣之優點。
3. 員工應遵守的道德原則為何？請舉例說明。
4. 商業間諜可能觸犯的相關法條為何？
5. 企業常見內控方法為何？
6. 在保密協議（NDA）下，哪些員工應簽訂保密協議？原因為何？
7. 何謂競業禁止條款？
8. 法院就競業禁止條款是否有效之爭議所做出之判決之衡量原則，試說明之。

企業倫理

Chapter 9

企業責任與消費者權益

壹 消費者權益

一、消費者權益與發展

　　20世紀因科技及經濟的快速成長，導致商品或服務不論在種類與數量上均大幅增加，且大眾傳播媒體的發達運用，以及各種產品廣告和行銷手法的推陳出新，其中很多真偽難辨，影響消費者的權益甚鉅。由於產品的多樣化和細緻化，為人們帶來了極大的便利，卻也因為企業的良莠不齊，使消費者權益受損。因此，如果消費者無法正確地選擇與合理的消費，其所從事的交易就不能獲得公平合理的待遇，極有可能因消費而危害到消費者的生命、身體、健康和財產的安全。

　　消費者對於取得的商品或服務之真相，應該有知的權利。最早於1962年，美國約翰‧甘迺迪總統發表了「保護消費權益致國會特別咨文」，提倡消費者四大權利：(1) 安全的權利（safety）；(2) 被告知的權利（to know）；(3) 選擇的權利（right to choose）；以及 (4) 受理的權利（legal right）；同時強調政府應推動更多立法與行政措施，以善盡保護全國消費者之職責。保護消費者權益的意識，隨著社會的進步逐漸抬頭。

二、消費者權益與國家保護

在消費者權益的保護方面，不僅經營者負有直接的義務，而且國家、社會也都負有相應的義務。只有各類主體都有效地承擔起相應的保護消費者權益的義務，消費者的各項權利才能得到有效的保障。為此，我國《消費者保護法》對於國家和社會在保護消費者權益方面的義務也都做出了規定。在消費者政策和消費者立法方面，國家應當保護消費者的合法權益不受侵害，並應採取具體措施，保障消費者依法行使權利，維護其合法利益。國家對消費者合法權益的保護主要體現在以下幾個方面：

1. **在立法方面的保護**：國家在制定有關消費者權益的法律、法規時，應當聽取消費者的意見和要求。此外，立法機關在將消費者政策提升為法律時，也應當聽取消費者的意見和要求。

2. **在行政管理方面的保護**：政府的行政管理工作與消費者權益的保護水準直接相關。各級政府機關應當加強監督，預防危害消費者人身、財產安全行為的發生，及時制止危害消費者人身、財產安全的行為。這實際上是對消費者的保障安全權、提供重點的確認和保護。政府管理和行政部門，應當依照法律、法規的規定，在各自的職責範圍內，採取措施，保護消費者的合法權益。此外，有關行政部門應當聽取消費者及其社會團體對經營者交易行為、商品和服務品質的意見，及時調查處理。

3. **在懲處違法犯罪行為方面的保護**：政府機關應當依照法律、法規的規定，懲處經營者在提供商品和服務中侵害消費者合法權益的違法犯罪行為，以切實保護消費者的合法權益。為了及時有效地懲處侵害消費者合法權益的違法犯罪行為，法院應當採取措施，有利於消費者提起訴訟。對於符合我國《民法》或《消費者保護法》起訴條件的消費者權益爭議，法院必須及時審理，以使消費者權益爭議儘快得到解決。

保護消費者權益，不僅是國家的責任，也是企業單位、社會團體，以及消費者自身的責任。國家應鼓勵、支持一切組織和個人對損害消費者合法權益的行為進行監督控管。社會保護是國家保護的必要補充。只有建立

起全社會共同保護消費者權益的保護機制，才能使消費者的合法權益得到最充分、最有效的保護。而社會可提供以下保護：

1. **大眾傳播媒介的保護**：大眾傳播媒介應當做好維護消費者合法權益的宣傳，對損害消費者合法權益的行為進行輿論監督。大眾傳播媒介的宣傳，可能針對關於商品或服務的知識，也可能針對消費者權益保護的知識，並應對侵害消費者合法權益的行為進行報導，以便實行監督。

2. **消費者組織**：消費者組織是指依法成立，並對商品和服務進行社會監督、保護消費者合法權益的社會團體。消費者組織是保護消費者合法權益體系中的一個重要組成部分，其主要特徵就是以保護消費者利益為宗旨的社會團體。消費者組織是消費者運動的產物。據研究，1844年英格蘭北部羅奇代爾市成立的消費者合作社，即為現代意義上的第一個消費者組織。美國於 1898 年出現了地區性的消費者組織——美國消費者聯盟。而台灣常見或耳聞之消費者保護機構如下：（含公、私立機構。）

    (1) 行政院消費者保護委員會。
    (2) 中華民國消費者文教基金會。
    (3) 台灣消費者保護協會。
    (4) 中華民國網路消費者協會。
    (5) 中華民國汽車消費者保護協會。
    (6) 台中市消費者權益促進會。
    (7) 交通部（消費者資訊專區）。
    (8) 行政院金融監督管理委員會（消費者園地）。
    (9) 行政院衛生署（消費者資訊）。
    (10) 教育部（教育消費服務）。
    (11) 財政部（消費服務）。
    (12) 內政部（165 防詐騙專線）（消費者保護資訊）。
    (13) 外交部（國外旅遊警示分級）。
    (14) 「環保標章資訊站」（綠色消費）。

三、我國消費權益保護現狀

(一)我國消費者權益保護運動起步較晚

我國消費者權益保護運動起步較晚,其步伐已遠遠落後於西方發達國家。美國早在 30 年到 40 年前就已認知消費者權益的重要。我國則遲至民國 83 年 1 月 11 日始完成消費者保護法的立法程序。並於同年 7 月 1 日成立行政院消費者保護委員會,將消費者保護之理念與責任,正式納入中央政府行政體系,為我國保護消費者具體行動樹立基石,主要是規定消費者權益保護中的一些根本問題的法律。消費者常見及所需的權利包括:安全權、選擇權、公平交易權、求償權、獲知權和監督權等,其中已有部分落實於法律條文,但仍有大部分需要加強及訂立,以確保消費者權益在法律上能有切實的保障。

(二)消費者權益保護所存在的問題及不足之處

隨著時間的推移、經濟的逐步發展,消費者權益保護所存在的問題也逐漸顯現出來。主要有以下八個方面:

1. **權利範圍問題**:消費者的權利範圍不可能無限上綱,所以權利範圍有其限制之必要,該如何清楚劃分?都是當務之急。
2. **行政保護體制問題**:行政保護是履行保護消費者權益的一項重要法律制度。由政府所領導的行政保護架構,係指以一個部門為主,多個部門各司其職,彼此相互配合。但是,在實際運作時卻矛盾叢生:一是在制定消費者保護措施方面,由於各部門分工不夠明確,有一些方面主次難分,造成消費者權益保護措施嚴重滯後;二是在受理消費者申訴方面,也由於各部門分工不夠明確,造成各部門受理範圍不清;三是法律規範部分,仍有許多條款尚未落實及設立。以上種種原因降低了保護消費者權益的力度。
3. **維護權益途徑問題**:協商和解、調解、申訴、仲裁和訴訟五種維護權益途徑,主要是用來保護消費者權益的關鍵問題,但是在實踐時往往是協商不歡而散、調解難見分曉、申訴久拖不決、仲裁沒有依據、起訴精疲力盡,最後導致消費者懶於奉陪,自認倒霉,而嚴重地影響到

消費者權益的落實。

4. **舉證責任和費用問題**：目前發生消費糾紛時的舉證責任沒有做出專門規定、消費者在消費糾紛中處於弱者的地位，但為了舉證，特別是高額的商品檢測費用往往超過糾紛商品本身的價值，使消費者望而卻步。

5. **賠償主體問題**：侵害消費者權益的行為發生後的賠償主體規定：消費者在購買、使用商品，其合法權益受到損害時，可以向銷售者要求賠償；消費者或者其他受害人因商品缺陷造成人身、財產損害時，可以向銷售者要求賠償，也可以向生產者要求賠償。但是，這樣的規定也容易造成認知歧義，認為消費者唯有因瑕疵商品受到損害時，才能向銷售者求償，缺乏了消費者對賠償主體選擇權的規定。

6. **民事責任的落實問題**：《消費者保護法》中雖然規定了經營者應當承擔相應的責任，但對「故意拖延」、「無理拒絕」沒有規定具體的處罰執行標準，造成行政機關難以運作，不便於消費者追究經營者的法律責任，也大大削弱了《消費者保護法》的作用。

7. **行政執法措施問題**：目前《消費者保護法》缺乏對執法措施的明確規定。一是對行政機關查處嚴重侵害消費者權益的行為沒有明確其可以行使哪些調查手段；二是侵害消費者權益的行為發生後，為了控制危害範圍、降低危害後果，行政執法機關需要採取一定的應急手段。

8. **消費者糾紛的訴訟程序問題**：司法訴訟途徑是消費者依法維護權益的保障。目前，消費訴訟主要是由消費者個人提起，而且沒有適用於消費者群體訴訟的程序，消費者協會不具有訴訟主體的地位，相關的程序減化沒有在立法上得到解決，缺乏仲裁或行政裁決的相關規定，現存的訴訟制度已經不適用消費者維護權益的實踐需要。

四、新興消費模式：網路消費及相關權益

網路科技蓬勃發展，即使不出門便能知道天下事，網路購物所帶來的便利性、風潮，亦成為生活中交談的熱門話題之一。而網路拍賣產業的蓬勃發展，雖然克服實體交易環境對消費者的障礙，卻也提供消費者更多

的購物機會及便利性。然而，隨著消費量增多，不但帶動了市場經濟的成長，卻也不可避免地帶來更多交易糾紛。因此，消費者更應了解以下網路消費相關權益：

1. **網路隱私權益**：個人隱私資料包括：姓名、出生年月日、身分證字號、信用卡、簽字、指紋、婚姻、病歷、財產、電話號碼、e-mail 等高度敏感性資料。個人隱私資料非經當事人同意不得提供給第三者。此外，網路密碼的隱私性與保密性更需絕對性的保護與安全。
2. **網路交易安全保障**：目前網路交易最大瓶頸在於**消費者信賴感**（consumer confidence）尚未建立，而網路消費信賴感卻必須建立在網路交易安全保障與網路交易糾紛合理解決機制之上。網路交易安全機制需要確保在跨國網路傳輸中，交易資料被加密處理而使信用卡資料不會被截取盜用等。各種網路交易安全技術，如：SSL、SET、CA、RSA IC 卡等都是重要項目，而更重要的是，網路交易安全管理制度需能妥善規劃且完善地推行。
3. **網路交易糾紛處理機制**：現在世界各國均在研究建立一個更為理想的網路交易糾紛處理方式與機制，尤其是跨國網路交易糾紛，如：採用國際商業交易糾紛仲裁等。
4. **顧客服務、抱怨與申訴管道**：網路交易環境中，顧客服務更為重要，商家顧客服務處理機制是網路交易優劣的決定性因素。
5. **網路消費信賴標章**：一般消費者無法辨識網路商家的好壞，因此可借助公正第三者或公協會推動建立網路消費優良商家標章，以便協助消費者扮演好監督的角色，增進消費者網路交易的信賴感。

五、企業經營者如何做好消費者保護工作

消費者保護工作之目的，不僅為保障消費者權益，更是企業經營者為企業之永續經營所必須，企業經營者如能體認消費者權益與企業利益相輔相成之關係，並依《消費者保護法》規定，落實下列工作，應得以促進消費者與企業經營者之良性發展：

1. **重視消費者之健康與安全**：(1) 加強產品品質管理，防止有瑕疵之產品流入市場。危險產品應有警告標示，以及載明使用、保存、處理危險方法和使用期限等；(2) 產品流入市場有危害消費者安全與健康之虞時，應立即採用必要措施，或收回該產品；(3) 透過產品責任保險以分散企業經營者之責任，惟為降低保險費用，可由同業公會集體辦理產品責任保險。
2. **向消費者說明商品或服務之使用方法**：依《消費者保護法》規定，企業經營者應致力充實消費資訊，向消費者說明商品或服務之使用方法提供消費者運用，俾使消費者採取正確合理之消費行為。
3. **維護交易之公平**：企業經營者應配合主管機關檢討定型化契約，落實平等互惠、誠實信用原則，另刊登廣告內容不得誇大不實或引人錯誤，以降低消費爭議之發生，並提升消費生活品質。
4. **提供消費者充分與正確之資訊**：企業經營者對於郵購買賣或訪問買賣等交易型態，應提供充分與正確之資訊，俾使消費者得以採取正確合理之消費行為。企業經營者並應依《消費者保護法》之規定，在買賣契約上明訂解除契約、回復原狀、費用負擔等規定，以防止消費爭議之發生。
5. **加強消費爭議處理**：為因應《消費者保護法》有關消費訴訟之規定，企業經營者應調整以往對消費爭議被動消極處理之態度，宜設立消費者服務中心，或消費者申訴電話專線，專責處理消費爭議案件，俾使消費爭議盡可能透過雙方當事人和解解決，或透過消費爭議調解委員會申請調解解決，避免興訟之鉅大社會成本。

個案分析 HOLA 6.4 兆千元禮券

本例依據 HOLA 所發生的「HOLA 和樂家居館」網路標錯價格烏龍事件為出發點，來探討在網路上買賣行為所牽涉的各種網路糾紛。網路的特性不僅促成網路零售商的興起，不再負擔存貨倉管成本，直接透過網路來買賣物品。傳統業者也紛紛加強網路在業務上的應用，透過網路互相連結、上下游供應鏈的整合，節省企業的經營成本與時間。

企業倫理

　　由於網路的快速及方便，許多人便經由網路來買賣物品。然而，以 HOLA 千元禮券烏龍案為例，許多消費者可以發現，在網路上買賣行為所牽涉的問題很複雜。而在 2009 年 9 月 26 日晚上 9 點 36 分開始，到 27 日上午 10 點 HOLA 移除該網頁為止，HOLA 網頁出現異常標價，原本定價為新台幣 1,000 元的禮券在網頁售價中為 0 元，網友在爭相告知下紛紛下標，其下單會員人數共有 2,600 餘人，其中 2,500 餘人係當天申請的新增會員。HOLA 強調它們是被駭客入侵，才會出現單筆超過 21 億元的大訂單。若以禮券面額計算價值逾 6.4 兆元。

(一) 遇到買賣糾紛造成損失時，企業家該如何認列？

　　以 HOLA 來說，這個標錯價事件使它們損失高達 6.4 兆元，依照會計學的觀點而言，若是屬於一般賠償，企業該如何認列這個損失？若消費者堅持上訴，企業又該如何認列這個或有事項？藉此，將探討這些會計問題並簡單敘述「或有事項」。

(二) 針對網路購物在交易上所產生的契約問題

　　在現今的網路環境下，如果能對虛擬商店的契約締結過程有比較清楚的認識，就是需要透過虛擬商店下整體產生的各種問題先做一番了解。而在看不見實體的情況下，網路契約在什麼條件下才算成立？以及透過網際網路訂定契約時，法律對消費者有什麼特別的保障？藉此，我們將進一步討論並針對網路購物所衍生的法律問題來加以探討。

(三) 針對網路購物產生問題之解決辦法

　　針對 HOLA 千元禮券烏龍案所產生有關的網路問題，來探討內部管理系統和電子商務相關的安全機制，到底錯誤在哪裡？要怎麼化解危機？如何才不會出現下一次的錯誤？怎麼做，才可以將「技術」與「管理」整合，以阻止大部分入侵的行為。

貳 財務面分析

　　所謂的會計，即是透過觀察、認定、衡量，將交易及事項記錄、分類或彙總，使其具有意義且相互關聯，並且加以報導及描述特定企業個體之財務狀況、營運結果現金流量，以提供相關人士財務資訊，協助其做成決策或判斷。且會計對企業活動和營運有著密切的關係，健全的會計可以促進企業管理制度的完善，協助企業管理者做出正確決策。不論企業的型態是營利事業、公營事業、機關、團體，都有各種不同的經濟活動和交易。為了表達企業的財務狀況與經營績效，以達到最高利益的經營管理目標，必須借助會計來做資料的記錄、分類、彙總、報導和分析。

損失的認列

　　茲將此次 HOLA 禮券烏龍事件而言，將分為三種假設情況來探討：

- 假設情況一為單純的駭客入侵，那麼就是認列發給 2,600 個會員每人 1,000 元禮券，總額共是 2,600,000 元。則會計分錄：

　　　　借：損失　　　　　　　　2,600,000
　　　　　　貸：其他應付款　　　　　　　　　　2,600,000

- 假設情況二為人為疏失，則 HOLA 應認列全部損失，那麼將要認列 6.4 兆元的負債。則會計分錄：

　　　　借：損失　　　　6,400,000,000,000
　　　　　　貸：其他應付款　　　　　　　　6,400,000,000,000

但因 HOLA 的實收資本額只有 5.3 億元，如果認列 6.4 兆元的負債，將會導致 HOLA 之財務資本結構陷入窘困的局面，這或許就是 HOLA 要對外宣稱此烏龍事件發生純屬遭受駭客入侵所致。但是，不管真正原因為何，以上的損失都應認列在 HOLA 財務報表上的營業外費用項下的損失或認列在非常損益。不論如何，都將導致 HOLA 2009 年度淨利下降。

- 假設情況三為消費者堅持上訴，那麼在尚未得到最終法院判決前，於2009年度所公布財務資訊中，HOLA 須將此烏龍事件列為「或有事項」報導之。

企業的經營活動，常產生許多目前不能確定的後果。這些後果可能對企業有利，也可能對企業不利。對企業有利的後果，若經證實，可能增加資產，亦可能減少負債。對企業不利的後果，若經證實，亦可能減少資產或增加負債。所有這些不確定的後果，都是基於目前已經存在的交易或事項。未來交易或事項的後果不能現在預先認列。而本章以介紹或有事項之成立要件，及企業應如何認列分別做介紹與分析。而所謂的或有事項，是指在資產負債表日以前既存的事實或狀況，可能已對企業產生利得或損失，其確實結果，有賴於未來不確定事項的發生或不發生以證實者。關於或有事項的特質等事項，分述如下：

1. 該事項係為資產負債表日以前已存在之事實或狀況。
2. 該事項可能已對企業產生利得或損失。
3. 該事項最後結果不確定，其最後結果有賴於未來某事項之發生來加以證實。

一個交易事項是否產生義務大都不難判斷。例如，產品售後服務保證，當產品銷售且開給售後服務的保證書時，服務義務即存在；當企業以往年度有盈餘時發生年終獎金及紅利，而今年亦有盈餘時，則發放獎金及紅利的義務亦存在。有些事項是否產生義務則有賴於判斷。例如，企業被控告侵害專利權，是否有現時賠償義務、潛在賠償義務或沒有義務，則須根據所蒐集的證據做判斷。有關或有事項產生之情形，簡單分述如下：

1. 應收款項可能無法全部收回。
2. 產品或勞務出售附有售後服務保證時，或由於產品瑕疵可能引起損害賠償時。
3. 火災、爆炸或其他意外事故超出投保金額或範圍而對企業資產可能造成損失時。
4. 資產可能被國內外政府徵收或沒收時。

5. 因訴訟、侵權行為等可能造成損失時。
6. 對他人之債務提供保證可能造成損失或賠償時。
7. 銀行開發信用狀可能造成損失時。

　　而此 HOLA 誤標價事件，所產生的或有事項情形符合上述第五點：因訴訟、侵權行為等可能造成損失。換言之，如果將一個事項所產生的可能後果按照三個層面來考量，則使企業負有現時義務的可能性有多大？企業履行該義務需流出經濟資源的可能性有多大？履行該義務所需流出的經濟資源能否可靠地衡量？或有事項係指資產負債表日以前既存之事實或狀況，可能會對企業產生利得或損失，惟其確切結果，有賴於未來不確定事項之發生或不發生以證實者。上述利得或損失，在未證實其確切結果前稱為「或有利得」或「或有損失」。而未來不確定事項之發生或不發生之可能性，依其程度可分為下列三類：

1. **很有可能**：係指未來事項發生或不發生的可能性相當大時，要有認列準備。
2. **有可能**：係指未來事項發生或不發生的可能性介於「很有可能」與「極少可能」之間，則要有揭露或有負債的準備。
3. **極少可能**：係指未來事項發生或不發生的可能性非常小，則不認列不揭露[1]。

　　故假設有消費者上訴且訴訟成立，則認列金額將大於 2,600,000 元（因 2,600,000 元禮券已發放）。

　　　　借：損失　　　　　＞ 2,600,000
　　　　　　貸：其他應付款　　　＞ 2,600,000

1　資料來源：中華民國銀行公會網站。

企業倫理

參 法律層面

一、民法上網路購物契約之成立要件

一般我們談到網路契約,並無抽象的網路契約存在,而是視契約的內容,可締結買賣契約、旅行契約、證券交易契約、個人電腦銀行業務及網路銀行服務契約等。與一般契約不同的部分,在於其契約的締結,既不當面互為意思表示,也非經由傳統的傳遞媒介、而是經由網路傳送訊息。至於作為傳輸基礎之網路服務契約,則未必一定在網路上訂定,因為在簽約前,客戶通常並無可能經由網路要約或承諾,反而常以書面文件及簽名、蓋章來確定相關之權利義務的傳統方式締結。以下我們針對網路購物契約之成立要件及周邊問題來做說明。

(一) 第一項　網路購物契約的成立

成立契約,除須具備一般法律行為的成立要件(即當事人、標的及意思表示)外,尚須當事人互相表示意思一致。《民法》第一五三條第一項規定:「互相表示意思一致」,指兩個以上相互對立的意思表示一致。亦即當事人雙方的意思表示,在內容上客觀的趨於一致,並且在主觀上有相結合成契約的意思。

此條文所說的「明示」意思表示,是指以言語或文字明白表示出來的意思,如:寫信訂貨;而「默示」的意思表示是指,不以言語或文字表示,而以動作默示的意思,如:在便利商店不發一語,拿一個肉鬆三明治到櫃檯,並交給店員 30 元,這是要買那一個肉鬆三明治的默示表示。在網際網路上締結契約,通常是以明示的方式進行。

契約因要約與承諾一致而成立的情形最為常見。關於要約與承諾的意義及效力等事項,分述如下:

(二) 第二項　網路購物契約的要約

1. **要約與引誘要約的意義**:「要約」,是以訂立一定契約為目的,為喚起相對人承諾的一種意思表示。其目的以換取相對人為承諾,所以必

須具體表明契約的內容。「要約引誘」則是在引誘他人向自己為要約的意思表示，本身並不發生任何的法律效果，所以並未具體表明契約內容，必待他人為要約後，要約的內容始能確定。

2. **要約與要約引誘的區別**：《民法》第一五四條第二項規定：「貨物標定賣價陳列者，視為要約。但價目表的寄送，不視為要約。」此條文中所說的「貨物標價陳列」的意涵，是指將在商店裡的實質物標上一定賣價而加以陳列，應該是一種「實物」陳列。而在網路上虛擬商店所陳列的實質物，雖有標上一定的賣價加以陳列，但因非「實體」陳列，所以並無確切的法令管制。

二、《刑法》上網路購物背信及詐欺成立要件

所謂詐術，乃指一切足以使人陷於錯誤之行為。以作為或不作為方式傳遞與事實不符的資訊，所謂事實，係指現在或過去的事件，並不包括未來的預測。亦非僅指純粹的價值判斷，故要檢驗是否為詐術，必須要以過去或現在發生者加以檢驗真偽，對未來則無法檢驗。例如，股市報明牌的廣告是否屬投資應有的風險，其結果甚難加以檢驗。詐術包括積極與消極行為，積極詐術或稱施詐行為，係指行為人主動施用詐術之行為，不論以文字語言舉動為之。消極行為係指故意不告知，例如，銀樓陳列純金或K金等飾品，消費者購買時，店主故意不告知飾金成分，並以低價品混充高價品出售，致消費者誤信而購買。行為人若負有告知義務，因未告知致交易相對人陷於錯誤，產生損失者成立不作為詐欺。惟其不告知，則須在他人陷於錯誤前為之，若不告知，則在他人陷於錯誤後為之，則不成立詐欺。例如，便利商店多找零錢顧客不告知而取走超額款項顧客不算詐欺行為。

而在 HOLA 事件中，假設 HOLA 的網路會員在第一時間看到該標價時，是基於信賴原則而下標，而 HOLA 卻基於此方式來吸引更多的會員人數，以獲取更多的個人資料，那麼 HOLA 就屬於蓄意的人為疏失，這樣已觸犯《刑法》第三三九條意圖為自己或第三人不法之所有，以詐術使人將本人或第三人之物交付者，可處 5 年以下有期徒刑、拘役或科或併科 1,000 元以下罰金。

三、《消費者保護法》在網路購物上所應支付的權利義務

基於信賴原則,買賣雙方應支付要約內容裡的權利義務。企業若為賣方,應注意只要無不合理情事,通常買方於網路下標,並以最高價得標,雙方買賣關係即屬成立,企業負有「交付買賣標的物」之義務,此為「主要義務」,不論企業經營者以何文字、何方式於網頁上表達得「不交付買賣標的物」之意思,它們均屬違反《消費者保護法》第十二條定型化契約中之條款違反誠信原則:「對消費者顯失公平者,無效。」

而在定型化契約中之條款有下列情形之一者,推定其顯失公平:

1. 違反平等互惠原則者。
2. 條款與其所排除不予適用之任意規定之立法意旨顯相矛盾者。
3. 契約之主要權利或義務,因受條款之限制,致契約之目的難以達成者。

且依第二十二條之規定,企業經營者應確保廣告內容之真實,其對消費者所負之義務不得低於廣告之內容。例如,預售屋之廣告有標準游泳池,則其公設最少要有標準尺寸之游泳池,不能只有戲水池。否則企業經營者與明知廣告不實之廣告商應負連帶賠償責任。所以,在此次 HOLA 千元禮券錯標 0 元的烏龍案件中,HOLA 以每人 1,000 元及全年 88 折以彌補消費者的損失。

四、新型網路交易定型化契約之成立要件

針對近年來網路購物交易事件頻傳錯誤,而衍生出「網路交易定型化契約應記載及不得記載事項」草案。其中包含:企業經營者應載明企業之名稱、電話、電子郵件信箱及營業所所在地地址,且應於商品交易頁面提供交易商品之名稱、內容、規格及型號且明訂商品訂購數量上限及商品交付地及交付方式說明,並於契約中載明商品交易頁面之資訊視為契約之一部分,以電子文件為表示方法,並提供確認機制供消費者確認商品數量及價格等內容以完成訂購程序,未於消費者完成訂購之次日起兩個工作日

內，附理由向消費者為拒絕之表示者，視為接受消費者之訂購。退貨及契約解除權、個人資料保護、帳號密碼被冒用之處理等皆為企業經營者應記載之事項。

由於網路購物在實務上經常發生因網頁上所刊登之售價，以及折扣方式發生錯誤所導致之消費糾紛，為防杜此類爭議，在網路交易定型化契約應記載及不得記載事項於第五項明訂，契約應載明網頁上所刊登之價格及折扣方式，於因人為或系統產生錯誤時，除企業經營者證明消費者明知或可得而知此錯誤仍進行訂購外，如果消費者已完成訂購程序且企業經營者未於完成訂購之次日起兩工作日內為拒絕之表示者，即受訂購程序完成之數量及價格等內容拘束。且企業經營者須就消費者是否違反誠信原則負舉證之責。然而會造成如此嚴重的錯誤發生，原因是什麼呢？以下我們將探討企業對資訊系統管理的責任。

肆 管理層面

何謂管理？簡單來說，就是管理者為達成組織目標，所從事一連串管事理人的工作，因為管理的對象不外乎人事，其內涵則在於管理的功能。任何營利的企業都需要管理，包括街頭巷尾的一家小麵包店，亦必須如同鴻海一般，決定產品特色、掌控品質、僱用盡職的員工、維持顧客滿意等。此外，非營利組織亦需要良好的管理，如：慈濟、各大專院校。因此，可以說只要是組織，不論小至個人創業者、中小企業，大至跨國企業、製造業或服務業，甚或非營利組織，皆需要良好的管理以達成組織的目標。內控九大循環，亦是管理中重要的一環。

一、廣告效益

媒體爭相報導此「HOLA 6.4 兆千元禮券烏龍事件」，故特力屋於無形中達到廣告效益，此一廣告方式的成本大於企劃廣告的成本。茲分析過程如下：

(一)無線電視台：以中視為主

1 秒為 10,000 元 × 30 秒（一則新聞）= 300,000 元

黃金時段 7 點到 8 點：300,000 元 × 1（1 小時播放一次）= 300,000 元

300,000 元 × 7 元（連續報導天數）= 2,100,000 元

2,100,000 元 × 3 家（中視、華視、台視）= 6,300,000 元

(二)報紙

以 A6 十全版面 336,000 元 × 3 家報紙（《自由時報》、《中國時報》、《聯合報》）× 7 = 7,056,000 元

HOLA 利用媒體（報紙 + 無線新聞台）的廣告效益：

6,300,000 元 + 7,056,000 元 = 13,356,000（3 台無線電視台 + 3 家報紙的廣告成本）

HOLA 自行廣告的成本：

廣告 1 秒 5 元 × 一個廣告平均 30 秒 × 如果以 1 天 24 小時 × 每小時 2 次 × 3 個月（90 天）× 3 台（無線電視）= 1,944,000 元

→兩者相差：13,356,000 元 − 1,944,000 元 = 11,412,000 元

而 HOLA 賠償禮券的費用為 1,000 元禮券 × 2,600 人 = 2,600,000 元

假設 HOLA 是用蓄意出錯讓媒體打廣告可以結省的成本為：

11,412,000 元（媒體廣告與自己廣告相差的成本）− 2,600,000 元（賠償費用）= 8,812,000 元

根據以上數據我們認為此策略有可能成功，因為 HOLA 以 0 元禮券來打廣告的話，有些消費者可能不知道 HOLA 的存在，之後因 HOLA 藉此打廣告，以提升其知名度，導致讓不知道 HOLA 的消費者日後上門消費，來增加其營業額，而且利用媒體打廣告的成本大於自己打廣告的成本，但是假如 HOLA 有此作法的話也不會承認，因為 HOLA 如果用 0 元的禮券打廣告的話，這會有損 HOLA 的企業形象和商譽，更因此讓公司因賠償而面臨倒閉的危機。

二、內容控制與循環

組織長期發展的結果，使得規模和營運範圍日益龐大，於是組織中包

含許多不同的專門技術、為數眾多的員工,使得主管對組織營運無法實施個人的直接監督及個人的親身觀察,作為評估經營成果及財務狀況的手段,而必須依賴內部控制制度、各種報表、彙總性資訊,作為評估及實施改正措施的依據,以確保企業目標達成。而所謂的內部控制係由公司管理階層所設計,並由董事會、管理階層及其他員工執行之管理過程,以合理確保企業目標之達成。關於公司內控之九大循環:

1. 銷售及收款循環。
2. 採購及付款循環。
3. 生產循環。
4. 薪工循環。
5. 融資循環。
6. 固定資產循環。
7. 投資循環。
8. 研發循環。
9. 電腦資訊系統循環。

由此次 HOLA 禮券錯標價事件中可發現,造成大部分網路購物實務上經常發生網頁刊登錯誤的標價及折扣方式而產生的消費糾紛,係因為公司內控之九大循環項下的電腦資訊系統循環出現一些急待克服的問題。該資訊系訊的組織及職責,如圖 9-1 所示。

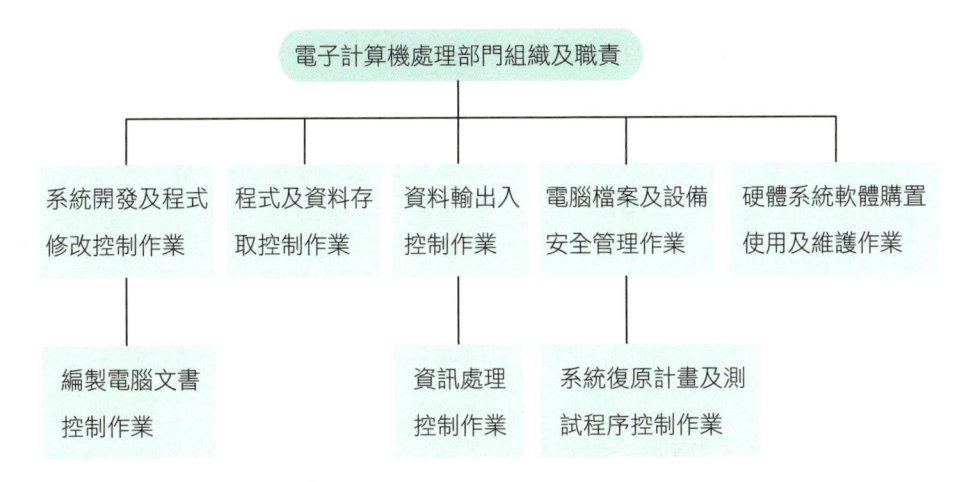

圖 9-1 電子計算機處理部門組織及職責

此項中的程式及資料存取控制作業、資料輸出入控制作業、電腦檔案，以及設備安全管理作業，皆有可能造成錯誤的發生。藉此，我們將在下節探討資訊系統的安全管理及化解危機的處理原則。

三、資訊系統安全管理

以往只有集中式主機才重視資訊系統安全，但隨著通訊技術的發展、網路的興起，愈見普遍的分散式系統，資訊系統安全受到侵害的機會大增。一旦資訊系統安全發生問題，將對人們的生活，甚至組織生存、社會經濟造成嚴重影響和損害。而安全的主要一項功能，便是降低風險至可接受的水準，有關資訊系統的風險分述如下：

1. **天然災害（自然環境的變異）**：由於地震、水災、風災等自然現象而引起資訊系統的變異，均屬此類，其他如電力異常（瞬間斷電）、漏水、鼠害等皆屬天然災害。
2. **機件故障（系統構成設備的變異）**：構成資訊系統的硬體設備或網路系統等的故障，所引起系統運作的停止或不正常運轉等障礙。硬體當機、網路傳輸不穩定，常常必須由工程師隨時搶修，而線路被挖斷或受到干擾，會使得連線作業中斷，此時若分支構機沒有做分散式自主處理的電腦，將使資訊系統間的運作停擺。
3. **人為過失（人為的無意疏忽）**：系統軟體有誤、應用軟體設計錯誤、系統操作、資料輸入錯誤等偶發性人為無意的疏忽。凡由於人為的非故意或怠慢等原因所引起的障礙均屬此類。
4. **人為的故意破壞（人為的惡意行動）**：由於人的不良居心和私人利益的惡意行為所引起的威脅。例如，蓄意破壞電腦設備；擅改、毀損資料或程式；不正當使用軟／硬體資源等。此種人為的惡意行動，一般稱之為電腦犯罪。

由於電腦犯罪為資訊科技時代下特有的產物，其性質又較特殊，所以接下來將會介紹電腦犯罪的原因與對策。電腦犯罪的型態，大致可以分為三類：第一類是藉由電腦病毒以癱瘓系統；第二類是電腦駭客經由網路入

侵；第三類是所謂的監守自盜。至於其目的則不外乎金錢利得、商業競爭或成就動機。就曾經生電腦犯罪的機構加以分析，其管理部門往往存在著下列問題：

1. **不恰當的工作分配**：將操作電腦的工作交給少數幾人負責，如程式設計師同時兼任資料輸入或資料檔案管理的工作，或由一般業務人員來操作電腦的工作。
2. **對機件防護不當**：對於放置電腦設備的周圍環境，未施以必要的防護設施。
3. **雖有制度化管理系統，卻未切實執行**：由於管理人員觀念上的偏差，以及電腦犯罪行為的高度隱密性複雜性，往往使組織內的管理制度公式化、形同虛設，無法發揮其預定功能。
4. **忽視電腦處理資料可信度的查核**：管理部門只注意維護電腦設備的運作，而忽視電腦處理資料的可信度的查核。
5. **在知識與態度上的缺失**：負責管理電腦系統的人員，往往因看不到電腦安全控制的實際效益，而加以忽視，甚至認為電腦安全控制將增加處理手續，妨礙業務進行的效率，因而摒棄應作的控管措施。以下將安全控管的層級分為四個層級：(1) 法律及社會道德；(2) 行政管理之控管；(3) 實體／硬體／網路安全之控管；及 (4) 資料庫／軟體安全之控管。

組織能否有效地管理電腦作業，直接影響著電腦安全。因此，應將組織內電腦安全的管理，納入原有管理體系，成為組織內系統控制流程、管理政策的一部分。

從表 9-1 的資料中，我們可以得知資訊安全人員的重要性，所以推動以下認證，就可以將「技術」與「管理」予以整合，進而阻止大部分入侵的行為。分述如下：

1. **技術人員認證**：在國內較為熱門的認證有 Microsoft，主要是表示系統工程師有充分的能力駕馭設置於 Microsoft Windows，及其伺服器軟體的資訊系統，可以有效率地進行規劃、建立、維護及支援工作。另外，有一個 CNP 認證，係要求除了必須擁有兩個以上的廠商認證外，

表 9-1 安全控管的層級

考量角度	行政安全	實體設備
控制事項	小心任用人選 警覺員工的不滿 工作採機能分工 限制系統的使用 用密碼及卡片鎖保護資源 用資訊及程式亂碼化 監控系統運作	實體安全 硬體安全 線路安全 通訊傳輸 系統程式安全 資料安全 電腦稽核

還必須擁有 2 年以上的相關工作經驗。有如此技術認證機制的把關，才能確保工作人員之技術品質。

2. **網路安全軟體認證**：網路安全產品的認證制度，主要是希望能提供給消費者採買網路安全相關產品時的參考，減低網路安全上的風險，避免購買到安全沒保障的產品。雖然目前國內似乎並無相關的主管機關或單位，執行網路安全相關產品的認證服務。然而，隨著網際網路的迅速發展及電子商務的推行，我們有必要對於自己的網路安全產品建立認證制度，如此在面對多樣的網路安全相關產品時，消費者在選擇上便可以有所依據。以下條列美國 ICSA 的作法以供參考：

    (1) ICSA 與擁有測試程式的廠商或組織簽訂契約，簽約廠商或其他組織必須保證持續開發與維護測試程式。

    (2) ICSA 對於通過認證的產品，每年將有 2 到 4 次的不定期測試，若此時產品無法通過測試，將給予廠商 2 到 4 週的時間改善，若於期間無法改善，則將取消認證資格。

    (3) ICSA 認證將每年更新，以提供使用者最新版本的軟體是否可信賴的參考依據。

3. **網路保全服務**：現今的生活中，假如有歹徒侵入住家，這時若有保全裝置，保全公司將採取迅速的反應，以避免顧客遭受危險或損失。而網路保全服務的性質，類似於現今的保全公司，亦即在入侵攻擊事件發生時，透過此機制能迅速處理並降低損害。對企業來說，取得認證的員工數目愈多，代表專業技術能力愈強；對個人來說，取得認證是

能力的肯定。當然，一個管理者愈了解系統，對系統的安全愈有助益。

4. **控管（電子／人員）**：常見控管方法，例如，設定密碼、定期更換、定期員工輪替等。

四、化解危機的處理原則

在經濟自由化的年代，企業需承受強大的競爭壓力，更常面臨危機，而這些危機看來像是外在環境因素造成的，但仔細追究，通常是企業準備不周所引起，所以在平時就要做好危機發生的準備，才能減少危機發生的機率，且在面臨狀況時，才能化危機為轉機。處理原則如下：

1. 充分了解企業經營情況與產品資訊，隨時留意異常狀況。
2. 列出危機評估表，並依發生的可能性排列。
3. 成立危機處理小組與發言人制度，成員各司其職，並於平時模擬各種突發狀況，經常練習並檢討得失。
4. 危機出現時，要在最短的時間內找到原因，並採取補救措施，儘速向大眾公布。
5. 企業應勇於承擔責任並面對問題、給予受害者補償和立刻處理有問題的產品。在此次事件中，HOLA 一直到隔天才發現網路交易平台有遭人不當使用，隨即在 2 天內發出聲明稿，並解釋原因，還給予消費者每人 1,000 元禮券及 88 折的消費補償。

隨著電子技術和網路被廣泛應用於企業管理系統，企業管理系統的安全性已經成為一個廣泛而複雜的主題，這個領域面臨的最大挑戰之一是，可能有完全不符合所有已知模式的新型安全性缺陷出現。知識管理、文檔管理，以及協同管理是企業發展的必然趨勢。使用協同式管理，可以降低營運成本、提高生產效率、增進團隊之間的交流、簡化處理進程等，好處之多不勝枚舉。因此，在實現協同、共享的同時，保證強而有力的安全支持，才是真正的解決之道。

伍 結論

　　本章主要在探討「HOLA 和樂家居館」網路標錯價格事件來探討相關的會計、法律、內部管理等問題。事情發生發後，經 HOLA 清查發現，下單會員人數共有 2,600 餘人，其中 2,500 餘人係當天申請的新增會員。以禮券面額計算，價值逾 6.4 兆元。面對這樣大的損失，HOLA 不同的處理方法將導致不同的結果。

　　雖然網路購物是最近幾年來新崛起的交易方式，在法律上也只能藉由一些既有的法律來規範，如：《民法》、《消費者保護法》等的法律。但是最主要的問題就是因為網路消費沒有明確的法條制約，所以更應該要有法條明確規範哪些是應記載或不得記載事項。這樣一方面可以讓業者有所遵循，另一方面也可以讓消費者了解權益範圍。也因為這些事件，經濟部在 2009 年 10 月曾邀集業者、消費團體等召開公聽會，在 2005 年底完成「網路交易定型化契約應記載及不得記載事項」草案。藉由「網路交易定型化契約」，希望能讓網路交易有更清楚的遊戲規則，並讓網路交易糾紛降至最低。

　　但若業者在網站上標示不明確，不但涉及商品資訊標示不實，也讓人質疑業者動機何在，消基會董事長謝天仁說：「在整個（網頁）頁面上呈現有些不實，它背後的目的不曉得，有可能是為了吸引消費者到網站，也有可能要蒐集消費者個人資料等。」不過，也因為這個事件和這半年來所發生的網路錯標案，我們發現網路交易上有很多問題。例如，標價錯誤、個人資料外洩等。以 HOLA 事件來說，如果駭客連標價都能改，那麼要竊取個人資料應該也不難，如此一來，消費者的個人資料還有安全性可言嗎？一般而言，以網際網路為應用主幹的**電子商務**（electronic commerce, EC），不僅為企業帶來了無限商機，提供商業競爭的優勢。而公司內控九大循環裡的電腦資訊系統循環因控制著資料存取、資料輸出入、電腦檔案及設備安全管理作業，所以成為目前電子商務發展中，急待克服且深受矚目的問題。

　　不過，最重要的是，業者應該要做好再次審核資料與謹慎的檢視安全

機制,除了能確保網友與買家的資料安全之外,並加強防止駭客入侵,這樣才能避免類似的錯標案再度發生。

問　題

1. 1962 年,美國約翰‧甘迺迪總統發表了「保護消費權益致國會特別咨文」,提倡消費者四大權利,究竟是哪四大權利?
2. 列舉國家或政府對消費者合法權益的保護,並解釋之。
3. 社會共同保護消費者權益的保護機制為何?
4. 列舉五個台灣常見的消費者保護機構。
5. 我國在消費者權益保護上所存在的問題及不足之處有哪些?
6. 網路消費權益為何?試舉例說明之。
7. 企業經營者如何做好消費者保護工作?
8. (進階題)《消費者保護法》對於從事設計、生產、製造商品或提供服務之企業經營者,因違反本法規定,致生損害於消費者或第三人時,係採取何種責任之立法?其與民法之侵權行為責任所採取之責任型態有何不同?
9. (進階題)《公平交易法》和《消費者保護法》有何差別?試討論之。

參考資料

第 1 章

[1] 丁筱晶，民國 98 年 12 月 2 日。一場心中沒保戶的戰爭。天下雜誌，pp.78-82。

[2] 黃琴雅、朱美宙，民國 98 年 11 月 26 日。辜仲諒與敵人共搏翻身。財訊雙周刊，pp.122-125。

[3] 吳修辰，民國 98 年 11 月。披露中策、中信金閃電結盟秘辛。商業周刊，pp.50-54。

[4] 蔣士棋，民國 98 年 12 月 7 日。中信金與中策備忘錄內容大曝光。今周刊，pp.42-44。

[5] 吳修辰，民國 98 年 11 月。從出局到逆轉勝，中信金贏在哪裡。商業周刊，pp.55-56。

[6] 陳一姍。南山人壽為什麼這麼難賣。天下雜誌，pp.76-78。

[7] 許秀惠，民國 98 年 11 月 30 日。中信金、中策聯手，效應待觀察。今周刊，pp.46-50。

[8] 陳一姍，民國 98 年 12 月 2 日。中策、中信金合作，陳冲怕什麼？商業周刊，pp.84-85。

[9] 丁筱晶、陳一姍，民國 98 年 12 月。南山標售案，一場心中沒保戶的戰爭。天下雜誌，436 期，取自：http://www.cw.com.tw/article/index.jsp?id=39614。

[10] 彭禎伶，民國 98 年 8 月 15 日。公積金新聞辭典。工商時報，取自：http://news.chinatimes.com/CMoney/News/News-Page-content/0499311050701+12200908150026400.html。

[11] 孫中英，民國 98 年 11 月 12 日。討回 38 億公積金／南山員工萬人大遊行。聯合報，取自：http://www.udn.com/2009/11/12/NEWS/FINANCE/FIN1/5246077.shtml。

[12] 許秀惠,民國98年11月25日。中信金、中策聯手,效應待觀察。中時電子報,取自:http://mag.chinatimes.com/print.aspx?artid=2289。

[13] 李靚慧、陳梅英,民國98年11月27日。中信金不領情,未做說明。自由時報電子報,取自:http://www.libertytimes.com.tw/2009/new/nov/27/today-e5.htm。

[14] 民國98年12月2日。中國對台銀彈攻勢將造成台灣安樂死。自由時報電子報,取自:http://www.libertytimes.com.tw/2009/new/dec/2/today-s1.htm。

[15] 陳梅英,民國98年11月27日。肖想金雞母,陳冲:中信金慎防被中策吃掉。自由時報電子報,取自:http://www.libertytimes.com.tw/2009/new/nov/27/today-e4.htm。

[16] 吳靜君,民國98年12月1日。接手南山,中信金:增加持股只是選項。蘋果日報,取自:http://tw.nextmedia.com/applenews/article/art_id/32129683/IssueID/20091201。

[17] 李淑慧、蔡靜紋,民國98年11月26日。中信金:中策投資南山人壽,明年6月25日前未獲准,合作案將失效,取自:http://tw.myblog.yahoo.com/jw!H0yGgI2LBRZnnqD_g3JoVsLJ/article?mid=13981。

[18] 王孟倫、高嘉和,民國98年12月19日。中資入侵,恐掐我「金」脈。自由時報電子報,取自:http://www.libertytimes.com.tw/2009/new/dec/19/today-fo4-5.htm。

[19] 邱金蘭,民國98年12月7日。南山案/中信金資訊揭露,金管會盯。經濟日報,取自:http://udn.com/NEWS/FINANCE/FIN4/5293610.shtml。

[20] 公告及通告。中策集團有限公司官方網站,取自:http://www.irasia.com/listco/hk/chinastrategic/announcement/cindex.htm。

[21] 張雅惠,民國98年12月1日。金管會審查五大原則。奇摩新聞、中廣新聞網,取自:http://tw.news.yahoo.com/article/url/d/a/091201/1/1w1pr.html。

[22] 鄭亦宸,民國98年11月27日。中策意圖併中信。大紀元,取自:http://news.epochtimes.com.tw/9/11/27/127066.htm。

[23] 劉萍,民國98年10月30日。10分鐘輕鬆搞懂MOU。Smart智富月刊第135期,取自:http://smart.businessweekly.com.tw/webarticle.php?id=38275。

[24] 民國 98 年 12 月 7 日。中國信託重要公告，合作備忘錄事宜，取自：http://www.chinatrustgroup.com.tw/tools/info/chinese.html。

[25] 法源法律網，民國 97 年 7 月 18 日。保險法第 101 條（人壽保險人之責任），取自：http://db.lawbank.com.tw/FLAW/FLAWDOC01.asp?lsid=FL006746&lno=101。

[26] 法源法律網，民國 98 年 6 月 10 日。民法第 490 條（承攬之定義），取自：http://db.lawbank.com.tw/FLAW/FLAWDOC01.asp?lsid=FL001351&lno=490。

[27] 法源法律網，民國 98 年 5 月 27 日。公司法第 72 至 75 條，取自：http://db.lawbank.com.tw/FLAW/FLAWDAT0201.asp。

[28] 法源法律網，民國 98 年 1 月 21 日。金融控股公司法第 18、23、28 條，取自：http://db.lawbank.com.tw/FLAW/FLAWDAT0201.asp。

[29] 吳孟道，民國 98 年 11 月 27 日。AIG 出售南山人壽予博智金控之分析及建議，取自：http://www.npf.org.tw/getqr/6751。

[30] 蘇煥文，2001 年。關係企業合併財務報表、合併財務報表與母公司財務報表之盈餘組成成份資訊內涵研究。東吳大學會計學系未出版碩士論文，p.3。

第 2 章

[1] 建築物生活雜排水回收再利用設計技術規範。

[2] 建築雨水及生活雜排水回收再利用法規與設計案例介紹。

[3] 溫麗琪博士，民國 98 年 9 月 24 日。再生能源躉購費率公式之訂定中華經濟研究院。

[4] 再生能源發展條例草案總說明。

[5] 經濟部。再生能源電能躉購費率說明，2009 年 9 月 24 日。

[6] 鄭立倫建築師，高雄市綠建築專章實務研習會計算書製作實務「建築基地保水」設計實例演練及歷年抽查缺失。

[7] 陳致榮建築師，高雄市綠建築專章實務研習會計算書製作實務「建築基地綠化」設計實例演練及歷年抽查缺失。

[8] 蕭江碧。永續發展與綠建築，內政部建築研究所，取自：http://cv-it.iarchi.net/Greenbuilding2/002-1.htm。

[9] 綠建築永續發展台灣也應做榜樣，取自：http://member.giga.net.tw/tbemwcom/04/4-1/4-1p1/tbemw4-1-103.htm。

[10] 98 年 7 月 8 日。再生能源發展條例，華總一義字第 09800166471 號。

[11] 卓建光，2005 年。高雄市綠建築專章實務研習會計算書製作實務「建築物節約能源」設計實例演練及歷年抽查缺失，取自：http://www.kaa.org.tw/elearning/class/950811-4-5.pdf。

[12] 張孟媛，科學人，2006 年 10 月號。

[13] 綠建築政策與法規沿革。

[14] 建築技術規則──綠建築基準。

[15] 綠建築評估解說與評估手冊 2003 年版，內政部營建署丁育群講稿及研究資料共同整理。

[16] 蔡武璋。綠色產業、綠建材、綠建築常識介紹，成舍－中山。

[17] 陳加全，2005 年。高雄市綠建築專章實務研習會計算書製作實務「綠建材」設計實例演練，取自：http://www.kaa.org.tw/elearning/class/950811-4-5.pdf。

[18] 李瑞全，1999 年。綠色管理之哲學省思，國立中央大學哲學研究所，取自：http://www.ncu.edu.tw/~phi/teachers/lee_shui_chuen/course_onnet/subsbusy.html。

[19] 謝若蘭，2005 年 5 月 24 日。綠色觀念之「綠建築」篇，取自：台灣綠黨 http://www.greenparty.org.tw/publication.php?itemid=370。

[20] 什麼是永續節能「綠建築」？，奇摩知識＋，取自：http://tw.knowledge.yahoo.com/question/question?qid=1306031506507。

[21] 98 年度行政院即時新聞，2009 年 7 月 18 日。劉揆：打造低碳島行動計畫，積極發展綠能產業，取自：http://www.ey.gov.tw/ct.asp?xitem=56596&ctnode=999&mp=21。

[22] 台達電子工業股份有限公司網站。

[23] 黃麗妃，2007 年 6 月 21 日。新台灣新聞周刊第 587 期——森林裡的綠寶石，北投圖書館，取自：http://www.newtaiwan.com.tw/bulletinview.jsp?period=587&bulletinid=70100。

[24] 楊加，2006 年 11 月 17 日。結合生態環保綠建築圖書館，北投登場。大紀元，取自：http://www.epochtimes.com/b5/6/11/17/n1525489.htm。

[25] 徐姿茜、洪崑哲，2008 年 10 月 23 日。中正 E 報，推廣綠建築——億載國小，綠色規劃具特色，取自：http://www.peopo.org/enews/post/25182。

[26] 吳文賢、謝佳倩、林勇成，2009 年 8 月 23 日。綠建築的模範生——台南市億載國小，取自：http://tw.myblog.yahoo.com/jw!uVzfeiSWAkJVx8whr1CA5g--/article?mid=15239。

[27] 陳光榮、楊君琦，2007 年 6 月 18 日。綠色企業：環保再出擊，取自：http://tw.myblog.yahoo.com/jw!vb9dZm.aFRuZHBstKcjgSLxSjVY-/article?mid=98&prev=99&next=97&l=f&fid=12。

[28] 環保產業資訊網，取自：http://60.248.79.250/04envr03-0601.asp。

[29] 綠建築標章綠建築標章推動使用作業要點。

[30] 內政部，97 年 7 月 23 日。台內建研字第 0970850075 號核正發布，取自：http://www.cabc.org.tw/gb/。

[31] 綠建築宣導介紹，取自：http://build.kcg.gov.tw/greenfp921007/c3.html。

[32] 綠建築標章，取自：http://www.cabc.org.tw/DocGB/docgb2/green/archnews-2.htm。

[33] 綠建築，教育部人文藝術學習網，取自：http://arts.edu.tw/child/greenhouse/。

[34] 為什麼要推動綠建築？奇摩知識＋，取自：http://tw.knowledge.yahoo.com/question/question?qid=1206051005482。

[35] 林憲德，台灣綠建築政策簡介，取自：http://www.aseed.org.tw/information%20service-4/view3.htm。

[36] 綠建築宣導介紹，取自：http://build.kcg.gov.tw/greenfp921007/c0.html。

[37] 文藝學習網，取自：http://arts.edu.tw/child/greenhouse/。

[38] http://www.shs.edu.tw/works/essay/2007/03/2007032711445578.pdf。

[39] http://hichannel.hinet.net/media.do?id=68136。

[40] 林憲德，2008 年 5 月 12 日。綠建築，恐是夢一場。台灣建築中心綠建築委員會。

[41] 綠建築九大指標，取自：http://www.fubonland.com.tw/b/B1d.html。

[42] 綠建築推動方案，取自：http://www.fuh3.com.tw/g-build4.htm。

[43] 關於綠建築，取自：http://build.kcg.gov.tw/greenfp921007/c2.html。

[44] 綠意環境大地之美，取自：http://cv-it.iarchi.net/Greenbuilding2/index5.htm。

[45] 綠建築節能又舒適的聰明住宅，取自：http://e-info.org.tw/column/EPenergy/2004/ep04062101.htm。

[46] 台灣有沒有綠建築，奇摩知識+，取自：http://tw.knowledge.yahoo.com/question/?qid=1405102320326。

[47] 黃冠諺、黃柏翰、吳承勳，2007 年。淺談綠建築及京都議定書，取自：http://www.shs.edu.tw/works/essay/2007/03/2007032711445578.pdf。

[48] 莊輝煌、張國禎，綠建築思潮下建築師的偏見與反省，取自：http://www.arch.net.tw/modern/month/305/305-2.htm。

[49] 邱馨儀，2007 年 3 月 18 日。台達電綠建築，安靜、涼爽、自然。經濟日報。

[50] 中山大學企業管理學系，2007 年。管理學：整合觀點與創新思維。前程文化。

[51] 台達電子工業股份有限公司 (2007)，2009 年 10 月 22 日。2007 企業社會責任報告，取自：http://www.delta.com.tw/ch/csr/csr_report.asp。

[52] 台達電子工業股份有限公司 (2009)，2009 年 12 月 18 日。2008 企業社會責任報告，取自：http://www.delta.com.tw/ch/csr/csr_report.asp。

[53] 台達電子工業股份有限公司，2009 年 10 月 22 日。企業社會責任，取自：http://www.delta.com.tw/ch/hr/event/2008_reserve_duty/intro_csr.asp。

[54] 行政院，2009 年 10 月 22 日。劉揆：打造低碳島行動計畫，積極發展綠能產業，取自：http://www.ey.gov.tw/ct.asp?xitem=56596&ctnode=999&mp=21。

[55] 李瑞全，2009 年 10 月 22 日。綠色管理之哲學省思，取自：http://www.ncu.edu.tw/~phi/teachers/lee_shui_chuen/course_onnet/subsbusy.html。

[56] 高雄市政府環境保護局，2004 年。我愛綠建築：健康又環保的生活空間新主張，新自然主義股份有限公司。

[57] 溫肇東，1999 年。企業的環境管理，遠流出版公司。

[58] 謝若蘭，2009 年 10 月 22 日。台灣綠黨──綠色觀念之「綠建築」篇，取自：http://www.greenparty.org.tw/publication.php?itemid=370。

[59] 圖 2-2 取自：http://commons.wikimedia.org/wiki/File:Delta_Electronics_head_office_in_Neihu,_Taipei_City.jpg。

第 3 章

[1] 丁仁東，2009 年 9 月。能源危機。五南圖書出版股份有限公司。

[2] 中華民國經濟部，取自：http://www.moea.gov.tw/。

[3] 行政院，取自：http://www.ey.gov.tw/mp?mp=1。

[4] 藍綠對抗暖化比較，取自：http://e-info.org.tw/taxonomy/term/24767。

[5] 謝長廷抗暖化政見，取自：http://politics.whocares.tw/forum/listpoliticscomment/electionPart_id/78/people_id/426/politics_id/3832。

第 4 章

[1] 洪于茹，2005 年 1 月 15 日。台灣《蘋果日報》競爭潛力研究。台灣藝術大學應用媒體藝術研究所。取自：http://www.nhu.edu.tw/~society/e-j/44/44-08.htm。

[2] 聯合新聞網，取自：http://www.udn.coml。

[3] NOWnews 今日新聞，取自：http://www.nownews.com。

[4] PChome 新聞，取自：http://news.pchome.com.tw。

[5] 媒體公民行動網，取自：http://nccwatch.org.tw。

[6] 奇摩新聞，取自：http://tw.news.yahoo.com。

[7] TVBS 網站，取自：http://www.tvbs.com.tw。

[8] 華視全球資訊網，取自：http://news.cts.com.tw/cts/general/200911/ 200911260350933.html。

[9] 中國時報廣告價目表，取自：http://edm.member.chinatimes.com/2006/chinese/pricelist.html。

[10] 中華電信小額付款，取自：http://tw.nextmedia.com。

[11] 蘋果日報網站，取自：http://aaaservice.hinet.net/User/index.html。

[12] 國家通訊傳播委員會，取自：http://www.ncc.gov.tw/。

[13] 全國法規資料庫，取自：http://law.moj.gov.tw/。

[14] 經濟日報。

[15] 新新聞，第 1187 期，2009 年 12 月 2 日到 12 月 12 日。p.10~16。

[16] 天下雜誌，第 436 期，2009 年 12 月 2 日到 12 月 15 日。p.68~70。

[17] 商業周刊，第 1150 期，2009 年 12 月 7 日到 12 月 13 日。p.24。

[18] 中國時報。

民國 98 年 11 月 24 日。A6 版。

民國 98 年 11 月 25 日。A8 版。

民國 98 年 11 月 26 日。頭版 A6 版。

民國 98 年 11 月 27 日。頭版 A6 版。

[19] 蘋果日報。

民國 98 年 11 月 24 日。A5 版。

民國 98 年 11 月 25 日。頭版 A2 A3 A8 版。

民國 98 年 11 月 27 日。頭版 A2 A28 版。

民國 98 年 11 月 28 日。頭版 A2 A30 版。

民國 98 年 11 月 29 日。A6 版。

民國 98 年 11 月 30 日。A7 版。

第 5 章

[1] 全國法規資料庫，取自：http://law.moj.gov.tw/。

[2] 砷（arsenic）健康資訊。JJKKUS 健健康康網，取自：http://www.jjkkusa.com。

[3] 油脂詞彙，取自：http://www.bbico.com.tw/。

[4] 食用油酸價，取自：http://blog.tcu.edu.tw/。

[5] 丙烯醯胺，取自：http://blog.tcu.edu.tw/。

[6] 連鎖速食業炸油管控，七業者提管制基準，取自：http://www.epochtimes.com/。

[7] 翁婉青，2003 年。亞砷酸鈉誘引分裂中期停滯細胞之蛋白質體研究。

[8] 張俊鴻，2006 年。以 EDTA、藻酸鈉對砷及鉻污染土壤萃取效率之研究。

[9] 陳彥霖等,2008 年。中醫食療與多囊性卵巢症候群。台灣中醫臨床醫學雜誌。

[10] 自由時報,2009 年 6 月 23 日。衛署重點稽查餐飲業炸油。

[11] 大紀元新聞網,取自:http://www.dajiyuan.com/b5/ncnews.htm。

[12] NOWnews 今日新聞,取自:http://www.nownews.com/。

[13] 聯合新聞網,取自:http://udn.com/NEWS/main.html。

[14] 今周刊,第 421 期,取自:http://tw.knowledge.yahoo.com/。

[15] TechLife 科技生活,取自:http://www.techlife.com.tw。

[16] 張清源。談維護商譽的聰明守則。更生日報,取自:http://www.ksnews.com.tw/。

[17] 從 Dell 與麥當勞事件看公關行銷的危機處理,取自:http://www.freshnet.tw/。

[18] 中山大學企業管理學系著,2009 年 7 月 15 日。管理學:整合觀點與創新思維。前程文化,pp.96-107。

[19] 廖勇凱著、丁卓民審定,2008 年 9 月。企業倫理學:理論與應用。智勝出版,第三章。

[20] 麥當勞官方網站,取自:http://www.mcdonalds.com.tw/。

[21] 蘋果日報,2009 年 7 月 14 日。砷油案,開罰麥當勞、達美樂。壹蘋果網絡,取自:http://tw.nextmedia.com/applenews/article/art_id/31783618/IssueID/20090714。

[22] 台灣維新影子政府網站。麥當勞炸油含砷事件考驗消保體制,取自:http://www.shadowgov.tw/?p=news,detail,23209&target=yan&yan=3&btag=40&page_no=0。

[23] 砷油案,麥當勞不排除向消保官提複驗,取自:http://tw.stock.yahoo.com/news_content/url/d/a/090716/1/1l6vz.html。

[24] 行政院衛生署食品資訊網──食品衛生管理法第十一條第五款函釋殘留農藥或動物用藥含量超過安全容許量者,取自:http://food.doh.gov.tw/foodnew/MenuThird.aspx?LanguageType=1&ThirdMenuID=29。

[25] 陳紹庭,2009 年 7 月 9 日。炸油含砷,再犯就撤照。自由時報,取自:http://blog.udn.com/ben0401/3134716。

[26] 李彥謀，2009 年 7 月 23 日。專訪台北縣法制局長陳坤榮，追查麥當勞食用油含砷始末。新新聞周刊，取自：http://ymlee.pixnet.net/blog/post/28771778。

[27] 北縣府：確保用油穩定一油鍋炸一食材，取自：http://news.sina.com.tw/article/20090712/1910439.html。

[28] 中央社，2009 年 7 月 10 日。麥當勞申請複驗？消保官：15 天內提申請，取自：http://n.yam.com/cna/healthy/200907/20090710154443.html。

[29] 周錫瑋，2009 年 7 月 15 日。速食業者，給消費者一個交代，取自：http://blog.udn.com/tpc888/3136370。

第 6 章

[1] 公平交易咖啡豆，取自：http://www.starbucks.com.tw/coffee/knowledge/coffee_fair.jspx。

[2] 就只賣這些公平交易咖啡豆嗎？，取自：http://blog.roodo.com/joplin/archives/5537565.html。

[3] 咖啡的公平交易法，取自：http://seed.agron.ntu.edu.tw/civilisation/student/2006-1/coffea.htm。

[4] 公平交易咖啡，取自：http://www.wretch.cc/blog/sunnie571/21103668。

[5] 支持公平交易認證商品，取自：http://mag.udn.com/mag/newsstand/storypage.jsp?f_MAIN_ID=255&f_SUB_ID=4167&f_ART_ID=201465。

[6] 「生態綠」助咖啡貧農收入倍增，取自：http://blog.chinatimes.com/turtle/archive/2009/01/11/367428.html。

[7] 地球樹，取自：http://www.earthtree.com.tw/fairtrade.htm#b；http://www.okogreen.com.tw/blog/?p=25；http://www.fairtrade.hk/bencandy.php?fid=3&id=378；http://www.tima.org.tw/asap/forum/index.php?topic=229.0。

[8] 行銷故事（一）星巴克「公平交易豆」成功搶攤，取自：http://tw.myblog.yahoo.com/jw!gml3pXyRHxQbzC5j4VEDBX0-/article?mid=716。

[9] 行銷故事（二）咖啡杯裡的心酸，取自：http://tw.myblog.yahoo.com/cocowenly168-cocowenly5201314/article?mid=731&prev=811&next=716&l=f&fid=47；http://www.alter-globalization.org.tw/Page_Show.asp?Page_

ID=439/；http://www.alter-globalization.org.tw/Page_Show.asp?Page_ID=440；http://usinfo.americancorner.org.tw/st/econ-chinese/2008/August/20080815081935jbnij0.2977869.html?Cp.rss=true。

第 7 章

[1] 台積電，新新聞，取自：http://www.new7.com.tw/。

[2] 台股，損益表。鉅亨網。2007 年到 2009 年，取自：http://www.cnyes.com/twstock/incomes/2330.htm。

[3] 壙文琪，2009 年 6 月 1 日。商業周刊，第 1123 期，取自：http://ehrdclub.pixnet.net/blog/post/25178240。

[4] 台積電為非自願離職員工開證明。工商時報，取自，http://migrant.coolloud.org.tw/node/37979，2009 年 4 月 7 日。

[5] 台積電裁員非自願離職員工的心聲園地，取自：http://tsmc-labor.blogspot.com/，2009 年。

[6] 上班族相關法令，勞基法，取自：http://forum.yam.org.tw/women/backinfo/career/law/law_01.htm。

[7] 工研院，取自：http://tw.knowledge.yahoo.com/question/question?qid=1106112501160，2006 年 11 月 28 日。

[8] 勞資調解失敗，台積電承認裁員不承認業務緊縮。安泰銀行產業工會，取自：http://blog.udn.com/entielabor/2772316，2009 年 3 月 22 日。

[9] 台積電，節省成本考量規劃讓員工每週多放一天行政假，取自：http://tw.stock.yahoo.com/news_content/url/d/a/081201/2/1901j.html，2008 年 12 月 1 日。

[10] 台積電經營管理之研究──兼論公司治理原則，取自：http://fel.toko.edu.tw/attachments/144_(361-379).doc。

[11] 奇摩股市。離職信揭露「台積電 12 英寸廠暴政」，取自：http://tw.stock.yahoo.com/news_content/url/d/a/090820/2/1n0eo.html，2009 年 8 月 20 日。

[12] 經濟日報，取自：http://tw.myblog.yahoo.com/jw!svcdSSeZGxzEwepPOmBem.M-/article?mid=4500，2009 年 5 月 21 日。

[13] 職場見聞錄，台積電勞資爭議事件之我見，取自：http://tw.myblog.yahoo.com/jw!EzYtcp2UERlTzO99Xk1sT4K0tcco/article?mid=326，2009 年 5 月 25 日。

[14] 勞資調解失敗，台積電承認裁員不承認業務緊縮，取自：http://tw.myblog.yahoo.com/jw!_4qwYw6ZGQQ0SgBMthp8sw--/article?mid=5620，2009 年 3 月 23 日。

[15] PChome 新聞。聯電發 0.5 月激勵獎金，台積電繼續節約成本，取自：http://news.pchome.com.tw/science/cnyes/20090505/index-12415059038822909005.html，2009 年 5 月 5 日。

[16] 台積電，裁員風暴，取自：http://www.youtube.com/watch?v=GiDgT_nJJy4&videos=Ywudah2xmjU&playnext_from=TL&playnext=1，2009 年 5 月 22 日。

[17] DJ 財經知識庫，台積電 4Q09 營收呈現小幅成長，09 年資本支出二度調高，取自：http://www.funddj.com/KMDJ/Report/ReportViewer.aspx?a=a6453219-1b9c-4373-bd9d-a4cdda1d0918，2009 年 11 月 11 日。

[18] 林青蔚、黃同圳，1997 年。績效管理與績效評估。華泰文化事業有限公司。

[19] 圖 7-1 取自：http://commons.wikimedia.org/wiki/File:TSMC_Fab5.JPG。

第 8 章

[1] 聯合新聞網，取自：http://udn.com/NEWS/FOCUSNEWS/NAT3/4448202.shtml；http://udn.com/NEWS/NATIONAL/NAT3/4448097.shtml。

[2] 台灣積體電路製造股份有限公司，取自：http://www.tsmc.com/chinese/default.htm。

[3] 壹蘋果網路，取自：http://tw.nextmedia.com/applenews/article/art_id/32081561/IssueID/20091111。

[4] 中國經濟網，取自：http://big5.ce.cn/gate/big5/intl.ce.cn/specials/zxxx/200911/06/t20091106_20361711.shtml。

[5] 林韋任、陳培思、張宏業，2008 年 7 月 30 日。聯合報。

[6] 劉峻谷，2008 年 7 月 30 日。聯合報。

[7] 陳碧珠、黃晶琳，2008 年 7 月 30 日。經濟日報。

[8] 林韋任、陳培思，2008 年 7 月 30 日。聯合報。

[9] 法源法律網，取自：http://www.lawbank.com.tw/index.php。

[10] 公平交易，取自：http://www.ftc.gov.tw/internet/main/doc/docDetail.aspx?uid=132&docid=167。

[11] 法源法律網，營業秘密法，取自：http://db.lawbank.com.tw/FLAW/FLAWDAT0202.asp。

[12] 民法法條，取自：http://law.moj.gov.tw/Scripts/Query4B.asp?FullDoc=%A9%D2%A6%B3%B1%F8%A4%E5&Lcode=B0000001。

[13] 葉玟妤，取自：http://blog.udn.com/fredayeh/3012588。

[14] 民楊法律事務所──高揚的法律天地，取自：http://tw.myblog.yahoo.com/jw!RFxNRXiLGBw_xEdosuVtCjI-/article?mid=132。

[15] 管理有道第一期，取自：http://www.icac.org.hk/hZkedc/ethics/eip/edc001_c.htm。

[16] 張清溪，取自：http://www.epochtimes.com/b5/4/9/9/n655082.htm。

[17] 央視網評，取自：http://big5.cctv.com/community/20060922/103341.shtml。

[18] 吳娟瑜，職場笑臉 EQ，取自：http://tw.group.knowledge.yahoo.com/moonting-0212/article/view?aid=20。

[19] 四川新華文軒連鎖股份有限公司──員工職業道德守則，取自：http://www.wenxuan.com.cn/uploadfile/informationup/file/2008-09-04/1220494050882.pdf。

第 9 章

[1] HOLA 和樂家居館，取自：http://www.hola.com.tw/。

[2] 公開資訊觀測站，取自：http://newmops.tse.com.tw。

[3] 中華民國銀行公會，取自：http://www.ba.org.tw/member02.aspx。

[4] 邱映曦，2007 年 8 月。網路拍賣之法制趨勢。科技法律透析。第 19 卷，第 8 期，pp.18-23。

[5] 黃立著，民國 91 年 9 月。民法債編論。元照出版社，pp.23-33。

[6] 法源法律網，取自：http://www.lawbank.com.tw/index.php。

[7] 陳美玲、李正太、陳建順合著,民國 92 年 11 月。民法入門。元照出版公司,pp.28-39。

[8] 中華民國消費者協會, http://www.nca.org.tw/chhtml/index.asp。

[9] 范建得,2006 年 3 月。重行檢視網際時空應有之法律規範。月旦法學雜誌,第 130 期,pp.25-26。

[10] 馮震宇,1998 年 6 月。論網際網路與消費者保護問題(上),pp.52-63。

[11] 馮震宇,1998 年 7 月。論網際網路與消費者保護問題(下),資訊法務透析,pp.30-38。

[12] 行政院消費者保護委員會, http://www.cpc.gov.tw/。

[13] 陳年興。網路安全與危機處理。中山大學資訊管理系教授,pp.2-4,取自:http://www2.wunan.com.tw/download/preview/1fqr.pdf。

[14] 吳嘉生,2003 年 10 月。電子商務法導論。學林出版社。

[15] 柯瓊鳳、李專塗合著,民國 92 年 9 月。會計資訊系統。福懋出版社。

[16] 楊惠貞、郭汶川、曹文瑜、賴雲龍,2002 年。網路犯罪案與相關規範之剖析。資訊與教育雜誌,pp.62-71。

[17] 連維禮,1998 年。電子商業—安全交易架構。12 月號,pp.11-16。

[18] 果芸,1998 年。電子商務帶來的機會與挑戰。資訊與電腦,2 月號,pp.22-25。

[19] 曲維枝,2002 年。資訊安全面臨的挑戰和產業發展思路。資訊安全與通信保密,第 10 期(總 22 期),pp.5-7。

索　引

MOU　Memorandum of Understanding, MOU　3, 8

三劃
三角併購　triangular merger　26

四劃
中央分權化　de-centralization　1
公司基金　corporate funds　23
公平貿易保證金　fair trade premiums　153
公平貿易最低收購價　fair trade minimum price　153
公平貿易聯盟　Fair Trade Federation, FTF　149
公平價格　fair price　147
公積金計畫　provident fund scheme　22
不能接受　unacceptable　170
中間人　joint body　150

五劃
世界企業永續發展委員會　World Business Council for Sustainable Development, WBCSD　70

生態足跡　environmental footprint　142

六劃
全校式經營能源教育　Whole School Approach Energy Education　63
企業社會責任　corporate social responsibility, CSR　155
行業基金　industry funds　23
劣勢　weakness　127
自管基金　self-managed funds　23

七劃
技術　skill　155
改善　improving　170

八劃
京都議定書　Kyoto Protocol　36
依存效果　interdependency-effect　78
服務　service　155

九劃
威脅　threaten　127
保密協議　non-disclosure agreement, NDA　189

十劃

特許　license　150

消費者信賴感　consumer confidence　198

能源稅　energy tax　75

配銷商　distributors　152

十一劃

產品背後的生產世界　world behind the product　142

產品　goods　155

國際公平貿易協會　International Fair Trade Association　142

國際公平貿易協會　International Fair Trade Association, IFAT　149

國際公平貿易標籤組織　Fairtrade Labeling Organizations International, FLO　148

國際公平貿易標籤組織　Fairtrade Labelling Organizations International　142

國際自然保護聯盟　International Union for Conservation of Nature and Natural Resources, IUCN　34

國際標準化組織　International Organization for Standardization, ISO　44

十二劃

傑出　outstanding　170

稅負交互效果　tax interaction effect　79

十三劃

電子商務　electronic commerce, EC　214

解除管制　de-regulation　1

零售基金　retail funds　23

十四劃

綠色生活地圖　green map　66

綠色會計　green accountant　42

綠色管理　green management　59

綠建築　green building　34

滿意　satisfied　170

十五劃

歐洲公平貿易協會　European Fair Trade Association　142

歐洲公平貿易協會　European Fair Trade Association, EFTA　149

歐洲世界商店連線　Network of European Worldshops, NEWS　142, 149

標竿學習　bench marking　171

十六劃

機會　opportunity　127

十七劃

聯合國氣候變化綱要公約　United Nations Framework Convention on Climate Change, UNFCCC　36, 75

聯合國農糧組織　Food and Agricultural Organisation, FAO　143

績效管理與發展制度　performance management and development, PMD　170

優勢　strength　126

環境會計　environmental accounting　42